Sven Murmann
Kursbuch 170. Ein Vorwort

Das *Kursbuch* hat wieder einen verlegerischen Ort. Seit 1965 auf Reisen, von Suhrkamp, Wagenbach über Rotbuch und Rowohlt zum Zeitverlag, beleben wir es nach einer vierjährigen Pause in unserem Verlagshaus wieder. Mit dieser Inverlagnahme wollen wir das *Kursbuch* zukünftig dreimal jährlich als Periodikum entlang den Programmlinien unseres Hauses als herausgehobenen Ort für zeitkritische Autorinnen und Autoren neu etablieren.

Mit unserem Buchprogramm zeichnen wir Verbindungslinien zwischen Wirtschaft, Gesellschaft und Politik. Als Sachbuchverlag verstehen wir unsere Arbeit als Wissens- und Kulturvermittlung. Die Schöpfer der Verbindungslinien sind unsere Autoren, deren inneres Anliegen wir nach außen vermitteln. Unsere Autoren sind unser Programm, die Vielfalt ihrer Perspektiven auf die Vielfalt unserer Lebenswirklichkeit ergeben unsere Programmlinien. Unsere Arbeit gilt den Verbindungslinien zwischen den *Sachen*, die wir produzieren und organisieren, mit denen wir regulierend umgehen und die uns sozial umgeben. An den Sachen erkennen wir unsere Kultur, am Differenzierungsgrad der medialen Vermittlung der Sachen den Status unserer Kultur. Sachtexte zu verlegen bedeutet, an der Kultur mitzuarbeiten.

Wer sich früher kritisch mit dem Status unserer Kultur auseinandersetzen wollte, las die Texte des *Kursbuchs*. So jedenfalls kam es mir immer vor und daher fehlte mir das *Kursbuch* die letzten Jahre. Mir fehlte damit auch ein Ort der Hinweise auf meinen Ort.

Zwangsläufig suchte ich nach einer Möglichkeit, diesen bei uns im Haus aufzubauen, bei dieser mehrjährigen Suche dachte ich immer ans »alte« *Kursbuch*. Als es 2008 eingestellt wurde, hatte ich noch nicht den Mut besessen, beim Zeitverlag anzuklopfen. Gerade mal ein paar Programme mit dem eigenen Verlag unterwegs, fehlten mir damals die Mitstreiter und Seelenverwandten, um so einen kulturellen Koloss anzufassen. Ich wollte keine komische alte Säulenheilige im Haus, also brauchte ich Renovierungskünstler, die mit neuen Perspektiven an das alte *Kursbuch* anknüpfen können: vor allem einen Herausgeber, der eine Leidenschaft für Theorien (auch, aber nicht nur für die linken) und für das Leben in der gegenwärtigen Gesellschaft, für dessen Ambivalenzen und Überraschungen hat. Da ich selbst mich der Universität als Ort intellektueller Neugierde verbunden fühle, weiß ich, wie schwer es ist, aus den Laboratorien der akademischen Spezialisten inspirierende Texte von spezifisch engagierten Generalisten herauszudestillieren. Neben vielen anderen *Kursbuch*-Herausforderungen wird Armin Nassehi sich dieser Aufgabe annehmen, und dafür bin ich ihm schon jetzt dankbar. Mit unserem Programmdirektor Peter Felixberger wird ihm ein kongenialer Chefredakteur zur Seite stehen.

Publizistisch gesehen ist ein Periodikum wie das *Kursbuch* ein durchsichtiges Gefäß, welches über die Zeitstrecke mit unterschiedlichen Inhalten gefüllt stets dasselbe bleibt, indem es mit jeder neuen Nummer als ein anderes an seinen Ort wiederkehrt.

Die Durchsichtigkeit des Periodikums schafft Zugang zur Perspektivität: Einblicke in den Wandel der Sachen und ihrer Orte. Diese Einblicke werden an verschiedenen Orten erarbeitet: in den Universitäten, in Redaktionen und *think tanks*, in Stiftungen und Unternehmen, in Verwaltungen und Parlamenten, Museen, Theaterhäusern und im Netz. Sie alle bilden Orte unserer mentalen Landkarte. Zwischen ihnen Verbindungslinien herzustellen, ist Ziel und Aufgabe unseres *Kursbuchs*. Und dass es eine Verbindungslinie zum alten *Kursbuch* gibt, bringen wir damit zum Ausdruck, dass wir nicht bei Nummer eins beginnen, sondern kontinuierlich weiterzählen. 1965 erschien das erste *Kursbuch*, wie Sie es auf der Rückseite abgebildet sehen können, und bis 2008 gab es 169 Ausgaben – die Ausgabe, die Sie in Händen halten, ist zwar das neue *Kursbuch,* aber in fortlaufender Nummerierung das *Kursbuch 170.*

Ich verbinde mit dem neuen *Kursbuch* den Wunsch, Kurse und Wege aufzuzeigen, an denen entlang wir denken können, um die Sachen und Orte besser zu verstehen. So ein Kursbuch benötigen wir mehr denn je, da die Sachen und Orte immer woanders liegen: in anderen Sprachen und Disziplinen, in anderen Kulturen und Nationen, in anderen Perspektiven eben.

Möge diese Art der Wegbereitung der neue verlegerische Ort des Kursbuchs sein.

Hamburg, im Februar 2012
Sven Murmann

Armin Nassehi, Peter Felixberger
Ein Anfang
Editorial

Das *Kursbuch* ist wieder da. Das *Kursbuch* war, 1965 gegründet von Hans Magnus Enzensberger, einst der zentrale Ort des Diskurses, der Kritik, des Tabubruchs, des unergründlichen Gedankens und der intellektuellen Debatte der alten Bundesrepublik. Das *Kursbuch* war der Ort, an dem Themen diskutiert wurden, für die es sonst kein Forum gab. Das *Kursbuch* war die Stimme einer Generation, die darum bemüht war, Themen, Herausforderungen und Fragen zu etablieren, für die es sonst keinen Ort gab. Das *Kursbuch* war eine Institution. Es war das Vehikel einer linksliberalen Denkungsart, die sich sowohl der Radikalisierung von links verweigert als auch der Vereinnahmung durch Normalisierung entzogen hat. Das *Kursbuch* war das Forum, das endlich thematisiert hat, worüber anderswo geschwiegen wurde. Das *Kursbuch* hat die alte Bundesrepublik moderner gemacht. Das *Kursbuch* hat getan, was an der Zeit war.

Das neue *Kursbuch* ist anders – und doch will es wieder ein Ort sein, an dem das geschieht, was an der Zeit ist. Es ist anders, weil es nicht mehr darum kämpfen muss, Thesen gegen das Schweigen zu behaupten, Fragen gegen ihre Tabuisierung durchzusetzen. Inzwischen wird alles thematisiert und gefragt, was möglich ist, vielleicht sogar mehr. Was aber ist nun an der Zeit?

Das neue *Kursbuch* wird sich womöglich mit denselben Themen beschäftigen, die sich auch das alte *Kursbuch* vorgenommen hatte. Die entscheidende Herausforderung des 21. Jahrhunderts ist aber nicht mehr, gegen die Hegemonie eines herrschenden Paradigmas eine andere Perspektive zu setzen, in der Hoffnung, die Hegemonie zu brechen. Was wir heute erleben, ist gerade das Scheitern hegemonialer, einheitlicher Perspektiven und Problembeschreibungen. Es ist kein Zufall, dass das *Kursbuch* gerade jetzt wieder da ist. Mit der Krise der Finanzmärkte ist nicht nur viel Geld vernichtet worden. Vernichtet wurde vor allem jenes Narrativ, das womöglich den letzten hegemonialen Anspruch hatte: so zu tun, als sei ausgerechnet das Geld die realste aller Realitäten und als ließen sich alle Probleme der Gesellschaft ökonomisch lösen. Letztlich ist es dem neoliberalen Narrativ der Selbststabilisierung des Geldverkehrs gelungen, alle anderen Perspektiven auf die Gesellschaft, die nach den Bedingungen des Ökonomischen gefragt haben, die Zweifel an den Rendite- und Problemlösungsversprechen hatten, die brav die volkswirtschaftliche Funktion der Finanzwirtschaft betont haben, geradezu lächerlich aussehen zu lassen – als Angsthasen und Risikovermeider, als naive Konservative und so weiter. Diese hegemoniale Zentralperspektive hat sich gründlich desavouiert. Das neue *Kursbuch* tritt exakt in dem Moment an, in dem die Komplexität und Perspektivendifferenz der modernen Gesellschaft nicht mehr nur in akademischen Hauptseminaren auffällt, sondern zum täglichen Begleiter wird, zum *Vademekum* des Zeitungslesers, zum Trabanten öffentlicher Debatten. Die Finanzkrise und die daraus resultierende Krise der Staaten, die auch an die grenzenlose Problemlösungskompetenz der Geldmärkte geglaubt haben, ist nicht der Ausgangspunkt des neuen *Kursbuchs,* sondern der Katalysator für neue Fragestellungen und ein neues Forum, das wie das alte *Kursbuch* das auf den Punkt bringen will, was an der Zeit ist.

So lautet der Ausgangspunkt des neuen *Kursbuchs*: Wenn es ein Signum der gegenwärtigen modernen Gesellschaft gibt, dann ist es dies: Die Gesellschaft lässt sich nicht mehr aus einer Zentralperspektive her denken – und damit auch nicht aus einer Gegenperspektive, was das Geschäft der Kritik, der Reflexion, der Analyse schwieriger macht. Es ist keine gemeinsame Perspektive, kein Konsens, kein Fluchtpunkt mehr denkbar, den angemessen zu erreichen die Kritik und das Kritisierte miteinander streiten – nicht einmal ein gemeinsamer Dissens.

Unsere heutige Erfahrung ist eher die, dass die Gesellschaft nicht nur aus unterschiedlichen Perspektiven besteht, sondern dass diese unterschiedlichen Perspektiven auch mit dem besten Willen nicht hin zu einer richtigen oder einer legitimen und alternativlosen Seh- und Sprechweise hin aufgehoben werden können.

Fast jede gesellschaftliche Herausforderung – ob es um Krisen vielfältiger Art geht, ob es um technologische Lösungen für Probleme geht, ob es um Führung und Organisationen, um das gute Leben oder seinen Sinn geht – erscheint heute aus je unterschiedlichen Perspektiven je unterschiedlich. Das war schon immer so – aber die Differenz der Perspektiven wird nun als ebenso unvermeidlich wie legitim angesehen. Kann man immer noch behaupten, dass eine politische Perspektive besser ist als eine wirtschaftliche? Dass Wissenschaft es stets besser weiß als alle anderen? Dass Religion und Kunst tatsächlich nur Beiwerk sind? Dass Moral stets gut ist oder ethische Gründe immer die besseren Gründe ins Feld führen? Dass sich unterschiedliche politische, ökonomische, wissenschaftliche oder ästhetische Entscheidungen notwendigerweise kategorial ausschließen? – Man kann schon, wird aber die ganz praktische Erfahrung machen, dass andere Perspektiven mit ihren eigenen Geltungsansprüchen und Erfolgskriterien darauf reagieren.

Das sind nicht nur neue Fragen. Es sind vor allem ganz neue Konstellationen. Die frühere linke Idee der Kritik bestand darin, die herrschende Fragerichtung durch eine andere Fragerichtung zu ersetzen, um zu Lösungen zu kommen. Das war dort nötig, wo es gelingen konnte, hegemoniale Diskurse zu etablieren, gegen die nichts anderes half als die Umkehrung, die Kritik, die letztlich revolutionäre Energie der Umwälzung der Verhältnisse. Es war die Zeit der Hauptwidersprüche.

Diese Gesellschaft ist heute eine Gesellschaft, in deren unterschiedlichen Gegenwarten sich je gegenwärtige Lösungen ausprägen – unübersetzbar in andere Perspektiven, damit aber stets aufgefordert, sich in andere Perspektiven zu übersetzen. Diese Gesellschaft ist eine diskontinuierliche Gesellschaft – sie folgt nicht mehr dem bürgerlichen Ideal *einer* gesellschaftlichen Gegenwart. Sie ist vielmehr eine »Gesellschaft der Gegenwarten«, die ihre Geltungsansprüche, Bedeutungen und Lösungskonzepte mit den Kontexten wechselt – und darin eine ihrer effektivsten Dynamiken entdeckt.[1] Es ist eine Gesellschaft, die nicht einmal mehr an die großen Ideen ihrer früheren Selbstbeschreibungen glaubt – sie ersetzt Ideen und Ideologien durch Kommunikation, sprich: durchs Weitermachen, durch Zustandsdeterminiertheit. Es geschieht, was geschieht, daraus gibt es kein Entrinnen.

Wir sind freilich immer noch daran gewöhnt, dass es für Probleme richtige Lösungen gibt und für Ziele richtige Strategien. Unsere Denkweisen gehen immer noch von der Idee aus, dass sich gute Gründe dann durchsetzen werden, wenn sie auf entgegenkommende Bedingungen einer konsistenten, möglichst rationalen Umwelt treffen. Aber diese Gesellschaft ist eben nicht aus einem Guss, sondern ganz im Gegenteil: Sie ist vor allem dadurch geprägt, dass sich unterschiedliche Rationalitäten mit ganz unterschiedlichen Selbstverständlichkeiten gleichzeitig nebeneinander etablieren. Wer das nicht sieht, bleibt bei hegemonialen Strategien – wie wir etwa in der Wechselseitigkeit von Politik, Wirtschaft und Wissenschaft angesichts der Finanzkrise gut beobachten können.

Je disparater aber diese Hegemonen bleiben, desto verbohrter bleiben ihre Kommunikationsreflexe. Jede Perspektive versucht dann nur noch, einen einzigen Lösungsschirm aufzuspannen, um darunter Argumentations- und Erörterungsschutz vor den anderen zu bieten. Doch das Streben nach einer eindeutigen Lösungswahrheit führt nur zu anschwellenden Stabilisierungsgesängen unter den Schirmen.

Die Zumutung von Hauptwidersprüchen und eindeutigen Lösungsstrategien hat vor allem moralisch induzierte Kritik auf den Plan gerufen, sie hat sich deutlich und klar politisch verortet, sie wusste, wie es geht, weil sie selbst in der Eindimensionalität ihrer Hauptwidersprüche gefangen war. Nicht umsonst bezweifeln heute klügere linke Intellektuelle wie zum Beispiel Ernesto Laclau und Chantal Mouffe sogar die Möglichkeit der Gesellschaft, da sich kein zentraler Antagonismus mehr ausmachen lässt. Klüger ist diese Perspektive, weil sie die unrealistische Konzentration auf den einen Hauptwiderspruch nicht durch Moral ersetzt, sondern wenigstens einen Phantomschmerz spürt. Schon das *Kursbuch* der 1960er-Jahre war von diesem Phantomschmerz geprägt. Es gehörte – schon vor 1968! – zu seiner Programmatik, nicht immer schon genau zu wissen, wie sich Lösungen ableiten und deduzieren lassen. Enzensberger hat weniger die Welt, sondern vor allem die Wahrnehmung der Welt revolutionieren wollen. Henning Marmulla, der die frühen Jahre des *Kursbuchs* analysiert hat und auch in diesem ersten Heft des neuen *Kursbuchs* schreibt, spricht von einer »Wahrnehmungsrevolution«[2].

Das neue Kursbuch*: ein Forum der Perspektivendifferenz*

Das neue *Kursbuch* wird – ganz im Sinne einer Wahrnehmungsrevolution – ein Forum für die Perspektivendifferenz sein. Dies meint nicht die Differenz von Meinungen und Auffassungen, sondern die Differenz unterschiedlicher Denkungsarten und Logiken, welche die Dynamik unserer Gesellschaft ausmachen. Deshalb ist unser Anspruch eindeutig: Das neue *Kursbuch* wird politische und ökonomische Perspektiven, kulturelle, religiöse und künstlerische, natur- und geisteswissenschaftliche Perspektiven aufeinander beziehen. Es wird nicht auf schnelle Versöhnung setzen, sondern braucht Leserinnen und Leser sowie Autorinnen und Autoren, die diese Differenzen und Widersprüche aushalten. Es geht um Übersetzungsleistungen. Wer aus politischer Perspektive nichts um die Restriktionen des Ökonomischen weiß und umgekehrt, wer nicht weiß, welche Probleme Wissenschaft lösen kann und welche nicht, wer nicht versteht, warum Bildung und Politik langsamer sind als die Wirtschaft, und wer nicht versteht, dass sich Wirtschaftliches am Ende immer wirtschaftlich rechnen muss, sei es auch moralisch oder politisch anders wünschenswert, kann im

Diskurs nur naiv für eindeutige Lösungen streiten. Das neue *Kursbuch* wird deshalb auf der Suche nach einem neuen Typus von Intellektuellen sein. Die neue Intellektualität des neuen *Kursbuchs* wird eine Intellektualität sein, die sich auf die Perspektivendifferenz der modernen Gesellschaft einlässt. Sie wird nicht versuchen, die Differenzen einer *Gesellschaft der Gegenwarten* zu heilen; sie empfindet diese Differenzen weder als Chance noch als Defekt, sondern als schlichte Realität der Moderne – ob wir wollen oder nicht. Insofern ist Perspektivendifferenz auch kein Programm, keine Heilsidee, keine Zauberformel, sondern ein empirischer Fall, mit dem gerechnet werden muss.

Es geht uns um ein Denken, das nicht elitär immer schon weiß, was zu tun ist. Es geht um Formen des Denkens, die in der Lage sind, sich darauf einzulassen, die entscheidenden Fragen gerade aus der Perspektive anderer, konkurrierender Logiken zu verstehen. Das neue *Kursbuch* wird deshalb Autoren miteinander konfrontieren, die wissenschaftliche, politische, kulturelle, künstlerische, religiöse, rechtliche Perspektiven auf den gleichen Gegenstand richten – und auch wirtschaftliche Perspektiven. Das muss für den Fall des Wirtschaftlichen deshalb besonders betont werden, weil es bis heute eben nicht im Kanon intellektueller Debatten vorkam – allenfalls als Gegenstand von Analysen und Vorurteilen, oftmals ohne wirklichen ökonomischen Sachverstand, nicht aber als Diskurspartner auf gleicher Augenhöhe. Das dürfte auch an der Qualität der akademischen Ökonomie liegen. Was sie in der gegenwärtigen Krise erlebt, ist das, was Sieger stets erleben: Sie fangen an, darunter zu leiden, dass der Sieger nicht über die eigenen Grenzen schauen muss, weil er vermeintlich keinen Reflexionsbedarf hat. Und Sieger waren die ökonomischen Reflexionstheorien bis vor Kurzem, weil sie sich nicht vorstellen konnten, dass die selbst erzeugten Welten des grenzenlosen Risikomanagements tatsächlich nur an selbst gemachten Sicherheiten hingen. Wie all diejenigen es immer schon gewusst haben, die noch vor Kurzem alle Kritik als zaudernde Risikovermeidung gebrandmarkt haben. Es ist exakt jenes Siegersyndrom: es zu genau gewusst zu haben. In Hegels Herr-Knecht-

Dialektik kann man das schön nachlesen. Der Herr hat das Nachsehen, weil er gar nicht wissen kann, was der Knecht wissen muss, um den Herrn einen Herrn sein zu lassen. Wenn diese Konstellation zerbricht, bleibt dem Herrn nichts anderes übrig, als zu lernen – was letztlich nicht vorgesehen war.

Vielleicht wird an diesen Andeutungen schon sichtbar, worum es uns auch geht. Das neue *Kursbuch* wird demonstrieren, wie sehr unsere Diagnosen und analytischen Perspektiven durch sich selbst, durch ihre Perspektiven und Gewohnheiten limitiert sind. Wenn man das weiß, drehen sich Diagnosen womöglich um, werden Selbstverständlichkeiten brüchig und tauchen neue Strategien auf.

Plötzlich tragen Krisen zum Fortschritt bei, sorgt Optimierung für Zerstörung und funktioniert gutes Leben nur auf Kosten anderer. Krisen sind dann nicht mehr nur negativ, Optimierung und gutes Leben nicht mehr nur positiv konnotiert – das sind übrigens die drei ersten Themen des neuen *Kursbuchs*: Krisen lieben *(Kursbuch 170)*, Optimieren *(Kursbuch 171)* und Gut leben *(Kursbuch 172)*.

Schon kleine Verschiebungen unserer Kategorien erzeugen Lernprozesse. Ist das größte Potenzial für Entscheidungen nicht eher Nicht-Wissen als Wissen? Ist Wissen stets die Lösung oder bisweilen auch das Problem? Lebt Demokratie nicht von der Limitierung von Partizipation? Und ist die Langsamkeit politischer Entscheidungen nicht doch ein Potenzial, das gegen die Geschwindigkeitserpressung durch ökonomisch so eindeutig wirkende Sachzwänge durchgesetzt werden muss? Stabilisieren Reformen womöglich das, was da reformiert wird?

Das neue *Kursbuch* jedenfalls will der Ort sein, an dem solche Experimente möglich sind. Und es will der Ort sein, an dem solche Fragen zwar mit analytischer Schärfe, auch mit akademischer Gelehrsamkeit und ohne die üblichen Vereinfachungen behandelt werden. Aber es begnügt sich nicht damit, subtiler gefragt, cooler beobachtet, paradoxer hergeleitet zu haben. Das neue *Kursbuch* wird sich nicht damit begnügen, mit der Geste der dekonstruktiven Überlegenheit so zu tun, als reiche ein distanzierter Blick. Es geht um etwas! Es geht dabei auch um uns selbst. Denn auch der distanzierteste Blick ist Teil des Spiels, ist Teil des Diagnostizierten, ist Teil des Gegenstandes, den er erblickt. Was hier geschieht, soll Konsequenzen haben – nur ist nicht einmal wirklich ausgemacht, was Konsequenzen sind.

Das neue Kursbuch: *ein Ort kompetenter Gelassenheit*

Eine mögliche Konsequenz wäre die Frage nach Kompetenz. Es gehört zum Kanon moralisch-kritischer Perspektiven, dass Akteure, Eliten, Entscheider vor allem die falschen Interessen haben. Das stimmt sicher bisweilen, aber diese Diagnose tut so, als genügte es, diese Interessen zugunsten anderer, »besserer«, angemessenerer Interessen fahren zu lassen. Wir wissen, wie schwierig schon das zu bewerkstelligen wäre. Aber letztlich glaubt eine solche interessenkritische Perspektive mehr an die Kompetenz der »Herrschenden« als diese selbst. Diese Art Kritik ist oft sehr affirmativ, weil sie so tut, als wollten die Herrschenden nur nicht, als könnten sie, wenn sie nur wollten.

Die Kritik der klassischen Eliten war damit geradezu fasziniert vom Elitismus der Eliten selbst. Was Lösungskompetenz und Strategien heute können müssen, ist aber nicht mehr *alles*. Die klassischen modernen Eliten waren (zumeist männliche) Helden, denen man vielleicht nicht zugetraut hat, dass sie *alles* können, von denen man aber erwartet hat, dass sie sich so gerieren, als könnten sie es. Was heute gebraucht wird, ist ein Verständnis für Perspektivendifferenz, für ein Nicht-alles-Können. Das operative und auch das normative Versagen der Eliten ist kein Versagen aus Gründen der Wissensknappheit und mangelnder Konzepte. Das Versagen resultiert eher aus zu viel, zu genauem, zu eindeutigem Wissen und dem tiefen Glauben daran, zu wissen, was die Welt im Innersten zusammenhält – und das normative Versagen aus daraus resultierenden naiven Sicherheiten darüber, was Erfolg und Gelingen bedeutet. Es ist auch ein Ergebnis dessen, dass

Eliten immer weniger als Intellektuelle, als denkende Menschen angesprochen werden.

Exakt das will das neue *Kursbuch* tun – und es ist in diesem Sinne *postelitär* und *postheroisch*. Das neue *Kursbuch* beginnt mit einem naiven Gedanken: Es beginnt mit dem naiven Gedanken, dass Konzepte und Lösungen besser werden, wenn sie darum wissen, dass sie unentrinnbar in ihren je eigenen Logiken und Perspektiven gefangen sind. Das neue *Kursbuch* ist nicht so naiv, zu meinen, die Perspektiven aufheben zu können. Es ist aber so naiv, zu glauben, dass Lernprozesse und Einsichten nicht das Ergebnis vorgespielter, bis zur Lächerlichkeit inszenierter Sicherheiten sind, sondern stets Verunsicherung benötigen.

1965, als das erste *Kursbuch* erschien, schrieb Hans Magnus Enzensberger im Editorial: »Kursbücher schreiben keine Richtungen vor. Sie geben Verbindungen an, und sie gelten so lange wie diese Verbindungen. So versteht die Zeitschrift ihre Aktualität.« Zur Aktualität des neuen *Kursbuchs* gehört, dass es nicht einmal mehr Kursbücher gibt und damit die Verbindungen noch temporärer, noch instabiler, noch unerzählbarer werden – und gerade deshalb braucht es das neue *Kursbuch*.

Wir fühlen uns Enzensbergers Sentenz heute besonders verpflichtet. Es bildet sich Publikum, je nach Perspektive. Und es bildet sich Perspektive, je nach Publikum. Der archimedische Punkt normativer und moralischer Wahrheiten interessiert uns nicht. Gesellschaft als Ganzes ist sowieso nicht mehr darstellbar. Nur die Verbindungen zwischen den Perspektiven können erzählt und als Kommunikationsofferten platziert werden. Gesellschaft lässt sich nicht als eine Einheit aus einem Guss denken – sie ist multizentrisch und polykontextural. Daraus folgt die Einsicht, dass das neue *Kursbuch* wie das alte sich nicht von der schnellen Lösung, vom verwertbaren Konzept und von heroischen Versprechen vor sich hertreiben lässt. Unsere Haltung ist deshalb die einer heiteren Gelassenheit, einer gelassenen Kompetenz und kompetenter Gelassenheit – Gelassenheit nicht im Sinne von Indifferenz oder *apatheia*, sondern Gelassenheit im Sinne dessen, mit unterschiedlichen Verbindungen zu experimentieren. Ganz wie Enzensberger es mit der Kursbuch-Metapher gemeint hatte.

Eine letzte Bemerkung noch: Im Vorfeld der Neuerscheinung des *Kursbuchs* wurde der neue Herausgeber des *Kursbuchs* immer wieder mit derselben Frage konfrontiert: *Wo steht das neue* Kursbuch *politisch?* Gemünzt war diese Frage auf zweierlei: *Zum einen* waren die Debatten des klassischen *Kursbuchs* durch und durch politisierte Debatten. *Zum anderen* hat der neue Herausgeber sich bis dato nicht wirklich *politisch* im engeren Sinne zu erkennen gegeben. Bei Zweiterem soll es auch bleiben. Vielleicht manifestiert sich genau an dieser Stelle der entscheidende Unterschied zum alten *Kursbuch*. Das alte *Kursbuch* musste darum kämpfen, Themen auf die Agenda zu setzen. Es musste dies einem herrschenden Diskurs abtrotzen, wollte und musste gerade deshalb das Medium kollektiv bindender, appellativer, darin eben politischer Kommunikationsformen wählen. Die Folge war eine phänotypische Politisierung aller Debatten und Topoi.

Das neue *Kursbuch* ist politisch in dem Sinne, weil es zu verstehen versucht, dass politische Perspektiven nur Perspektiven unter anderen sind. Diesbezüglich geht es auch um die Restriktionen und außerpolitischen Bedingungen des Politischen – und womöglich nimmt man damit die Potenz des Politischen viel ernster. Für den Herausgeber jedenfalls wäre das die entscheidende Antwort auf die Frage, wo er und das neue *Kursbuch* politisch stehen: Das ist keine politische Frage. Oder so: Weder muss noch kann sie trivial beantwortet werden. Wo stehen wir also? Dort, wo es gelingt, sich allzu sicheren Selbstverständlichkeiten zu entziehen. Früher wäre das mal links gewesen. Aber wenn das nicht stimmt, wovon soll man es unterscheiden? Man kann es weder so nennen, noch gibt es eine tragfähige Unterscheidung dafür.

In der ersten Ausgabe also »Krisen lieben«. Wir haben Wissenschaftler, Intellektuelle und Publizisten gebeten, die widersprüchliche Differenzierung und Codierung von Krisen aus unterschiedlichsten Perspektiven zu betrachten. Armin Nassehi beginnt mit einer Perspektive auf die moderne Gesellschaft, in welcher der Ausnahmefall längst der Normalfall geworden ist. Die Moderne erlebt sich stets als krisenhaft – und wird dann tatsächlich krisenhaft, wenn sich einfache Lösungen für ihre Krisenbewältigung durchsetzen.

Der Psychotherapeut Wolfgang Schmidbauer bezeichnet seine Berufskollegen als krisengeschüttelte Hofnarren im System berufsständischer und ökonomischer Zurichtung. Der Wirtschaftshistoriker Werner Plumpe betrachtet Wirtschaftskrisen als harmonische Gleichgewichtsstörungen, die weder von Politikern noch von Unternehmern beeinflusst werden können. Der Wirtschaftsphilosoph Gunter Dueck hasst Krisen, weil sie nur jenen Managern in Unternehmen Macht verleihen, die davon profitieren und im unendlichen Regress wieder Krisen produzieren, um davon zu profitieren. Die Literaturwissenschaftlerin Katja Mellmann identifiziert in ihrem materialreichen Beitrag moderne Krisenerfahrungen geradezu als Movens literarischer Texte. Die Soziologin Jasmin Siri nimmt sich der beklagten Krise der politischen Parteien an und kommt zu dem Ergebnis, dass der Krisendiskurs Parteien geradezu stabilisiert. Der Doyen des deutschen Online-Journalismus Florian Rötzer verfolgt den Widerspruch zwischen einer scheinbar bunten, vielfältig neuen Medienwelt und der zunehmenden Einfalt, Konformität sowie dem Hochjazzen von Verschwörungen und Krisen in den neuen Öffentlichkeiten.

Jedes *Kursbuch* soll aber weiterhin auch ein Ort der Literatur und Kunst bleiben. In jeder Ausgabe wollen wir Künstler einladen, sich auf unser Thema völlig losgelöst von jeder Heftdramaturgie zu nähern. In dieser Ausgabe sind es die Schriftstellerin Kathrin Röggla, die sich in ihrer Erzählung auf Glanz und Elend ausufernder Krisentagungen einlässt. Und der afrikanische Künstler Romuald Hazoumè, dessen Krisenkanister in einer Bildstrecke abgebildet und von der Soziologin und Kunsthistorikerin Daniela Roth als Perspektive eines Afrikaners auf krisengeschüttelte Europäer beschrieben werden.

Nicht zuletzt beschäftigen wir uns in einer dritten Kontextspur natürlich mit der Neupositionierung und Reformulierung der *Kursbuch*-Idee. Wir haben deshalb Henning Marmulla eingeladen, seine Erkenntnisse über die *Kursbuch*-Gründerzeiten aus seinem wunderbaren Buch *Enzensbergers Kursbuch. Eine Zeitschrift um 68* im Spiegel des Wiederanfangs 2012 zu wenden. Dietmar Dath wiederum hat die Einladung, die in den 1970ern so kontrovers diskutierten »Legitimationsprobleme des Spätkapitalismus« von Jürgen Habermas zu spiegeln, »geordnet« zurückgewiesen und fordert stattdessen den Aufbau einer Gesellschaft als selbst legitimierte Gemeinschaft – jenseits hegemonialer Geld- und Machtdisziplinierung.

Wir blicken gespannt darauf, wie das neue *Kursbuch* aufgenommen wird. Ihnen als Leser wollen wir deshalb die direkte Möglichkeit geben, zu kommentieren, zu reagieren und zu formulieren. Unsere E-Mail-Adresse *kursbuch@murmann-verlag.de* freut sich auf rege Inanspruchnahme. Womit wir nur noch den Hinweis auf unsere neue Website *www.kursbuch-online.de* geben wollen. Wir freuen uns auf Ihren digitalen Besuch.

München / Hamburg, im Februar 2012
Armin Nassehi & Peter Felixberger

Anmerkungen

1 Vgl. Nassehi, Armin: *Gesellschaft der Gegenwarten. Studien zur Theorie der modernen Gesellschaft II.* Suhrkamp Verlag, Berlin 2011.

2 Marmulla, Henning: *Enzensbergers Kursbuch. Eine Zeitschrift um 68.* Verlag Matthes & Seitz, Berlin 2011, S. 263.

Henning Marmulla
Verbindungen
1965/2012

Gemeinplätze, das Kursbuch *betreffend*

Das *Kursbuch* war die wichtigste kulturelle und politische Zeitschrift in der zweiten Hälfte der 1960er-Jahre. Zur richtigen Zeit am richtigen Ort erschien diese von Hans Magnus Enzensberger herausgegebene und zwischen 1965 und 1970 von Siegfried Unseld verlegte Zeitschrift. In den fast fünf Jahren, in denen sie im Suhrkamp Verlag erschien, begleitete die Zeitschrift die Formierung und Mobilisierung sowie den Zerfall der deutschen 68er-Bewegung. Das *Kursbuch* war, ohne eine Bewegungszeitschrift zu sein, ihr Forum, der Herausgeber Enzensberger war ein Vermittler zwischen den internationalen 68er-Bewegungen, teilweise wurde er selbst zum Akteur, indem er die richtigen und wichtigen, ja die notwendigen Themen setzte, die von Bedeutung für den globalen Protest waren.

Enzensberger und sein Redakteur Karl Markus Michel griffen Vorstellungen und Texte wichtiger Vordenker und Ideengeber der internationalen 68er-Bewegungen auf, verbreiteten sie, rekonstruierten sie, spitzten sie zu und dynamisierten damit schließlich den Prozess, den die Soziologie als Mobilisierungsprozess der 68er-Bewegung beschreibt. Der italienische Verlag Mondadori identifizierte die Zeitschrift sogar mit der Bewegung und veröffentlichte 1969 eine über 270 Seiten umfassende *Kursbuch*-Anthologie unter dem Titel *Kursbuch. Die Außerparlamentarische Opposition*.[1]

Es ist heute unbestritten, dass das *Kursbuch* in jener Zeit wichtig war. Es zirkulierte, lag auf den Nachttischen, neben den Matratzen, kursierte in den Universitäten. Kaum eine antiquarisch erworbene Ausgabe lässt sich finden, in der nicht zahlreiche Leserkommentare aufzufinden wären. Das *Kursbuch* war kein Organ für das Regal. Man arbeitete mit und in ihm. Die Kursbögen, die ihm seit November 1968 beilagen, sucht man heute in den alten Ausgaben vergeblich. Sie hingen in den Küchen der Wohngemeinschaften. Die Leser verwandten sie ganz im Sinne der von Enzensberger schon 1957 formulierten Benutzungsordnung für seine Lyrik: »Hans Magnus Enzensberger will seine Gedichte verstanden wissen als Inschriften, Plakate, Flugblätter, in eine Mauer geritzt, auf eine Mauer geklebt, vor einer Mauer verteilt; nicht im Raum sollen sie verklingen, in den Ohren des einen, geduldigen Lesers, sondern vor den Augen vieler, und gerade der Ungeduldigen, sollen sie stehen und leben, sollen sie wirken wie das Inserat in der Zeitung, das Plakat auf der Litfaßsäule, die Schrift am Himmel. Sie sollen Mitteilungen sein, hier und jetzt, an uns alle.«[2] Die Kursbögen und die *Kursbücher* waren Mitteilungen des Hier und Jetzt, ihnen haftete etwas Dringliches und Drängendes an, sie wurden gebraucht.

Der Anfang vom Anfang

Die Geschichte des *Kursbuchs* will ich hier nicht erzählen. Ich will auch nicht rekonstruieren, wie sich die Zeitschrift nach der Trennung vom Suhrkamp Verlag und mit Gründung des Kursbuch Verlags weiterentwickelte, will nicht beleuchten, wie sie bei Rotbuch, Rowohlt und dem Zeitverlag aussah. Wohl aber will ich schildern, welche Ereignisse, Situationen und Konstellationen zur Gründung der Zeitschrift im Jahre 1965 führten und was sie in den ersten Jahren ihres Erscheinens so besonders machte. Es wird sich zeigen, dass viele Dimensionen, die in den Anfangsmomenten und bereits vor der Gründung des *Kursbuchs* von Relevanz für ihren Herausgeber waren, Eingang in die Grundstruktur dieser Zeitschrift fanden. Danach veränderte sich nicht nur das *Kursbuch*, sondern auch die Gesellschaft, in der es erschien. 1970 war das Jahr, in dem die Zeitschrift sich vom Suhrkamp Verlag trennte, in dem sie seit 1965 erschienen war. 1970 war das Jahr, in dem die 68er-Bewegung endgültig – nach schmerzhafter Demobilisierung – sich in zahlreiche K- und Splittergruppen galvanisiert und der Bundesverband des Sozialistischen Deutschen Studentenbundes (SDS) sich aufgelöst hatte.

Nun aber zum Anfang, besser: zum Anfang des Anfangs. Los geht die Spurensuche im Jahr 1960, und zwar in Frankreich.

Die Ära der Manifeste

»La libre communication des pensées et des opinions est un des droits les plus précieux de l'homme: tout citoyen peut donc parler, écrire, imprimer librement, sauf à répondre de l'abus de cette liberté, dans les cas déterminés par la loi.« Dieser im August 1789 in der französischen Nationalversammlung verkündete Satz wurde im nämlichen Land im September 1960 mit Füßen getreten, als ein Erlass es der Regierung ermöglichte, jeden Beamten zu suspendieren, der eine Kampfverweigerung oder gar Desertion von im Algerienkrieg kämpfenden Soldaten rechtfertigte. Dieser Erlass reagierte auf ein Manifest, das bereits seit Juli 1960 zirkulierte und unter das bis zu seinem ersten Erscheinen 121 Schriftsteller, Professoren und Künstler ihre Unterschrift gesetzt hatten.

Italienische und deutsche Solidaritätsaktionen, vor allem in Form von offenen Briefen und Co-Manifesten, erschienen prompt. Eine von Hans Magnus Enzensberger federführend vorbereitete Erklärung erhob »Einspruch gegen die Maßnahmen der französischen wie jeder anderen Regierung, die darauf abzielen, die freie Meinungsäußerung zu unterbinden«. Das Argument für diesen Einspruch war die Überzeugung einer »Pflicht, mit derselben Rückhaltlosigkeit wie unsere französischen Kollegen politisch Stellung zu nehmen, wann immer es uns nötig scheint. Wir werden kein Gesetz anerkennen, das uns dieses Recht abspricht.«[3]

Manifeste sind wichtig, Manifeste waren wichtig. Im Fall des französischen Beispiels aus dem Spätsommer 1960 sehen wir, als wie gefährlich der Staat solche intellektuellen Einlassungen einschätzte. Indes, oft, ja zumeist geht die einem Manifest zugeschriebene Wirkung weit über ihre faktischen Effekte hinaus. Nicht erst im digitalen Zeitalter der im Sekundentakt aktualisierten Liveticker-Meldungen verpuffen bestimmte Einlassungen schneller, als sie den Weg in die Aufmerksamkeit einer mal kritischen, mal lethargischen Öffentlichkeit finden können. Das merkten bereits die Zeitgenossen um 1960. Das wussten auch die engagierten Schriftsteller der beginnenden 1960er-Jahre. Manifeste bringen Unterstützung bei denjenigen, die sowieso die Meinung der Unterzeichner teilen, und sie erregen Unmut bei denjenigen, die anderer Meinung sind. Selten führen sie Meinungsänderungen herbei. Wenn man auf nachhaltigen Wandel zielt, muss man größer ansetzen. Und so kam bei einigen französischen, italienischen und bundesdeutschen Schriftstellern der Plan auf, etwas Neues in einer neuen Form zu versuchen: eine internationale Zeitschrift. Franzosen, Italiener und Deutsche taten sich zusammen und versuchten über einen Zeitraum von zwei Jahren, etwas auf die Beine zu stellen, das die Welt so, wie es geworden wäre, wäre es geworden, noch nicht zu sehen bekommen hatte. Aus dem Geist des kollektiven und – durch die deutschen und italienischen Solidarisierungen auch – internationalen Protestes gegen den französischen Krieg in Algerien und gegen die staatlichen Reaktionen auf die reine Äußerung der freien Meinung speiste sich dieses Zeitschriftenprojekt, das eine wunderbare Idee blieb, eine Idee, die sich nie materialisierte.

Dieses Projekt verband die Italiener Elio Vittorini, Francesco Leonetti, Pier Paolo Pasolini, Alberto Moravia, Franco Fortini und Italo Calvino mit den Franzosen Maurice Blanchot, Dionys Mascolo, Louis-René des Forêts, Robert Antelme, Marguerite Duras, Maurice Nadeau, Michel Butor, Michel Leiris und Roland Barthes und den Mitgliedern der deutschen Redaktion: Uwe Johnson, Hans Magnus Enzensberger, Ingeborg Bachmann, Martin Walser, Helmut Heißenbüttel, Günter Grass, Walter Boehlich und Peter Rühmkorf. Auch Verlage waren relativ schnell für das Projekt gefunden. In Italien war es Einaudi, in Frankreich zunächst Gallimard, später Julliard, in Deutschland zunächst S. Fischer, dann Suhrkamp. Langfristig sollten weitere Schriftsteller anderer Länder zur Mitarbeit bewogen werden: Es gab Sondierungsgespräche mit Iris Murdoch, Leszek Kołakowski, Carlos Fuentes, Ernesto Sábato und Richard Seaver. Welche Idee aber steckte hinter diesem Projekt? Worum ging es? Was war das Neue?

Alle zwei bis drei Monate sollte eine neue Ausgabe der Zeitschrift erscheinen, in jedem der drei beteiligten Länder in der jeweiligen Landessprache – aber mit identischem Inhalt. In einem Memorandum gab Maurice Blanchot die Marschrichtung der Zeitschrift vor, formulierte die Maximen, nach denen man, wenn man wirklich etwas Neues und gesellschaftlich Sinnvolles fabrizieren wollte, sich zu richten hatte. Das Projekt sollte vom Wesen her international und kollektiv sein, jeder Beitrag sollte aus der spezifischen Verantwortung des Schriftstellers heraus entwickelt sein, das Literaturinteresse der Beteiligten sollte kein kunstimmanentes sein, sondern aus dem Interesse für Wahrheit und Gerechtigkeit heraus abgeleitet werden, und, *last, but not least*, sollten Struktur und Ton der Zeitschrift an eben diesen Maximen ausgerichtet sein. Alles, was nicht der Wahrheit, der Gerechtigkeit und der Realität diente, galt es auszuschließen.

Hans Magnus Enzensberger zeigte sich in einem Konzeptionspapier zur internationalen Zeitschrift von der Idee überzeugt, dass die an ihr beteiligten Autoren nicht nur in ästhetischen, sondern auch in politischen Angelegenheiten kollektiv handlungsbereit seien. Diese Handlungsbereitschaft ging indes nicht auf eine parteipolitische Fixierung oder ideologische Positionierung zurück, sondern bestand gerade darin, ideologische Fixierungen zu vermeiden. Es sollten Probleme nicht aus einer nationalen Perspektive betrachtet werden, sondern in ihrer Bedeutung für den internationalen Zusammenschluss. In der gemeinsamen Arbeit wollten die Beteiligten versuchen, so insbesondere die Vorstellung der Franzosen und einiger Italiener, auch neue Schreibweisen zu entwickeln. Die Frage der richtigen Schreibweise war eine brennende, drängende. Eine Art des Schreibens, die man hier nun, in der »communauté internationale«, versuchen wollte, war die kollektive. Doch dieser Versuch der Kollektivität führte zu großen Problemen. In einer ausführlichen Korrespondenz und auf einigen Konferenzen breit diskutiert und doch niemals realisiert wurde die Frage des kollektiven Schreibens, eigentlich das Wesen des Projektes, im Endeffekt zum Auslöser seines Scheiterns.

Die Franzosen hatten die Zeitschrift von Anfang an nicht als Addition von Autoren und Beiträgen verstanden, sondern als Unternehmung gemeinsamer Reflexion. Das Ziel – auch geteilt vom Großteil der Italiener: Ein kollektiver Internationalismus sollte den individualistischen Nationalismus ablösen. Doch da hatten sie die Rechnung ohne die Deutschen gemacht. Die wollten zu den internationalen Konferenzen bereits fertige Texte mitbringen und dort vorstellen. Das hatten sich die Franzosen anders gedacht. Ihre Idee war, vor allem für die Rubrik *cours des choses*, gemeinsam Themen und – in einem kollektiven Schreibprozess – Texte zu entwickeln, die – zu allem Überfluss – auch noch anonym veröffentlicht werden sollten. Das war zwar nur eines der Probleme. Aber es wog am schwersten und verunmöglichte eine Zusammenarbeit mit den bundesdeutschen Schriftstellern definitiv. Das Projekt scheiterte. Wer detaillierter nachlesen möchte, dem sei die ausgezeichnete Studie von Roman Schmidt empfohlen, der diese »unmögliche Gemeinschaft« zutreffend als Teil eines Sehnsuchtssystems beschreibt, als eine Gemeinschaft, die getrieben war von der Sehnsucht nach kollektiver Internationalität.[4]

Entscheidend nun für die Geschichte des richtigen Anfangs des *Kursbuchs* war Enzensbergers Sehnsucht nach einer neuen Zeitschrift, die er, wenngleich nicht im radikal kollektiven Modus, wie er insbesondere Maurice Blanchot vorschwebte, umsetzte in einer bundesdeutschen Variante. Er war sowieso derjenige unter den Deutschen, der bis zuletzt und am stärksten für das internationale Projekt kämpfte – immer noch, als die anderen es längst aufgegeben hatten, allen voran der deutsche Redakteur Uwe Johnson. Als dann endgültig klar war, dass nichts aus dem internationalen Projekt werden würde, entschloss sich Enzensberger, das zu retten, was zu retten war: Ihm ging es nun darum, eine internationale Zeitschrift im nationalen Rahmen zu realisieren. Er wollte Herausgeber werden einer Zeitschrift, in die hinein er die Hauptideen der verunglückten Revue retten konnte.

Dies muss man sich vergegenwärtigen, wenn man sich die Geschichte der ersten Ausgaben des *Kursbuchs* betrachtet. Denn auch in der Bundesrepublik war es mit der freien Meinungsäußerung nicht so weit her. Davon zeugt die *Spiegel*-Affäre. Und die Interventionen von Intellektuellen, in Deutschland oft in Form von Manifesten, häufig aus dem Kreis der Gruppe 47, verfolgten dabei ein doppeltes Ziel: ein egozentrisches, das auf Selbsterhalt gerichtet war, das sich das Reden und Denken und Warnen nicht verbieten lassen wollte von André Malraux oder Franz Josef Strauß; sodann ein altruistisches, das sich aus dem Geist der Idee des allgemeinen Intellektuellen speiste, wie es in der Tradition Voltaires oder Émile Zolas stand.

Beide Strategien gingen unmittelbar in die Konzeption des *Kursbuchs* ein: Widerstand gegen staatliches (und publizistisches) Denkverbot (daher auch die Rede von der Gegenöffentlichkeit) auf der einen, Affirmation der intellektuellen Intervention in den Bereichen, in denen es notwendig war, auf der anderen Seite. Eine reflexive Ebene kam im *Kursbuch* hinzu, die Formen der Kritik und Formen intellektueller Intervention selbst zur Debatte stellte und Reformulierungsversuche unternahm. Und das alles geschah, da schließt sich der Kreis zur internationalen Zeitschrift, vor dem Hintergrund einer radikal entwickelten internationalen Weltwahrnehmung. Mit dieser ausgerüstet ging Enzensberger an seine Zeitschrift heran. Glückliche Fügung, dass Siegfried Unseld eben eine Zeitschrift in seinem Verlag, den er seit 1959 leitete, gründen wollte. Nun konnte Enzensberger richtig anfangen.

> Zu den ergiebigsten Klischeeplantagen gehört das Feld der sogenannten Völkerpsychologie. Dort werden ganz besondere Tulpen, die National-charaktere, in Reinkultur gezüchtet – Gewächse, die in der Natur kaum vorkommen, denen aber in den Treibhäusern jener Scheinwissenschaft ein zähes Leben blüht.[5]

Die Kategorie der Nationalität sah Enzensberger stets als eine gefähr-liche an. Obwohl sie eigentlich realiter überwunden sein müsste, so schreibt er in »Über die Schwierigkeit, ein Inländer zu sein« ein Jahr vor Erscheinen des ersten *Kursbuchs*, lebe die Idee der Nation »sub-jektiv, als Illusion, äußerst zäh weiter. Illusionen von solchen Aus-maßen sind aber ernst zu nehmen. Sie sind ihrerseits Realitäten, und zwar psychologische Realitäten von explosiver Kraft.«[6] Nachdem er im Konzert der französischen und italienischen Intellektuellen ver-sucht hatte, die realen Effekte dieser Denkfigur im kollektiven Modus zu überwinden, bemühte er sich nach dem Scheitern der internatio-nalen Zeitschrift mit seinen Texten und dem *Kursbuch* weiter darum, dieses Projekt einer – heute würden wir sagen – Transnationalisierung voranzutreiben. Das Scheitern des internationalen Zeitschriftenpro-jektes bedeutete für Enzensberger nicht das Scheitern einer Idee. »Tri-umphe«, schrieb er 2010 in der Einleitung zu seinen *Lieblings-Flops*, »halten keine Lehren bereit, Mißerfolge dagegen befördern die Er-kenntnis auf mannigfaltige Art.«[7]

Den Misserfolg der internationalen Zeitschrift sollte er mit dem ent-stehenden *Kursbuch* produktiv wenden. Denn die Überzeugung von der Notwendigkeit einer internationalen Wahrnehmungsweise globa-ler Probleme blieb bestehen. Die Beschneidung freier Meinungsäuße-rung, staatliche Zensurmaßnahmen und die Frage nach dem richti-gen Schreiben waren global gestellte Fragen. Der Befreiungskampf in der Dritten Welt, die aufkommenden Studentenproteste und die Frage nach dem revolutionären Subjekt waren Themen, die nicht aus einer nationalen Perspektive verhandelt werden konnten. Und das *Kurs-*

buch, wenngleich eine in Deutschland verlegte Zeitschrift für ein hauptsächlich deutschsprachiges Publikum, muss als eine internationale Zeitschrift beschrieben werden, weil es sich seinen Themen unter Einbeziehung internationaler Autoren und stets aus einer internationalen Perspektive stellte.

In »Europäische Peripherie« etwa, einem Beitrag für das zweite Heft der Zeitschrift, argumentierte Enzensberger, dass man die Welt nicht verstehen könne, wenn man sie unter dem Gegensatz von Kommunismus und Kapitalismus analysiere. Das adäquate Divisionsprinzip, unter dem alleine man die Welt der 1960er-Jahre noch verstehen könne, sei eines, das quer zu den Blöcken stehe, das jede einzelne Nation durchlaufe, es sei das von Arm und Reich.[8] Wie folgenreich die Deutung dieser globalen Konfliktlinie war, wird sich weiter unten zeigen, weil von ihr auch die Bestimmung des revolutionären Subjekts abhing, und davon wiederum die Frage nach der richtigen Revolutionsstrategie – eine Frage, die etwa Peter Weiss radikal anders beantworten sollte als Hans Magnus Enzensberger.

Enzensberger, der in erster Ehe mit einer Norwegerin, in zweiter mit einer Russin verheiratet war, der 1957 bereits ins norwegische Stranda übersiedelte, 1961 dann das geliebte Haus auf der norwegischen Insel Tjøme kaufte, der nie länger als nötig in der Bundesrepublik war, der in den drei großen Werken, die er zwischen 1968 und 1972 schrieb und in denen er innovativ mit drei Gattungen experimentierte (in der Oper *El Cimarrón*, im Theaterstück *Das Verhör von Habana* und im Roman *Der kurze Sommer der Anarchie*), stets eine nicht deutsche Figur oder historische Begebenheit ins Zentrum der Literaturproduktion stellte, der 1960 mit dem *Museum der modernen Poesie* Federico García Lorca, Nâzım Hikmet oder Konstantinos Kavafis einem breiten Publikum in der Bundesrepublik erstmals zugänglich machte, dieser Enzensberger gab folgerichtig kein einziges Heft des *Kursbuchs* heraus, in dem ausschließlich deutsche Beiträge gewesen wären (nicht einmal in Heft 4 über Deutschland), und es gab hauptsächlich und dezidiert Themenhefte zu internationalen Fragen.

»sichtbar machen, von anfang an, daß wir keine zeitschrift für national-literatur sind«,[9] schrieb er im Februar 1965 an Karl Markus Michel. Heft 2 von 1965 war gänzlich dem Thema *Dritte Welt* gewidmet und eröffnete mit einem Teilvorabdruck der Übersetzung von Frantz Fanons *Les damnés de la terre*. Heft 13 vom Juni 1968, um ein zweites Beispiel zu nennen, analysierte *Die Studenten und die Macht* mit Artikeln über die Protestbewegungen in Spanien, Italien, ČSSR, Polen, Lateinamerika, Brasilien, Frankreich und Deutschland. Kursbücher, so ging die Vernetzung weiter, erschienen sodann in Teil- und Komplettübersetzungen in verschiedenen Ländern.

Die internationale Disposition, die Enzensbergers Wahrnehmung und die Gestaltung seiner Zeitschrift strukturierte, war strukturierend auch für die Kritik an Krisen, denen sich nicht nur die deutsche Gesellschaft in den 1960er-Jahren gegenübersah. Und so verwundert es nicht, dass die 68er-Bewegung, die als globale betrachtet werden muss, im *Kursbuch* ihr wichtigstes Orientierungsmedium fand.

Oppositionen bilden

Die 68er-Bewegungen waren internationale Bewegungen. Zwar gab es in jedem Land, in dem es um 1968 zu Protestmobilisierung kam, nationale Besonderheiten: Die deutsche 68er-Bewegung setzte sich zusammen aus der Studentenbewegung, der Ostermarschbewegung und der Opposition gegen die Notstandsgesetze, in den USA etwa spielte die Bürgerrechtsbewegung eine große Rolle, in Frankreich kam es sogar zur großen Parallelaktion, dem Schulterschluss zwischen Arbeitern und Studenten, einem Szenario, an das in der Bundesrepublik gar nicht zu denken war.

In allen Ländern jedoch, in denen in der zweiten Hälfte der 1960er-Jahre außerparlamentarische Oppositionen entstanden, *a posteriori* 68er-Bewegungen genannt, spielten die Studenten eine besondere Rolle. Ausgelöst durch eine Krise der Universitäten und durch ein Unbehagen an Fremdbestimmung und defizitären Lebenschancen, verknüpfte sich der studentische Protest, der sich auf die eigene Situation bezog, mit einem Unbehagen an der globalen Struktur. Weltweit kam es zur Unterstützung der Befreiungsbewegungen in der Dritten Welt, zu Protesten gegen den Vietnamkrieg, und es gab vehemente Forderungen nach Selbstbestimmung und der Aufhebung entfremdeter Arbeits- und Lebensverhältnisse. Es einte die internationalen Bewegungen der Antrieb, Apathie zu überwinden, den Status quo nicht mehr als gegeben hinzunehmen und für die Veränderung eigener wie fremder ungerechter Lebensverhältnisse zu kämpfen.

Theoretisch orientierten sich die internationalen Bewegungen an der sich zu Anfang der 1960er-Jahre formierenden Neuen Linken. Die kognitive Orientierung der Neuen Linken – und das gilt sowohl für die bundesrepublikanische als auch für die italienische Nuova Sinistra, die französische Nouvelle Gauche oder die englische New Left – grenzte sich in zentralen Dimensionen von der Orientierung der alten Linken ab. Neben einer Neuinterpretation der marxistischen Theorie und einem neuen Organisationskonzept, in dem der Primat auf der Aktion statt auf der Organisation lag, richtete sie sich auf einen neuen Entwurf der sozialistischen Gesellschaftsordnung, in der vor allem die Entfremdung des Menschen in seiner Lebenswelt aufgehoben werden sollte. Ferner sollten Veränderungen im kulturellen Bereich der sozialen und politischen Transformation vorausgehen. Schließlich mündete sie in der Neudefinition des Trägers sozialen und kulturellen Wandels: Nicht länger das Proletariat, sondern die junge Intelligenz und gesellschaftliche Randgruppen sollten den Anstoß zur Transformation der Gesellschaft geben.[10] Diese Annahmen einten die internationalen Bewegungen, diese Annahmen einten aber auch die Bewegung und die *Kursbuch*-Macher.

Mit Berichten, Reportagen und Dossiers über die Befreiungsbewegungen in der Dritten Welt und die international entstehenden Protestbewegungen in den westlichen Industrienationen wirkte das *Kursbuch* von Anfang an mit bei der Diffusion global zirkulierender

Protestideen und gab der deutschen Bewegung theoretisches wie praktisches Futter. Der Tod von Benno Ohnesorg spitzte den Protest in der Bundesrepublik zu – und das fand seinen Widerklang im *Kursbuch*. Die Studenten wurden das entscheidende Thema zwischen Sommer 1967 und Sommer 1968. Ein ursprünglich als Dossier geplanter Text wurde zu einem ganzen Heft (*Kursbuch 12* von dem Sozialphilosophen Peter Furth und seinen Mitarbeitern über die Nacht des 2. Juni), und Berichte der internationalen Studentenbewegungen über die Situation in ihrem jeweiligen Land erschienen in *Kursbuch 13*. Angehängt an jene Ausgabe war eine Adressenliste, die der deutschen Bewegung die Kontaktaufnahme und Zusammenarbeit mit internationalen studentischen Gruppen und Organisationen ermöglichen sollte. Abgedruckt wurde eine Auflistung von 49 Verbänden aus 27 Ländern. Es handelte sich um viele dem Verband Deutscher Studentenschaften (VDS) ähnliche Verbände, aber insbesondere, wie die Redaktion schrieb, auch um ideologisch näher definierbare wie auch um Ad-hoc-Gruppierungen und lokale Basiszellen. Aufgenommen wurden ausschließlich Adressen, »die nach unseren Informationen für die Zusammenarbeit mit der anti-autoritären Bewegung in Betracht kommen«.[11]

Ein Thema, das von immenser Bedeutung für die internationalen 68er-Bewegungen war, stand von Anfang an im Zentrum des *Kursbuch*-Interesses: das Thema der Befreiungsbewegungen in der Dritten Welt – und damit verbunden auch die Frage nach Möglichkeiten und Formen der Revolution in den Industriemetropolen.

Vielfalt der Positionen

Die Dritte Welt zieht sich als Leitmotiv durch die Kursbücher der 1960er-Jahre. An einem thematischen Beispiel lässt sich an dieser Stelle ferner ein zentrales Charakteristikum der Zeitschrift dieser Zeit verdeutlichen: die Präsentation verschiedenster Positionen zu einem Thema. Heft 11 ist ein gutes Beispiel dafür, was das in Bezug auf die richtige Transformations- und Revolutionsstrategie bedeuten konnte. Das Konzept, ein breites Spektrum an Stellungnahmen und Meinungen zu einem Thema anzubieten, schlug sich nämlich nieder bis hin zur Anordnung der einzelnen Beiträge innerhalb eines Heftes.

Kursbuch 11 über *Revolution in Lateinamerika* zeigte insbesondere zwei Positionen zur Revolution in der Dritten Welt auf, die, so hat es auch damals schon Karl Heinz Bohrer im *Merkur* beschrieben,[12] die radikalsten Positionen deutscher Schriftsteller waren, zwei Positionen mithin, die sich gleichsam entgegenstanden. Es handelte sich um den Nachruf »Che Guevara!« von Peter Weiss und Hans Magnus Enzensbergers »Berliner Gemeinplätze«. Formal rahmten sie die anderen Artikel des Heftes ein: Der Artikel von Peter Weiss, der von Enzensberger unter Pseudonym übersetzt wurde, stand zu Beginn, Enzensbergers Beitrag beschloss das Heft.

Für die Dritte Welt, so Peter Weiss, habe Che Guevara den einzig möglichen Weg aufgezeigt: »Das einzig Richtige ist, ein Gewehr zu nehmen und zu kämpfen.«[13] Interessant war aber vor allem, welche Konsequenzen Weiss aus seinen Überlegungen für die Situation in den Industriemetropolen skizzierte. Er sah die Effektivität der internationalen Opposition allein im Schulterschluss mit der Arbeiterklasse. »Was können wir tun? Wir müssen diejenigen auf unsere Seite bringen, auf die es in allen Klassenkämpfen ankommt. Das sind die Arbeiter. Der Krieg in Vietnam, im übrigen Asien, in Lateinamerika und Afrika ist ein Krieg der Klassen.« Der Träger der Revolution war für Peter Weiss – nach wie vor – das Proletariat. Der Tag, so endete sein Nachruf, »an dem Millionen Arbeiter die Fabriken und Werkstätten verlassen und fordern werden: Schluß mit der Schlächterei – dieser Tag wird der Anfang vom Ende sein, vom Ende des Imperialismus.«

Enzensberger, der das Heft mit seinem »Berliner Gemeinplätze« benannten Beitrag beendete, nahm sowohl in der Frage des Trägers des Protests als auch in der Frage der Transformationsstrategie eine grundsätzlich abweichende Position ein. Nicht das Proletariat, sondern die junge Intelligenz konnte in seinen Augen den Protest dynamisieren; nicht der Generalstreik, sondern nur eine durch die Intelligenz angestoßene und dann breitenwirksam diffundierende Wahrnehmungsänderung konnte die Revolution herbeiführen. Wenn Enzensberger hier, in diesem Beitrag von 1968, von Revolution sprach, so war das nicht die Revolution der alten Linken, die davon ausging, man müsse erst das politische und wirtschaftliche System transformieren, bevor sich das Bewusstsein verändern könne. Bei ihm war es der entgegengesetzte Weg. Sein Revolutionskonzept war orientiert an den Annahmen der Neuen Linken und setzte am Überbau an. Er setzte auf Veränderung der Dinge durch Veränderung in den Köpfen. Die Veränderung der Wahrnehmung musste in seinen Augen der Veränderung im politischen System vorangehen. Sozialismus konnte, das war die Annahme der Neuen Linken, sich nicht erschöpfen in der politischen und sozialen Revolution, sie musste die Entfremdung des Menschen in der Lebenswelt aufheben.

Wirkliche Hoffnung auf Umsetzung der Idee in die Praxis kam Enzensberger bei der Beobachtung und Analyse der studentischen Proteste. Spätestens 1967/68, so schrieb er in den »Berliner Gemeinplätzen«, spätestens befördert durch die »Berliner Polizei-Pogrome dieses Sommers«, musste man in den Studenten die echte Möglichkeit auf Veränderung sehen.[14] Und das galt für ihn global: »Alles politische Handeln steht und fällt jetzt im Kontext der internationalen revolutionären Bewegung.« Es war das Handeln, die Aktion, die als das Entscheidende ausgerufen wurde, denn, so Enzensberger, auch »die Solidarität der Intelligenz bleibt bloße Rhetorik, sofern sie sich nicht in politischen Handlungen äußert, deren Nutzen sich beweisen läßt«. Entscheidend für die Einschätzung der Bedeutung der Aktion war das duale Transformationskonzept der Neuen Linken. Veränderungsmöglichkeit konzipierte diese als eine duale. In der direkten Aktion – sei es in einer Demonstration, sei es bei einer Besetzung – sollte das (vielleicht noch) apathische Individuum nicht nur die Gesellschaft verändern, sondern auch sich selbst. So standen Aktion und Wahrnehmungstransformation in einem unmittelbaren Zusammenhang.

Und so betrachtet arbeiteten *Kursbuch* und studentischer Protest gemeinsam an einem Projekt, dessen Konnex sich als Wahrnehmungsrevolution beschreiben lässt.

Im Rückblick erklärten später einmal Karl Markus Michel wie auch Hans Magnus Enzensberger das Vorgehen der Präsentation verschiedener Positionen zu einem Thema als absolut intendiertes. In einem Gespräch mit Wolfgang Kraushaar und Jan Philipp Reemtsma erinnerte sich Enzensberger im Jahr 2005 an seine Bemühungen, das *Kursbuch* überfraktionell zu halten: »Ich habe aber immer darauf geachtet, dass sich alle Fraktionen dort äußern konnten. Die anderen Gruppierungen hatten ja bereits ihre eigenen Parteizeitungen. [...] Ich dachte, es sei notwendig, dass es wenigstens an einem Ort möglich sein müsse, diese Sektiererei zu ignorieren.«[15]

Auch Karl Markus Michel hob diesen Aspekt besonders hervor, als er sich 1991 in einem Vortrag an das *Kursbuch* der 1960er-Jahre erinnerte. Als besonders geeignetes Beispiel für eine Aufnahme sehr konträrer Positionen nannte er die Mischung aus Herbert Marcuse auf der einen und Uwe Johnson und Martin Walser auf der anderen Seite in *Kursbuch* 9 von 1967.[16] Der Zeitschriftenmacher, so Michel, »will nicht steuern, er will bewegen«, eine »Kontrolle über die Leser hat er nicht«. Diese Einschätzung, in der Retrospektive vorgenommen, fasst zusammen, was im Editorial zum ersten Heft des *Kursbuchs* formuliert wurde: »*Absicht.* Kursbücher schreiben keine Richtungen vor. Sie geben Verbindungen an, und sie gelten so lange wie diese Verbindungen. So versteht die Zeitschrift ihre Aktualität.« Ein Zitat, auf das Herausgeber und Chefredakteur des neuen *Kursbuchs* in ihrem Editorial ebenfalls Bezug nehmen.

Krisen synchronisieren die Problemwahrnehmung verschiedener Akteursgruppen. Sie sind notwendig für kollektiv koordinierten Protest. Sie provozieren Intellektuelle zu Interventionen, sie regen Demonstrationen an, haben Boykott und bewaffneten Aufstand zur Folge. Krisen sind produktiv. Krisen machen Geschichte. Eine Zeitschrift kann Analysen bereitstellen, die richtigen und wichtigen Informationen aus der Flut filtern. Das *Kursbuch* von 1965 ff. wollte keine Richtungen vorgeben, sondern Verbindungen anzeigen. Die Schlussfolgerungen hatten die Leser zu ziehen. Um 1968 taten sie es. Welche Verbindungen das neue *Kursbuch* anzeigen wird, ist eine spannende Frage.

Im November 2011 fantasierte Reinhard Mohr in einem Beitrag über die Verblödung der Nation im *Cicero*, wie das *Kursbuch* heute funktionieren würde, und, um das Gedankenexperiment weiterzutreiben, wie ein heutiges *Kursbuch* 1968 gewirkt hätte: »Gäbe es das alte *Kursbuch* heute noch, so säßen seine Leser allerdings nicht mehr schmökernd im Café, sondern irgendwo vor ihrem Laptop, iPhone oder iPad. Denn klar, auch das *Kursbuch* hätte sich dem digitalen Trend der Zeit nicht verschließen können. Man stelle sich vor, es hätte schon 1968 statt selbst gedruckten Flugblättern einen Liveticker gegeben, etwa beim Vietnamkongress in Berlin.«[17] Die entscheidende Einschätzung folgte sogleich: Hätte es 1968 schon *Kursbuch online* gegeben, so Mohr, wäre 1968 nicht das gewesen, was es geworden ist. Denn vor lauter »Up-to-date-Sein hätte einfach kein Mensch Zeit gehabt, von einer Revolution zu träumen«. Eine merkwürdige Einschätzung ist dies einerseits, wenn man an den Arabischen Frühling oder an die Occupy-Bewegung denkt, bei denen Simultaneität von Ereignis und Bericht und die digitale Informationsübertragung einen notwendigen Beitrag geleistet haben.

Etwas anderes aber steckt in dieser Einschätzung, das als durchaus berechtigt erscheint, wenn man an das *Kursbuch* im Jahr 2012 denkt. Die Beschleunigung der Informationseingänge, mit denen wir tagtäglich umzugehen haben, birgt die Gefahr in sich, dass wir vor lauter Wissen den großen Zusammenhang nicht mehr sehen. Dass wir nicht sehen, was etwa die Geschichten und Schicksale von den Personen, die uns Taryn Simon in ihrer aktuellen Ausstellung *A Living Man Declared Dead and Other Chapters* präsentiert, mit uns zu tun haben. Wir brauchen Medien, die, genau wie das *Kursbuch* 1965 ff., Verbindungen anzeigen. Dabei ist es gleich, und hier teile ich die kontrafaktischen Überlegungen von Mohr nicht, ob wir die Verbindungen auf Papier oder einem iPad lesen. Entscheidend ist, dass die Verbindungen im Bewusstsein der internationalen Verstrickung unserer Welt analysiert und dargeboten werden. Wir dürfen, anders als Mohr es in seinem Beitrag tut, den Arabischen Frühling nicht als ein Phänomen der anderen begreifen, sondern als das unsere. Solange wir »uns« von den »anderen« trennen, so wie es der deutsche Sozialdemokrat X in Enzensbergers Aufsatz »Europäische Peripherie« von 1965 tut, können wir weiter bequem in unseren Stuben hocken und die Tagesschau ansehen. Wir müssen erkennen, dass »wir« und die »anderen« ein gemeinsames Schicksal teilen.

Dazu braucht es, neben vielen spezifischen Intellektuellen, die aus Fachkenntnis heraus schreiben und sich im besten Fall zu einem kollektiven Intellektuellen, wie Pierre Bourdieu ihn konzipiert hat, zusammenfinden, vor allem eins: Fantasie. Die haben wir nötiger denn je. Und dabei könnte auch die Literatur helfen, die 1968 im *Kursbuch* nicht totgesagt, sondern befragt wurde, die für Enzensberger nie fragwürdig, sondern des Fragens würdig war. Das *Kursbuch* sollte wieder ein Trüffelschwein sein, das uns mit den schmackhaftesten dieser Pilze versorgt.

Editorische Notiz

Die Geschichte des *Kursbuchs* in der Zeit von 1965 bis 1970 untersucht Marmulla in seinem Buch *Enzensbergers Kursbuch. Eine Zeitschrift um 1968.* Matthes & Seitz Verlag, Berlin 2011.

Anmerkungen

1 Backhaus, Giorgio (Hg.): *Kursbuch. L'opposizione extraparlamentare*. Mondadori, Mailand 1969. In dem Band waren Beiträge von Enzensberger, Yaak Karsunke, Reinhard Lettau, Martin Walser, Peter Weiss und anderen versammelt.

2 Waschzettel in Enzensberger, Hans Magnus: *verteidigung der wölfe*. Suhrkamp Verlag, Frankfurt am Main 1957.

3 »Erklärung zum Algerien-Krieg« (1960). In: Lettau, Reinhard (Hg.): *Die Gruppe 47. Bericht, Kritik, Polemik*. Luchterhand Verlag, Neuwied 1967, S. 452.

4 Schmidt, Roman: *Die unmögliche Gemeinschaft. Maurice Blanchot, die Gruppe der rue Saint-Benoît und die Idee einer internationalen Zeitschrift um 1960*. Kulturverlag Kadmos, Berlin 2009, S. 15.

5 Enzensberger, Hans Magnus: »Denker en gros«. In: *konkret* 4, Nr. 16, 1960, S. 11.

6 Ders.: »Über die Schwierigkeit, ein Inländer zu sein«. In: ders.: *Deutschland, Deutschland unter anderm. Äußerungen zur Politik*. Suhrkamp Verlag, Frankfurt am Main 1967, S. 7–13, hier S. 9.

7 Ders.: *Meine Lieblings-Flops, gefolgt von einem Ideen-Magazin*. Suhrkamp Verlag, Berlin 2010, S. 7.

8 Enzensberger, Hans Magnus: »Europäische Peripherie«. In: *Kursbuch* 2, 1965, S. 154–173.

9 Vgl. Marmulla, Henning: *Enzensbergers Kursbuch*. Matthes & Seitz Verlag, Berlin 2011, S. 103.

10 Vgl. Gilcher-Holtey, Ingrid: *Die 68er Bewegung. Deutschland, Westeuropa, USA*. C. H. Beck Verlag, München 2001, S. 15 f.

11 *Kursbuch 13*, 1968, S. 198.

12 Bohrer, Karl Heinz: »Die Revolution als Metapher«. In: *Merkur* 22, 1968, S. 283–288.

13 Weiss, Peter: »Che Guevara!«. In: *Kursbuch 11*, 1968, S. 1–6.

14 Enzensberger, Hans Magnus: »Berliner Gemeinplätze«. In: *Kursbuch 11*, 1968, S. 151–169.

15 Ders.; Kraushaar, Wolfgang; Reemtsma, Jan Philipp: »›Sie hatten nie eine politische Forderung …‹. Ein Gespräch mit dem Schriftsteller Hans Magnus Enzensberger über die Hintergründe der RAF«. In: Kraushaar, Wolfgang (Hg.): *Die RAF und der linke Terrorismus*, Bd. 2. Hamburger Edition, Hamburg 2006, S. 1392–1411, hier S. 1400.

16 Michel, Karl Markus: »Druck-Erzeugnisse: Hat das Kursbuch etwas bewirkt?« In: Heller, Martin; Reble, Christina (Hg.): *Konkrete Utopien in Kunst und Gesellschaft um 1968*. Museum für Gestaltung, Zürich 1991, S. 5–23, hier S. 10.

17 Vgl. Mohr, Reinhard: »Eine Nation verblödet«. In: *Cicero 11*, 2011., Armin: *Gesellschaft der Gegenwarten. Studien zur Theorie der modernen Gesellschaft*. Suhrkamp Verlag, Berlin 2011.

Armin Nassehi
Der Ausnahmezustand als Normalfall
Modernität als Krise

Manche datieren den Anfang der Moderne auf den Allerheiligen-
tag des Jahres 1755, als ein Tsunami, ausgelöst durch ein Erdbeben
200 Kilometer vor der Küste Portugals, Lissabon zerstört hat. Es war
ein sinnloses Geschehen, das man nicht einem Weltenplan oder gar
Gottes Ratschluss subordinieren konnte, schon deshalb nicht, weil
die Alfama, das Sündenviertel der Stadt, von den Zerstörungen weitgehend verschont blieb. Katastrophen hatte es immer gegeben, aber
warum sollte diese der Ausgangspunkt der Moderne sein? Zumindest
hat die Erfahrung des sinnlosen Ereignisses mit allen seinen bösen
Auswirkungen die alte Frage, wie Gott angesichts seiner Allmacht und
Güte solches Unheil zulassen könne, neu belebt. Diese sogenannte
Theodizeefrage freilich wurde nun nicht mehr primär religiös gelöst,
sondern letztlich dadurch, Natur und Kultur, Notwendigkeit und
Freiheit, Zufall und Sinn voneinander zu trennen.

Modernität beginnt deshalb damit, unterschiedliche Lebensberei-
che und Argumentationslogiken voneinander zu trennen. Immanuel
Kant etwa hat im Gefolge von Lissabon eine naturwissenschaftliche
Theorie des Erdbebens und Tsunamis verfasst. Wiewohl diese sich
am Ende als falsch herausstellte, diente sie dazu, die Ereignisse als das
bloße Wirken von Naturkräften anzusehen, die letztlich mit der Frage
nach einem angemessenen und guten Leben nichts zu tun haben.

Die Lehre aus Lissabon war eine doppelte Lehre. Zum einen lernte
man, dass nicht der Tsunami selbst, nicht die vielen Toten und die
Zerstörung eine Krise darstellten, sondern die Tatsache, dass man das
Geschehen nicht angemessen interpretieren konnte. Zum anderen

wurde immer deutlicher, dass das neue Zeitalter sein Schicksal selbst in die Hand nehmen musste, dass es nicht mehr an die Allmacht Gottes, sondern an die eigene Gestaltungskraft glauben wollte. Daraus sollte sich bekanntlich ein wenn nicht triumphales, so doch ein »klügeres« Zeitalter entwickeln, das, ganz wie die Fortschrittstheorien etwa im Stile Auguste Comtes es nahelegen, alte theologische und metaphysische Muster durch rationale und wissenschaftliche abzulösen versuchte. Letztlich wurde damit die Theodizeefrage aber nur verschoben, denn die Lösung konnte man nun nicht mehr der Allmacht Gottes, aber dem Gang der Geschichte zurechnen.

Wir stellen uns die Aufklärung bisweilen als allzu triumphal und selbstbewusst vor. Sie war jedoch viel mehr von der Selbstverunsicherung geprägt, dass Krisenbewältigungsnarrative nun aus sich selbst heraus gewonnen werden mussten, weil keine anderen Kriterien mehr zur Verfügung standen. Um aber die Unzulänglichkeit der Gegenwart auszuhalten, bedarf es einer Anwesenheit, die nicht allzu sichtbar sein durfte, um eine solche Zurechnung tatsächlich vornehmen zu können. War es bis dahin noch Gott als Anwesenheit und Abwesenheit zugleich, erfand sich die Moderne dadurch, dass sie die Zukunft als jene abwesende Anwesenheit ansetzen konnte, die in die Zukunft verschiebt, was gegenwärtig noch nicht lösbar war – wobei der Übergang fließend war, sich langsam und eher vorsichtig vom Rekurs aufs Religiöse emanzipierte, wie man Hans Joas' jüngster Studie über die *Sakralität der Person* entnehmen kann. Wie man die imperfekte Sündenwelt zuvor als Prüfung Gottes und somit als Chance für das Bemühen um Überwindung der Sünde ansehen konnte, wird es nun möglich, die Gegenwart in all ihrer Unvernünftigkeit als vernünftig darzustellen. Selbst die Kontingenzen der Natur waren dann nicht mehr böse, sondern eben ungewisser Natur. Und unvernünftige Menschen und Verhältnisse wurden zu Durchgangsstadien einer prinzipiellen Lösbarkeit des Problems.

Letztlich war die Moderne ein Kind der Krisenerfahrung – wie die unterschiedlichen Erfahrungen und Logiken des Lebens zusammen gedacht werden konnten: etwa die Reiche der Notwendigkeit und der Freiheit angesichts eines Tsunamis wie 1755 oder die regulative Idee der Vernunft und der guten Gründe angesichts der Unvernunft der empirischen Menschen. Mit der Aussicht auf Versöhnung in der Zukunft lässt sich dann sogar die unvernünftige Gegenwart vernünftig erfahren – der Höhepunkt ist wohl Hegels Behauptung der Vernünftigkeit alles Wirklichen in der Vorrede zur Rechtsphilosophie von 1821. Hier wird Krisenerfahrung dadurch verschleiert, dass sie als ein notwendiger Schritt auf dem Weg zum historischen Heil interpretiert werden kann. Formulierungen aus der Rechtsphilosophie, dass der schlechteste Staat immer noch besser sei als keiner, weil sich in ihm die Wirklichkeit der sittlichen Idee und damit die Vernünftigkeit des gerade Wirklichen zeige, sind offenkundige Versuche, die Krisenerfahrung der Welt »aufzuheben«. Ein Erdbeben an Allerheiligen, selbst in einem der katholischsten Länder überhaupt, kann dieser Aufhebung nichts mehr anhaben. Man kann dann beides haben: Leiderfahrung und das Unvernünftige sowie Heilserwartung und die Vernunft.

Susan Neiman hat eine Studie über das Böse vorgelegt und wundert sich darin, warum diese Verbindung gelang. Es hätte doch ausgereicht, Natur und Kultur, Vernunft und Unvernunft einfach zu scheiden. Neiman meint, nichts sei »leichter, als das Problem des Bösen ohne Gott als Prämisse zu formulieren, beispielsweise in der Auseinandersetzung mit Hegel: Das Wirkliche ist nicht das Vernünftige, ja nicht einmal mit diesem verbunden. Um diese Beobachtung zu machen, bedarf es keiner großen Theorie. Dazu sollte es genügen, die Welt ein paar Minuten zu beobachten.«[1]

Dass es dazu keiner *großen Theorie* bedarf, hört sich so an, als sei die große Theorie nur nicht zu dieser Einsicht vorgedrungen. Ich meine aber, man muss den Zusammenhang umkehren: *Man braucht große Theorie, um die Unabhängigkeit des Wirklichen vom Vernünftigen zu verdecken!* Anders formuliert: Die Moderne hat sich große Erzählungen gegeben, um mit ihren eigenen Erfahrungen des Disparaten, des Krisenhaften, der Selbstverunsicherung klarzukommen. Die großen

Narrative der Moderne waren stets Krisenbearbeitungsnarrative. Die Vernunfterzählung sollte die Unvernunft besiegen, die man bei empirischen Menschen stets vorfand; die Erzählung der Nation trat dort auf, wo die Gesellschaft nach der großen Revolution Ordnung und Fortschritt versöhnen musste, aber an sich selbst erlebte, dass es schon genügte, komplexer und unregierbar werdenden Gemeinwesen einen Namen zu geben, damit man Kommandos und Versprechen adressieren konnte; die Erzählung der Freiheit ist die schwierigste: Sie leistet eine *Theodizee des freien Willens*, indem sie einerseits freie Entscheidungen postuliert, diese aber mit der Begrenzung auf *richtige* Entscheidungen erst ermöglicht. Freiheit wurde mit Unterwerfung erkauft – Unterwerfung unter die Notwendigkeit des Vernünftigen, unter das bessere Argument und seine guten Gründe oder wenigstens unter das Diktat von professionellen Gute-Gründe-Lieferanten.

Die Moderne bringt zweierlei in die Welt: den Anspruch des individuellen Handlungsmotivs und das Problem der Einschränkung von Motiven. Die Moderne erlebte sich als Krise, weil die Menschen nun tun sollten, was sie wollten, aber womöglich nicht tun wollten, was sie sollten. Ordnung wurde damit immer kontingenter, weil die alten Herrschaftszusammenhänge brüchig geworden sind. Die alte Ordnung konnte nicht in die Krise geraten, weil sie nicht zurechnungsfähig war. Ob Gottes- oder Vasallenherrschaft, ob Gehorsam oder Tradition – alles fügte sich einer Ordnung, die man nur anerkennen musste. Die alte Herrschaft konnte durchregieren, will heißen: Sie konnte die Gesellschaft und ihre Akteure noch zwingen, zu tun, was zu tun war. Nun aber musste der Umweg über das Motiv und die guten Gründe genommen werden. Das macht Entscheidungen unsicher, macht die Welt uneindeutig und erhöht den Aufwand für Herrschaft und Steuerung.

Modernität erlebt sich als Krise, weil es keinen Zugriff mehr auf die Gesellschaft gibt, weil sie unerreichbar bleibt, weil es eben keine Gesamtrationalität gibt, mit der man die Gesellschaft und sich selbst regieren könnte. Zwar waren die zentralen Narrative der Moderne vor allem *politisierte* Narrative, also solche, die zugleich programmatisch und vergeblich den Anspruch auf gesamtgesellschaftliche Steuerung erhoben – aber das ist ja nur ein Hinweis darauf, dass dieser Zugriff schwierig ist.

Digitale Probleme – analoge Lösungen

Theorien der Moderne ist es stets schwergefallen, die größten Krisen dieses Zeitalters in die Narrative der Modernitätsversprechen zu integrieren. Ich meine die politischen Diktaturen des 20. Jahrhunderts, deren innere Differenz ich hier vernachlässige. Ihnen ist es temporär gelungen, die Gesellschaft tatsächlich zu integrieren, die widerstrebenden Momente der Moderne unter einen Hut zu bringen, die prinzipielle Unregierbarkeit der Welt aufzuheben. Wir kennen den Preis dafür. Eine solche Gesamtintegration der Gesellschaft geht offensichtlich nur um den Preis der Gewalt. Und vielleicht ist das die dunkle Seite der Moderne: dass totalitäre Herrschaft und Krieg letztlich auch Versuche sind, die grundlegende Krisenhaftigkeit der Moderne zu bearbeiten. Womöglich liegt der Funktionssinn des Krieges der europäischen Staaten nach dem Westfälischen Frieden von 1648, noch mehr aber im 19. und frühen 20. Jahrhundert darin, Gesellschaften zu mobilisieren, das heißt, ihre Differenziertheit im geradezu hegelschen Sinne *aufzuheben.*

Der Krieg war letztlich der große Generator von Ordnung in einer Welt, in der anders als in der alten Welt die Kräfte der Gesellschaft auseinanderstrebten. Wenn man Modernität auf eine Formel bringen will: Die zentralen Instanzen der Gesellschaft wie Wirtschaft und Politik, Wissenschaft und Religion, Kunst und Bildung entwickeln völlig unterschiedliche interne Logiken, Erfolgsbedingungen, Reflexionstheorien, Erwartungsstile und Funktionen und werden einerseits unabhängiger voneinander, andererseits bleiben sie stets krisenhaft, weil nicht wirklich mit Passung aufeinander bezogen. Der soziologische

Fachbegriff dafür lautet: *funktionale Differenzierung* – und dies ist kein Programm oder gar eine politische Idee oder ein Lösungskonzept, sondern schlicht die Grunderfahrung der Moderne, dass die Dinge sich aus unterschiedlichen Perspektiven unterschiedlich darstellen. Kategorial folgte daraus paradoxerweise zweierlei: *zum einen* der Verlust einer gesellschaftlichen Zentralperspektive, *zum anderen* der Bedarf nach einer solchen Perspektive.

Modernität erlebt sich deshalb als Krise, weil sie die Widerständigkeit der Gesellschaft für intervenierende Zugriffe erlebt. Auf politische Rahmenbedingungen reagiert die Ökonomie ökonomisch und konterkariert oft die politische Intention; das Bildungssystem vermag die Probleme nicht so schnell zu lösen, wie es in politischen Öffentlichkeiten oder Unternehmen gebraucht wird; Wissenschaft erzeugt widersprüchliche Analysen, weil sie eben in erster Linie wissenschaftliche Probleme löst; ökonomische, politische und rechtliche Formen entziehen sich ethischen Begründungsalgorithmen; ökonomische Prosperität und ihre Parameter erzeugen trotzdem ökonomische Not und Ungerechtigkeit.

Die Potenz der Moderne besteht gerade darin, dass die unterschiedlichen Logiken ihre gesellschaftliche Bedeutung als eigenlogische Bedeutung ansehen. So ist die enorme Potenz des Marktes und der kapitalistischen Ökonomie tatsächlich ein genialer Problemlöser – aber eben nur unter ökonomischen Aspekten. So kann ökonomischer Erfolg mit wenig sozialverträglichen Folgen einhergehen. Und politischer Erfolg bemisst sich bisweilen am Erfolg innerhalb des politischen Prozesses, nicht aber daran, ob identifizierte Probleme gelöst worden sind. Auch Wittgensteins berühmte Sentenz, dass die Lösung aller wissenschaftlichen Probleme noch kein Lebensproblem gelöst haben mag, ist in diesem Kontext zu sehen. Insofern erzeugen gerade die mächtigsten Reflexionstheorien auch die naivsten Konzepte über die Gesellschaft. Das neoliberale Paradigma der Lösung aller Probleme durch sparsamen Einsatz von Mitteln und entsprechende Anreizstrukturen ist genauso lächerlich wie der Glaube an die prinzipielle

Lösbarkeit aller Probleme durch Partizipation oder die vollständige Ethisierung von Entscheidungsalgorithmen. Und wenn ich sie hier lächerlich nenne, dann heißt das keineswegs, diese Programme seien nicht wirkmächtig und bedeutsam – im Gegenteil, es sind zum Teil die besten und erfolgreichsten ihrer Sorte.

Die Krisenhaftigkeit der Moderne beruht auf der Erfahrung, dass die Konzepte, über die wir verfügen, offensichtlich nicht hinreichen – wir erleben etwas als krisenhaft, wenn es sich dem handelnden Zugriff im Sinne einer objektiven Gewalt entzieht, die »einem Subjekt ein Stück Souveränität entzieht, die ihm normalerweise zusteht«, wie Jürgen Habermas 1973 in *Legitimationsprobleme im Spätkapitalismus* einmal formuliert hat. Das trifft es ziemlich genau – und doch ist diese Formulierung noch von der Idee imprägniert, dass sich Krisenhaftigkeit prinzipiell durch Souveränität überwinden lasse. Wahrscheinlich ist aber die Grundstruktur der Moderne dadurch geprägt, dass exakt diese Souveränität dem Subjekt schon lange nicht mehr zusteht – zumindest nicht in dem Sinne, dass sich die Dinge an das halten, was die Intention des Akteurs gewollt haben könnte. Die Krisenhaftigkeit der Moderne ist deshalb keine objektive Krisenhaftigkeit, sondern eine, die dadurch entsteht, dass diese Gesellschaft niemals stillsteht und mit Eigenlogiken reagiert, die sich jeglichem Souverän entziehen. Die Moderne ist letztlich unregierbar – und das gilt als Erfahrung komplexer gesellschaftlicher Bereiche ebenso wie für die individuelle Lebensführung.

Man kann das beklagen – man kann aber auch nach der Alternative fragen. Viel lernen lässt sich womöglich aus dem derzeitigen chinesischen Pfad in die moderne Industriegesellschaft. Der Erfolg dieses Pfades liegt womöglich darin, dass das Durchregieren hier noch einfacher ist – die eigentümliche Kombination aus Turbokapitalismus und dem Schwefelduft kommunistischer Herrschaft erzeugt ein Narrativ, das so lange funktionieren kann, solange es stabile Wachstumsraten gibt und solange dieses Wachstum durch sukzessive Inklusion immer weiterer Bevölkerungsgruppen in diese Dynamik erzeugt werden kann. Diesem Narrativ reicht womöglich noch einige Zeit die Semantik volkswirtschaftlicher Wachstumsparameter, unterfüttert mit neuem kulturellen Selbstbewusstsein. Hier sieht tatsächlich noch alles so aus, als ziehe man an einem Strang. Man kann so tun, als könne man eine *gesamtgesellschaftliche* Perspektive erzählbar machen, weil sich die widerstrebenden Teile eben noch entsprechend bündeln lassen. Der Verzicht auf die Komplexitätszumutungen eines demokratischen politischen Systems tut dabei ein Übriges. Aber spätestens dann wird man ein neues Krisenverarbeitungsnarrativ erzeugen müssen, wenn die Erzählung des Wachstums und der Härtung der Währung nicht mehr ausreichen. Europa weiß davon momentan ein Lied zu singen.

Aber zurück zum Problem der Simulation gesamtgesellschaftlicher Perspektiven: In der europäischen Geschichte waren solche Perspektiven stets der Wunsch intellektueller Selbstbeschreibungen und moderner Reflexionstheorien, ob nun eher sozialistisch oder konservativ formuliert. Die dunkle Seite der europäischen Geschichte freilich besteht darin, dass es eben die dunkle Seite Europas war, die eine gesamtgesellschaftliche Perspektive nicht als Programm, nicht als normative Idee, nicht als Versprechen angeboten hatte, sondern als empirische Erfahrung. Diese Rolle hat der klassische europäische Krieg der Nationen gespielt. Max Horkheimers berühmte Sequenz, wer über den Kapitalismus sprechen wolle, dürfe über den Faschismus nicht schweigen, ist im Prinzip richtig – nur ist sie eine erhebliche Untertreibung und Verkürzung. Denn Kapitalismus steht hier für die Grunderfahrung einer ausdifferenzierten modernen Gesellschaft – und Faschismus ist nur der extreme Name für die, um es einmal vorsichtig auszudrücken, innere und äußere Wehrhaftigkeit der westlichen Nationen.

Der (Nationen-)Krieg war lange Zeit in der Lage, als letztlich einzige Erscheinung eine *gesamtgesellschaftliche* Perspektive zu generieren. Der Krieg war stets in der Lage, die ausdifferenzierten Logiken der Funktionssysteme zu bündeln – und so geraten alle Einzelfaktoren, die man als Bedingungen des modernen Staatenkrieges anführt, zu einer merkwürdigen Beschreibung der gleichzeitigen strategischen Nutzung und Suspendierung funktionaler Differenzierung: der Krieg als *ökonomisches* Bündelungsprogramm zur Produktion von Kriegsmaterial, der Krieg als *wissenschaftliches* Programm zur Vervollkommnung von Technik, der Krieg als *pädagogisches* Programm zur Abrichtung in kognitiver und körperlicher Hinsicht, der Krieg als *religiöses* Programm der Erlösung und Befreiung, der Krieg als *künstlerisches* Programm zur Ästhetisierung von »Stahlgewittern«, der Krieg als *massenmediales* Programm zur Einschwörung auf einfache Konfliktlinien und zur Herstellung eines gemeinsamen Bedeutungsraums, der Krieg als *rechtliches* Programm der Suspendierung von Freizügigkeit, und selbstverständlich der Krieg als *politisches* Programm zur Erzeugung jener Kollektivität, der man bindende Entscheidungen zumuten kann.

Um nicht falsch verstanden zu werden: Hier wird keine dunkle Geschichte der Moderne erzählt, keine negative Dialektik, keine Verfallsgeschichte. Was an den dunklen Seiten der Moderne freilich abgelesen werden kann, ist ihre Grundstruktur. Eine Grundstruktur, die diese dunklen Seiten der Moderne gerade versuchen, zu verleugnen und zu überwinden. Insofern war der Krieg tatsächlich jene Instanz, welche die auseinanderstrebenden Momente der Gesellschaft vereint hat. Souverän sei, hat Carl Schmitt gesagt, wer über den Ausnahmezustand entscheiden kann. Es ist kein Wunder, dass diese Generation gerade vom Krieg, von der kriegerischen Tat, vom Dezisionismus fasziniert war, weil sie darin zugleich modern und antimodern sein konnte. *Modern* ist es, die auseinanderstrebenden Momente vereinen zu wollen, und *antimodern* ist es, dies dann auch zu tun. Was nicht gelang, ist, den Ausnahmezustand auszuhalten, sondern ihn regieren zu wollen, über ihn zu entscheiden, wo sich Entscheidungen durch die Komplexität der Gesellschaft geradezu konterkarieren.

Auf eine Formel gebracht: Wer die grundlegende Krise der Moderne, welche die klassische Idee der Souveränität ausschließt, überwinden will, stürzt die Gesellschaft erst recht in die Krise. Das ist es, was die Diktaturen des 20. Jahrhunderts, was die kriegerische Tradition klassisch-moderner Staatlichkeit seit dem westfälischen Modell des 17. Jahrhunderts, was auch den Kolonialismus des 19. und 20. Jahrhunderts und womöglich das Faszinosum des »durchregierenden« Chinas des 21. Jahrhunderts miteinander verbindet. Es ist überall der Versuch, die digitale Krise mit analogen Lösungsansätzen bewältigen zu wollen.

Spuren davon finden sich nach wie vor. Der publizistische Erfolg von Thilo Sarrazins letztlich schon ästhetisch unlesbarem, sprachlich nachgerade unbeholfenem und wohl weitgehend ungelesenem Buch *Deutschland schafft sich ab* im Jahre 2010 ist ein schönes Beispiel für den Reflex, digitale Probleme analog abzubilden – und ein Lehrstück aus dem Arsenal der Vorurteilsforschung. Hier, am Beispiel von Immigrationsfolgen, wurde vorgeführt, wie man die Unsichtbarkeit komplexer Probleme dieser Gesellschaft an Gruppen festmacht, die leicht sichtbar zu machen sind. Immigranten sind dafür geradezu gemacht. Sie machen analog sichtbar, was ansonsten nur digital erklärbar scheint.

Diese Welt ist in der Tat komplizierter geworden. Konkurrenten um knappe Ressourcen und Lebenschancen haben es immer weniger mit kollektiven, klar identifizierbaren Gegenübern zu tun. Der Konkurrent wird ein abstrakter und unsichtbarer Konkurrent – unsichtbar unter anderem deswegen, weil die Konkurrenten nur noch in Ausschnitten ihrer Persönlichkeiten miteinander konkurrieren, nicht mehr als Exemplare von eindeutigen Gruppen, Klassen und Milieus. Der Konkurrent um Ausbildung, Arbeit, Wohnung, soziale Sicherheit, sogar um intime Zuneigung und soziale Anerkennung ist letztlich nur noch eine statistisch wahrnehmbare Größe, ein Konglomerat ähnlicher Merkmale im Spannungsfeld politischer, ökonomischer, rechtlicher und religiöser Kommunikationsofferten. Konkurrenten werden gewissermaßen digitalisiert – sie treten nicht mehr als analoge pralle Formen auf, nicht mehr als soziale Gruppen, sondern als statistische Gruppen. Damit werden auch Verantwortliche und Schuldige immer weniger adressierbar und identifizierbar. Der Konkurrent wird schlicht unsichtbar – und das bietet die Chance für rechtspopulistische Bewegungen, wie wir sie in verschiedenen europäischen Ländern beobachten können und wie sie in Ungarn inzwischen sogar Regierungspolitik geworden sind.

Warum das alles?

Mein zentrales Argument läuft deshalb darauf hinaus, der Krisenhaftigkeit der Moderne mit Gelassenheit zu begegnen. Hätte dieser Satz am Anfang gestanden, er wäre nicht verstanden worden, oder er hätte nur so verstanden werden können, die Erfahrung der Krisenhaftigkeit der modernen Gesellschaft nicht wirklich ernst zu nehmen. Aber darum geht es mir nicht. Es geht vielmehr darum, dass sich Modernität, also die Emanzipation unterschiedlicher gesellschaftlicher Logiken voneinander, nur um den Preis analoger Lösungen überwinden lässt – womöglich war die Erfindung des Gesellschaftsbegriffs im 19. Jahrhundert selbst solch ein vorsichtiger Versuch der analogen Darstellung digitaler Strukturen.

Es war auch nötig, so weit auszuholen, um die grundlegende Krisenhaftigkeit der Moderne, das Erleben, dass die Moderne nicht regierbar ist, die Erfahrung, dass nichts zu einem Abschluss kommen kann, auch Ausdruck einer Emanzipation von fertigen Lösungen ist. Viele mögen auch heute noch mit dem Anspruch ihres je eigenen *Roma locuta* auftreten, aber *causa finita* lässt sich nicht mehr durchhalten. Was die Moderne so krisenhaft macht, ist letztlich zugleich auch das Potenzial, das sie auszeichnet. Auch wenn die Erwartungsstile stets an jenen Einheitszumutungen klarer und eindeutiger Lösungen hängen, die sich schwer vorstellen können, dass das Verhältnis von Problem und Lösung keine zweistellige, sondern eine mehrstellige Relation ist. Es gibt in dieser Gesellschaft letztlich nichts, was sich monologisch beziehungsweise nur aus der Perspektive einer der gesellschaftlichen Funktionen lösen lässt. Wäre die Moderne ein technisches System, würde man ihr »Fehlerfreundlichkeit« unterstellen.

Die Euro- und Europakrise mag das verdeutlichen. Man kann gewissermaßen in Echtzeit nachverfolgen, wie Wissenschaft, Recht, Politik, Wirtschaft und Medien wechselseitig reagieren. Aus den ökonomischen Wissenschaften hören wir die üblichen verdächtigen, keineswegs eindeutigen Diagnosen und Rezepturen als Politikberatung. Mögen diese Sätze auch ökonomisch plausibel erscheinen, sind sie politisch bisweilen kaum plausibel. Wenn man mit Griechenland tun würde, was – womöglich! – ökonomisch geboten ist, würde das zu einer radikalen politischen Destabilisierung und zum Verlust politischer Steuerungskompetenz führen. Und was europapolitisch geboten erscheint, stößt bisweilen an die rechtlichen Grenzen der nationalen Rechtstraditionen. Und nicht zuletzt bedient das nach wie vor national differenzierte und geprägte Mediensystem andere Räume als die transnationalen politischen oder ökonomischen Aktionsräume, denn Medien informieren keineswegs, sondern erzeugen die Realität, in der Meldungen zu Informationen werden.

Das Krisenhafte an der Euro- und Europakrise ist gar nicht unbedingt die Sache selbst. Was an diesem Beispiel deutlich wird, ist die Unmöglichkeit, zu einem Ende zu kommen. Immer wenn eine Lösung erzielt wird, wird sie durch die Reaktionen konterkariert. Nichts fügt sich den vorgestellten Kausalitäten und Wirkkräften, wie sie in den entsprechenden Konzepten stehen. Selbst politische oder ökonomische Entscheidungen, die man noch drei Monate zuvor für nicht plausibel gehalten hatte, sind nun geboten. All das wirft ein Licht auf die Vorläufigkeit allen Geschehens. Und auf die Gelassenheit, mit der sich ein Publikum daran gewöhnt hat, dass es bei keiner Lösung wirklich ums Ganze geht.

Vielleicht ist dies das größte Potenzial der so krisenhaften Moderne – denn die andere Seite der Diagnose, dass man nie zu einem Ende und zu einer endgültigen Lösung kommt, ist die Erfahrung, dass es niemals wirklich ums Ganze geht. Ums Ganze geht es in Detailfragen immer nur den Ideologen und Fundamentalisten, den strengen Moralisten und denjenigen, die an einfache Lösungskonzepte glauben und stets eine analoge Lösung parat haben. Das können auch hochdekorierte Expertenkulturen sein, deren Publikum sich abwendet und darauf vertraut, dass es anders weitergeht. Das war der Ausgangspunkt der Krise. Die Krise ist also die Lösung – und auf Europa bezogen: Den Zusammenhang von explodierenden Staatsausgaben, mangelnden Marktregulierungen im Finanzsektor und der heiligen Einfalt ökonomischer Steuerungsmodelle für alle Probleme der Welt hätten wir ohne die Euro- und Europakrise kaum für ein breites Publikum präsentiert bekommen.

Vielleicht wird jetzt deutlich, dass die westliche Moderne von ihrer Gewöhnung ans Krisenhafte zehrt. Es ist eine anstrengende Gesellschaft – aber das Einfache wird am Ende noch anstrengender. Insofern kann Aufklärung heute eben nicht mehr Prinzipien der Vernunft oder der Einsicht in Notwendigkeiten predigen, sondern muss zeigen, dass gesellschaftliche Modernität die manchmal ärgerliche Selbststabilisierung funktionaler Logiken zu Systemen meint, deren Entstehungsbedingungen gerade *nicht* darin bestehen, ein am Ganzen orientiertes Funktionenset zu erfüllen, sondern die eigenen Möglichkeiten zu stabilisieren und von andersartigen – wenn man so will – *Legitimationen* unabhängig zu machen.

Vielleicht ist es dies, was die enorme Entfesselung gesellschaftlicher Dynamiken in den letzten drei Jahrhunderten bewirkt hat: die Verselbständigung funktionaler Logiken mit der Folge erheblicher Effizienzsteigerungen durch Abschüttelung limitierender Traditionen. In diesem Sinne ist der gesellschaftliche Modernisierungsprozess als interner Emanzipationsprozess zu verstehen, in dem die funktionalen Logiken auf der einen Seite unabhängiger voneinander werden, aber gerade darin auf der anderen Seite hochgradig voneinander abhängig werden. Wie sollte die Wirtschaft ohne rechtliche Vertragssicherheit und die kollektive Bindungswirkung politischer Entscheidungen auskommen, wie Politik ohne eine funktionierende Geldwirtschaft und ein sanktionsbewehrtes Rechtssystem, wie Wissenschaft oder Kunst ohne ein funktionierendes Bildungssystem und so weiter?

Was das Stück *Gesellschaft* bisweilen zu einem Drama macht, ist freilich die Tatsache, dass diese unterschiedlichen »Rollen« weder von einem zentralen Regisseur aufeinander abgestimmt werden noch ein Skript haben, an dem sie sich abarbeiten können. Wenn man dieses Bild weiter bemühen will, spielt auf der Bühne *Gesellschaft* eher eine Laienspielschar, die, zur Echtzeit gezwungen, weder Probe- noch Korrekturmöglichkeiten hat, sondern ihre Struktur gewissermaßen improvisieren muss und dennoch zu Selbststabilisierungen auch im Hinblick auf die Wechselseitigkeit der operativ voneinander unabhängigen Funktionssysteme kommt.

Diese Ergebnisoffenheit und Vorläufigkeit ist es, die Rekombinationsmöglichkeiten und Innovationen ermöglicht – denn das bleibt als Erbe der Moderne: dass sie ihre Probleme mit eigenen Mitteln lösen können muss.

Hier für Gelassenheit zu plädieren, heißt nicht, dass es egal ist – im Gegenteil. Für Gelassenheit zu plädieren, bedeutet vielmehr eine Anerkennung der Verhältnisse. Die Formulierung ist absichtlich doppeldeutig. Denn dieser Art Affirmation ist tatsächlich die Bedingung für eine kritische Perspektive. Erst die Anerkennung der komplexen Selbstorganisation der Gesellschaft, der paradoxen Wirkungen allen Handelns, der Unmöglichkeit, direktiv ins Getriebe der Gesellschaft einzugreifen, erst die Anerkennung des Verlusts einer klaren Zentralperspektive ermöglicht es, mit der Reaktion der Gesellschaft auf Eingriffe zu rechnen.

Vielleicht hilft an dieser Stelle eine Analogie aus der Kunstgeschichte. Erst in der Renaissance, insbesondere durch den florentinischen Maler Giotto di Bondone, wurde die Zentralperspektive entwickelt, die zugleich den Verlust einer zentralen Perspektive bedeutet. Giotto wird etwa von Hegel bescheinigt, er sei derjenige Künstler gewesen, der sich auf das Wirkliche hin ausgerichtet habe, letztlich also darauf, wie die Dinge wirklich seien. Paradoxerweise war aber diese

Wegbereitung des ästhetischen Realismus damit verbunden, in der zweidimensionalen Malerei die Dinge nicht realistisch, sondern perspektivisch darzustellen. Anders als die vorherige Bedeutungsperspektive, die schlicht das Bedeutsame groß und das Unbedeutende klein dargestellt hat, kann in zentralperspektivischer Darstellung das Bedeutsamste klein dargestellt werden und doch das Bedeutsamste sein – weil nun die Perspektive das Bild erzeugt und nicht mehr das Bild die Perspektive. Diese Malerei ist gelassener, weil sie mit dem Beobachter rechnet, weil sie der Beobachter *ist* – sie ist gelassener, weil sie wissen kann, dass sich die Dinge mit der eigenen Perspektive verschieben. Sie weiß, dass die Realität eine Funktion des Bildes und nicht das Bild eine Funktion der Realität ist. Nur deshalb ist Realismus möglich!

Die Gelassenheit, für die hier plädiert wird, ist eine Gelassenheit, die analog dazu die Unvermeidlichkeit der Perspektiven kennt und damit rechnet, dass sich Realitäten verschieben, wenn sich der Blick verschiebt. Das ist letztlich der Ausgangspunkt aller Kritik an den Verhältnissen – sie in ihrem paradoxen Realismus anzuerkennen.

Manchmal muss man sich aber über die Gelassenheit des Publikums wundern, jener Laienspielschar, die offensichtlich jeden Tag neu beginnt, weil es selten ums Ganze geht. Vielleicht liegt es auch daran, dass sich die Inklusionsform in die Gesellschaft verschoben hat. Wurde »der Mensch« in der klassischen Moderne noch in erster Linie nahe an der politischen Semantik imaginiert und war in erster Linie Bürger, ist er heute womöglich eher Konsument. Der Unterschied zwischen Bürgern und Konsumenten besteht darin, dass der Bürger sich an kollektiv bindenden Entscheidungen orientiert und darüber seine eigene Beschreibbarkeit, seine Position in der Gesellschaft vorstellt und auch seine Ängste ausrichtet. Dem Konsumenten dagegen kommt eine ästhetisch befriedigende Lösung entgegen, die im Moment funktioniert, die Plausibilität dadurch schafft, dass man die Plausibilitäten auch wechseln kann. Das ist womöglich fehlerfreundlicher als die primäre Selbstbeschreibung des Bürgers – birgt aber wieder neue Risiken, wie dies eben unvermeidlich ist.

Das Publikum jedenfalls reagiert gelassener, als es die permanente Beschallung mit Krisendiagnosen erwarten lassen müsste. Wahrscheinlich liegt das daran, dass Bürger- und Konsumentenrolle sich vermischen und damit eine Problemverlagerung von der Beschreibung von Gesamtgesellschaften zur Beschreibung von Individuen stattgefunden hat. Die Märkte haben sich darauf schneller einstellen können als die Staaten, die eher als Versorgungsagenturen auftreten denn als Sinnstifter und Problemlöser. Dass das bisweilen nicht ausreicht, wird in Phasen deutlich, in denen die Routinen unterbrochen werden und Konsumenten- und Bürgerrolle in Konflikt miteinander geraten. Aber das Publikum ist so sehr daran gewöhnt, keine allzu genaue Kontinuität zwischen vergangenen Versprechen und gegenwärtigen Lösungen herstellen zu müssen, dass auch der politische Streit entdramatisiert wird. Selbst Protestbewegungen wie die Occupy-Bewegung kommen nicht auf revolutionäre Betriebstemperatur, weil bei genauem Hinsehen die eindeutige Adresse fehlt.

Und auch auf Tsunamis reagieren wir heute gelassener – Theodizeefragen stellen sich nicht mehr, auch wenn es dafür durchaus Anlass geben könnte, wenn man daran denkt, dass es mehr Leiden auf der Welt gibt, als technologisch, ökonomisch und politisch nötig wäre.

Anmerkung

1 Neiman, Susan: *Das Böse denken. Eine andere Geschichte der Philosophie.* Suhrkamp Verlag, Frankfurt am Main 2004, S. 28.

Dietmar Dath

Legitimiert euch doch selbst!

Geordnete Zurückweisung
der »Legitimationsprobleme im Spätkapitalismus«

> »Die Brauchbarkeit des Legitimitätsbegriffs, der je nach den
> Formen und Inhalten der Legitimation eine Abgrenzung
> von Typen legitimer Herrschaft im Sinne Max Webers
> erlaubt, ist in der gegenwärtigen Soziologie unbestritten;
> kontrovers hingegen ist der *Wahrheitsbezug von
> Legitimationen.*« *Jürgen Habermas, 1973*

> »There are problems in these times but none of them
> are mine.« *The Velvet Underground, 1969*

Eins: Was nicht geht

Wo wenigstens formell Meinungsfreiheit herrscht, ist die Wirklichkeit
mitunter öder als die Debatte. Ist dies der Fall, so kann man zwar nicht
alles erleben, aber doch alles zu hören bekommen, »bevor einem die
Ohren abfallen« (Pippi Langstrumpf), vorausgesetzt, man hat einen
langen Atem und wartet ab.

Zum Beispiel Gesellschaftskritik: Ich kenne einen smarten Publizisten, der sagt jetzt so oft und so laut das, was ich vor vier Jahren gesagt habe (und was er damals mit gar nicht so schlechten Gründen auf
keinen Fall gelten lassen wollte), dass ich schon gar keine Lust mehr
habe, das Zeug, das vor drei Jahren meins war, weiterhin zu äußern.
Damals zwar konnten Naturkundebeobachter des Biotops *Trading*,
einer wahren Sumpfgartenwelt, bereits ahnen, dass man selbst in Ame-
rika nicht beliebig viel Bauland und Wohneigentum an Familien verkaufen kann, die sich derlei überhaupt nicht leisten können; aber
mein Publizist riss wacker Witze über die »angebliche Altersarmut in

den reichen Ländern« und erzählte (so oft und so laut wie heute etwas ganz anderes), es ginge noch den Elendesten auf der Müllkippe in Rio hinsichtlich Komfort und Gesundheitsversorgung besser als Ludwig dem XIV. weiland in seinem Schloss.

Inzwischen stellt der Mann, was er für die Systemfrage hält (sie heißt bei seinesgleichen immer: »Haben wir's vielleicht übertrieben?« oder: »Kann man Katzenjammer schön ausdrücken?«). Wenn er dazu aufgelegt ist, schreibt er Pierre Bourdieu, Susan Neiman und bizarrstenfalls mich ab.

Sollte alles noch viel schlimmer kommen, wird er Marx lesen.

Das also geht.

Anderes nicht: Das Dasein in Gegenden, die reich genug sind, sich wenigstens formell Meinungsfreiheit zu gestatten, hat sein Geländer, um nicht von Grenzen zu reden.

Niemand zum Beispiel, er oder sie habe Amt, Macht und Würden nun erschlichen, sich bei einer Wählerschaft abgeholt oder in mehr oder weniger freier, mehr oder weniger geregelter Konkurrenz auf einem langen Marsch durch irgendwelche Institutionen erobert, kann an Einrichtungen vorbeiwirtschaften oder über sie hinwegregieren, die Barclays heißen und AXA, JPMorgan Chase und Vanguard Group, UBS und Walton Enterprises und Deutsche Bank. Einige davon verkaufen Gartengeräte, Klamotten, Nahrungsmittel oder besitzen Grund und Boden, die meisten und mächtigsten von ihnen aber organisieren für alle anderen öffentlichen und privaten Einrichtungen, wo das Geld hergeholt wird und wo es hinströmt.

Darüber staunt der Sonntagskommentar.

Ist er akademisch gebildet, so versucht er gerne, eine Beziehung herzustellen zwischen einerseits der Tatsache, dass bei den genannten mächtigen Einrichtungen offenbar mehr koordiniert, getauscht, geliehen, versprochen und erwartet, befürchtet und gewettet wird als produziert, ausgegeben oder gehortet, und andererseits der Krisenhaftigkeit des Geschehens im Gesamtgemeinwesen, welches sich solche Einrichtungen leistet.

Kennt er obendrein Marx, dann weiß er: Das alles ist nicht vom Himmel gefallen, sondern etwas Gewordenes, ein von sozialer Praxis vollzogener Abstraktionsschritt (doch, Praxis kann von etwas auf etwas abstrahieren; schon mal Land vermessen?).

Dieser Schritt ist vergleichbar einem älteren, welcher Leute bewog, ihre Sklavinnen und Sklaven freizulassen und stattdessen Lohnarbeiterinnen und Lohnarbeiter zu beschäftigen (sie hatten nicht Hegel gelesen, sondern bemerkt: Wenn Flaute ist, muss ich die rackernden Lohnfiguren nicht durchfüttern, die andern, im Halseisen, schon).

Je produktiver eine Gesellschaft, desto mehr kommt es in ihr auf Koordination an, weil starke Produktivkräfte sonst in Zerstörungsmittel umschlagen, ist das so schwer zu begreifen? Die Nazis zum Beispiel redeten, als begriffen sie es nicht. Sie redeten von schaffendem und raffendem Kapital. Das sollte heißen: Das Primäre (heute gerne als »Realwirtschaft« gelobt) bringt die Dinge hervor, das Sekundäre (die Koordination, Zirkulation, Pump, Wucher) schmarotzt und saugt jenem das Mark aus. Zinsknechtschaft sei das Arge, Tüchtigkeit und Sparstrumpf seien das Gute. In Wirklichkeit war nach der ersten Industrialisierung nichts Komplizierteres passiert, als dass das Sekundäre sich eben ausweitete und beschleunigte, weil das Primäre seine Werte rascher, billiger, massenhafter hervorbrachte.

Quantität, sprechen wir mit Marx dessen Lehrer Hegel nach, schlägt eben zuweilen in Qualität um. Eine Informationsgesellschaft ist nicht die bloße äußerliche Negation einer Industriegesellschaft, sondern deren Hervorbringung. Wer nur industrialisiert genug ist, wird informationell. Über die Güteklasse der Gebrauchswerte, die dabei anfallen, ist damit nichts gesagt: »Qualität« heißt nicht, was das Wort in der Werbung heißt. Fortschritt hin oder her, die Sachen können auch auf höchstem Produktivitäts- und Koordinationsstand ein solcher Dreck sein wie die zellstofftrockenen Laugencroissants beim Kettenbäcker und die debile Software von Microsoft.

Dass der Tauschwert den Gebrauchswert bei diesem Dreck an die Wand drückt, liegt aber nicht an den Zinsen und den Finanzhaien, sondern daran, dass die Informationsgesellschaft nur so weit eine ist, wie das Kapitalverhältnis sie lässt. Informationen darüber, was den Leuten schmeckt oder womit sie vernünftig arbeiten können, werden nur insoweit wahrgenommen und verarbeitet, als sich damit ein Gewinn machen lässt (das ist ein Geduldsspiel: Vielleicht kommt der Ökokapitalismus schneller in die Gänge als der Planet auf den Hund, vielleicht nicht, es darf gewettet werden).

Naive oder berechnende Personen – sagen wir, damit man sich zwischen beiden Sorten nicht entscheiden muss: rechte Sozialdemokraten, die es hierzulande derzeit ja in verschiedenen Parteien gibt – reden von Heuschrecken und meinen so was Ähnliches wie das raffende Kapital. Sind sie Künstler, zum Beispiel Dichter, die es mit dem Argumentieren nicht so genau nehmen und dafür mit den Intensitäten halten, die sich aus Ungenauigkeit schlagen lassen wie Funken aus Feuersteinbrocken, dann schreiben sie von der sogenannten Gier der sogenannten Macher, von Egomanie, Weltmissachtung und Kälte. Wenn das, was dabei herauskommt, immerhin Literatur ist, und also eine Haltung versinnlicht, an der man die eigenen Emotionen und Gedanken wetzen kann, ist es nicht mal so ein Dreck wie die zellstofftrockenen Laugencroissants beim Kettenbäcker, die debile Software von Microsoft oder die lauwarme Demagogie rechter Sozialdemokraten.

Sind die Künstler freilich ein bisschen cleverer, dann ist ihnen immerhin klar, dass das, was bei dem Abstraktionsschritt, den die soziale Praxis auf dem Weg zu mehr Koordination und Zirkulation für mehr Produktion vollzogen hat, schiefgelaufen ist, sich nicht auf irgendwelche Heuschrecken, Papp- oder Pixelkameraden, Herren der Umsätze und Mitarbeiter zurechnen, nicht in deren Abbild zwängen lässt. Wenn alles gut geht, sehen sie das Lächerliche an allen Versuchen, beim Denunzieren der Gier gescheiter wirken zu wollen als die Nazis – der Kapitalist bei Ronald M. Schernikau heißt deshalb völlig richtig Anton Tattergreis und besitzt etwas Süßes, nämlich eine Schokoladenfabrik, und die Gangster, die bei Brecht hinter Arturo Ui stecken, steuern etwas sehr Unansehnliches und Drolliges: einen Karfioltrust.

Immer wieder herausfinden, dass die Leute bei Barclays, der Deutschen Bank, Invesco, Aviva und tutti quanti, die darüber entscheiden, wie es uns anderen geht, niemand gewählt hat, dass sie nicht legitim sind und sich politische Eliten kaufen, die es, da gekauft, auch nicht sind: Das, sage ich, immer wieder herausfinden, wo es doch schon herausgefunden ist: Darunter leidet das Niveau von Debatten gerade an Orten, wo formell Meinungsfreiheit herrscht.

Nicht einmal die Wissenschaft vermag daran etwas zu ändern, und kann nur Format verlieren, wo sie es unter solchen Vorzeichen dennoch versucht.

Ihr Ideal ist ja bekanntlich Erkenntnisgewinn auf der Basis von Maßnahmen wie Beobachtung, logischem Schluss oder Simulation (die berühmten »drei Säulen« gewisser modischer wissenschaftstheoretischer Reflexionen – gemeint ist so etwas wie eine methodologische, mal eher heuristische, mal eher hermeneutische Abstraktion von den bei Donald Davidson als Triangulation von »subjektiv«, »intersubjektiv« und »objektiv« geführten menschlichen, das heißt sozialen Erkenntnisweisen).

»Gewinn«, das kann man missverstehen. Seit Jahren erfreuen sich etwa Kennerinnen und Kenner an den Anzeigen der Finanzdienstleistungsfirmen hinten auf der Zeitschrift der Deutschen Physikalischen Gesellschaft, die früher *Physikalische Blätter* hieß und heute *Physik Journal* heißt. Diese Anzeigen sollen Leute, die wissen, wie man ein Integral bildet, dazu verlocken, sich an den Koordinationsaufgaben des »raffenden Kapitals« zu beteiligen.

Seit spätestens 1980 sind westliche mathematische Talente mit physikalischem Anschauungsvermögen tatsächlich in die Geldbeschaffungs- und -vermehrungswirtschaft abgewandert, nach dem Kalten Krieg sogar in bislang unvorstellbarem Ausmaß, weil der abgesagte Wettstreit der erweiterten Wehrtechnik (inklusive Luft- und Raumfahrt) auf Grundlagenforschungsbasis ihre angestammten Tätigkeitsfelder verdorren und die Geldquellen für Sachen, bei denen vielleicht eines Tages auf noch so mittelbare Weise eine neue Superwaffe herausspringen mochte, versiegen ließ.

Aber was haben sie getan, die Talente, in ihrem neuen Aufgabenbereich? Wer Zeitung liest, weiß es: Sie haben die berühmten Investmentportfolios designt, die berühmten »Produkte« (im Wesentlichen Lotto mit System, wobei »System« auch kein unebener Name für »Betrug« sein kann) erfunden, sie haben ultrakomplizierte Modelle entwickelt dafür, wie man Risiken einschätzt, in Pakete zerlegt und verschnürt.

Sekundiert haben ihnen dabei weithin die Wirtschaftswissenschaften, ihrerseits durchaus als exakte Forschung verstanden, resultativ statt prozessual gedacht, inspiriert von den verwässerten Lehren der Herren Popper und Kuhn, auf Empirie, Statistik, Stochastik, Kalkül und Simulation abgestellt wie nur je eine kosmologische Spekulation, vor allem aber: reduziert um so unfalsifizierbaren Kram wie historisches, genealogisches, systemisches, immanent kritisches Denken.

Die Ergebnisse kennt man.

So, sagen viele dort, wo zumindest formell Meinungsfreiheit herrscht, geht es nicht weiter.

Zwei: Was geht

Wenn uns sonst nichts zwickt, wenn die Kasse stimmt, der Körper mitspielt, die Liebe ihr Lied singt und die Freundschaft hält, was sie verspricht, dann können wir uns natürlich auch außerhalb der exakten Wissenschaft Gedanken machen.

Zum Beispiel darüber – so war die Einladung an mich formuliert, aus welcher sich der vorliegende Text ergab –, ob es die »Legitimationsprobleme im Spätkapitalismus« eigentlich noch gibt, deren begrifflicher Entfaltung und Durchdringung Jürgen Habermas vor rund 40 Jahren Zeit und Arbeitskraft gewidmet hat. Gab es die damals eigentlich wirklich, gibt's die noch, haben sie sich gewandelt?

Befinden sich die Apparate, die das Kapitalverhältnis aufrechterhalten, allen voran der Staat und seine Gliederungen, aber auch ein Strauß interessierter Verbände und (wie man heute sagt) NGOs, auf die nicht zu verzichten ist, in einer Krise, wenn das Kapitalverhältnis den Leuten weniger einleuchtet als vorher? Ist diese Krise, wenn es sie denn gibt, eine der Legitimität – oder wie man weniger verschämt, mit direkterem Blick auf die unzufriedenen Leute selbst, eigentlich sagen müsste: eine der Loyalität, nämlich von Staatsbürgern, Lohnabhängigen, Kapitaleignern, Funktionseliten der Verwaltung gegenüber den Einrichtungen, an die sie ihre formelle Souveränität delegieren?

Man kann das machen. Man muss dann nur wissen: Das, was man da macht, ist etwas Unaufgeklärtes.

Ich meine das Wort historisch, es soll etwas bezeichnen, das nicht bereit oder fähig ist, an den geschichtlichen Errungenschaften der Aufklärung teilzuhaben.

Ich weigere mich übrigens, dem zum Glück schon fast vergessenen Herrn Lyotard den Gefallen zu tun, statt »unaufgeklärt« so etwas wie »nachaufgeklärt« zu schreiben. Nichts war überwunden, man hat sich nur etwas madigmachen lassen, auf das mancherorts indes schon wieder zurückgegriffen wird.

Legitimität ist als Deckwort für »Loyalität« unaufgeklärt im engsten historischen Sinn: vorbürgerlich, also despotisch oder sklavenhalterisch oder feudal (und wenn es denn die Dinge gibt, von denen Wittfogel schreibt, meinetwegen auch asiatisch-wasserwirtschaftlich). Denn die Bürger im emphatischen Verständnis dieses Wortes – darunter also auch, aber nicht nur, die Kapitalisten – haben ihre Denker spätestens ab der ersten mittelitalienischen Blüte ihrer Epoche den Staat und die Gesellschaft nicht mehr als etwas denken lassen, das irgendeinen Segen hat oder braucht, sondern als Maschine (noch der späteste soziologische Strukturfunktionalismus, ob er es weiß oder nicht, zehrt davon).

Von meinem Föhn, meinem Auto, meinem iPod aber frage ich mich nicht, ob sie legitim sind, sondern ob sie funktionieren und ob sie das kosteneffektiv (etwa energetisch oder informationell betrachtet) tun.

Ist so ein Ding kaputt, wird es repariert.

Ist es obsolet, wird es ersetzt.

Wer soll, wenn denn die Marktwirtschaft keine Lüge und die Republik keine Täuschung ist, einen Staat oder ein Produktionsverhältnis legitimieren? Etwa diejenigen, deren Koordination (im Sinne des berühmten »Gesellschaftsvertrags«) das Funktionieren jener beiden überhaupt ausmacht? Wäre das unglückliche Wort so gemeint, könnte man statt »Ist das legitim?« genauso gut fragen: »Macht noch jemand mit?«, und das wieder ist logisch einfach äquivalent zu »Funktioniert es?«. Man hätte also mit einer Frage wie »Verliert das, was kaputt ist, damit an Legitimität?« nicht mehr gewonnen als die armen versunkenen sozialistischen Staaten mit ihrem im westlichen Gemeinschaftskundeunterricht so gerne hämisch begrinsten Doppelmoppelwhopperwort: »Volksdemokratie«.

Habermas freilich musste dies seinerzeit anders sehen.

Er nämlich hatte bei Max Weber die Idee gefunden, dass jedes Herrschaftsverhältnis, nicht nur ein mythologisch verbrämtes, danach streben müsse, sich zu legitimieren, und da die Kritische Theorie in der allgemein universitären wie in der spezifisch habermasischen Rede noch nicht hinreichend resorbiert war, wurde diese Idee einfach auf die moderne bürgerliche Welt übertragen. Dass die nämlich in Wirklichkeit gar keine Maschine und auch kein Vertrag, sondern ein Herrschaftsverhältnis ist, wusste man als Echo von Adorno und Horkheimer, die es wiederum als Echo von Marx und Engels aufgeschnappt hatten. Pech nur, dass die bürgerliche Welt, wenn sie gemessen am bürgerlichen Denken Bestand haben will, gerade leugnen muss, Herrschaftsverhältnis zu sein, während, sagen wir, das römische Imperium, der Absolutismus, ja selbst der Bonapartismus dies ohne Scheu zugeben dürfen, da jene eben noch andere Seinsgründe (nicht zwingend übrigens theologische) für sich in Anspruch nehmen konnten als bloß den funktional-vertragsförmigen.

Die »Legitimität« der bürgerlichen Welt, das heißt ihre Loyalitätsforderung gegenüber den sie koordinierenden, sie produzierenden und reproduzierenden Leuten, kann, da sie nun einmal über die Aufklärung gegen ihre Vorgeschichte als Abkommen definiert war, marktförmig zu wirtschaften und repräsentativ-demokratisch zu verwalten, nur darin bestehen, genau das zu verschmähen, was Weber ihr anträgt und in dessen Schwinden Habermas ihr spätes Ungenügen suchte.

Dass Weber argumentieren konnte, wie er das tat, ohne dass die Liberalen seiner Umgebung beleidigt waren, liegt daran, dass die Aufklärung und andere sich über die Legitimitätssorgen klassischer Herrschaft erhaben dünkende Selbstexplikationen der bürgerlichen Lebens-, Rede- und Denkweise von Beginn an ohnehin einen Haufen Widersprüche dieser Art mit sich herumschleppten – auf einen mehr oder weniger kam es nicht an. Gesellschaftliche (selbst verabredete, bewusste, geplante) Entwicklung hat nämlich mit der naturgeschichtlichen immer gemeinsam, dass sie mit vorhandenem Material bauen muss. »Wegen Umbau geschlossen« kommt nicht infrage.

So machte denn die aufklärende und aufgeklärte Enzyklopädistik die Lesekultur der Bibelhermeneutik nach, so fußte der Universalismus der Menschenrechte auf dem christlich-missionarischen, so war das Staatsideal der bürgerlichen Republik teils dem der antiken Republik, teils dem des Absolutismus nachempfunden, so kopierte das Gebaren der Großbürger einige der skurrileren Sitten der Fürsten (Kunstförderung! Dynastik! Lustige Heucheleien!). Dies – Evolution heißt: Bauen mit Vorhandenem – ist der erste Grund für die Plausibilität des weberschen Ansatzes.

Der andere, weniger unschuldige ist, dass das Kapitalverhältnis tatsächlich Herrschaft darstellt und seine Art, das Gemeinwesen zu sozialisieren, folglich anderen Formen des Unrechts gleicht wie ein agrochemisch-industriell verseuchtes Dioxinei einem faul feudalen.

Wer das alles, etwa als Gelehrter, nicht Wort haben will, weil die Herrschaftsfrage leider eine Variante der Systemfrage ist, aus der sich dann wieder rasch die Machtfrage ergibt, die man besser nicht stellt, wenn man sie nicht schleunigst praktisch beantworten kann, wird in dem Widerspruchszirkel herumsausen müssen, der dazu zwingt, der bürgerlichen Welt vorzuhalten, ihr ginge in Krisenzeiten verloren, was überhaupt zu benötigen schon ihr selbst eingestandenes Ende wäre. Ob diese bürgerliche Welt dann spätkapitalistisch, monoimperialistisch, kasinokapitalistisch, globalisiert oder mit sonst einem Modenamen genannt wird, ist demgegenüber nachrangig bis zur Überflüssigkeit.

Man kann den Gedanken, das gegenwärtige System bedürfe der Legitimation, müsse diese aber verspielen, außer wissenschaftlich allerdings auch mit umstürzlerischen Hintergedanken artikulieren. Dies taten zum Beispiel zu der Zeit, da der Legitimationstext von Habermas diskutiert wurde, die Desperados von der RAF und empfahlen das Ins-Unrecht-Setzen als »Strategie«, wobei sie den symbolisch-metaphorischen Gebrauch dieses Wortes mit dem klassisch-militärischen durcheinanderwarfen und so, wie der Dichter Peter Hacks salomonisch urteilte, schier unermesslichen Ärger anrichteten und erlitten.

Inzwischen denkt skurrilerweise selbst das wissenschaftliche Fachpersonal der einstweilen noch von größeren Sozialbeben verschonten Gegenden ein bisschen wie jene RAF-Kader – »Insurgenten können nur bei antidemokratischer Zielsetzung bekämpft werden«, »demokratisch legitimierte *Insurgency* kann nicht legitim bekämpft werden« –, das lehrt kein später Baaderianer und kein Guerilla-Handbuch der Zapatisten, sondern der Professor Martin Sebaldt, der an der Universität Regensburg Politikwissenschaft unterrichtet und zusammen mit seinem Kollegen Alexander Straßner ein im auch sonst recht interessanten Jahr 2011 erschienenes Buch namens *Aufstand und Demokratie. Counterinsurgency als normative und praktische Herausforderung* herausgegeben hat.

Kommt die Legitimität am Ende, wie der Maoismus meinte, aus den Gewehrläufen?

Immer mit der Ruhe: 2011 in der Bundesrepublik, das war das Jahr, in dem die doch recht ernste Euro-Krise wenigstens durch erheiternde Showeinlagen der irgendwann mal irgendwo gewählten Politiker Wulff und Guttenberg aufgelockert wurde. Wer in so einem Jahr von »Aufstand« redet, wer da »Legitimitätsverlust« sagt und die parlamentarisch-repräsentative bürgerliche Demokratie meint, sagt gar nichts allzu Brenzliges. Er sagt, genau besehen, nicht mehr, als Guttenberg oder Wulff oder die vielen Guttenbergs und Wulffs, bei denen bloß noch nichts herausgekommen ist, in Wahrheit meinen, wenn sie »Politikverdrossenheit« sagen, nämlich: Nimmt uns das Ganze eigentlich noch irgendjemand ab, oder sind wir auf dem besten Weg, unser Geschäft sachlich so gründlich zu blamieren wie die »Volksdemokratie« das ihre sprachlich?

Drei: *Wozu das gut ist*

Wenn akademisch unterrichtete und organisierte (also etwa fachsoziologische oder fachphilosophische) Gesellschaftskritik empfiehlt, sich über irgendetwas aufzuregen, über das sich sonst niemand aufregen will, kühlt man sie besser ab.

Die *ordinary language* weiß schon, was sie mit »akademisch« meint: Lass gut sein!

Irgendein wackerer Positivist wird dann bald das Scheinproblem erkennen und es, wenn die Zunft genug Glück hat, stracks in ein neues, attraktiveres verwandeln.

Weniger bekannt ist allerdings, dass umgekehrt da, wo akademisch unterrichtete und organisierte Gesellschaftskritik zur Abwechslung auch mal empfiehlt, sich über irgendetwas *nicht* aufzuregen, kaum mehr Vertrauen angebracht ist. Heißt es aus dieser Ecke, das ist doch ganz normal, jedenfalls vom Standpunkt der Wissenschaft, dann ist dies zwar nicht (wie im Fall der im Vulgärwortsinn akademischen Scheinprobleme) überflüssig und bedeutungslos, wohl aber meistens erstens trivial und zweitens falsch (doch, das geht zusammen. Wer kognitive Dissonanzen nicht aushält, schon gar nicht, wo sie in der

Wirklichkeit wurzeln, wird von der Welt immer wieder gezwungen, in Dialektik nachzusitzen).

Konkret denke ich dabei an missliche Erscheinungen wie die, dass etwa irgendeine Soziolinguistik uns weismachen will, es gäbe gar keinen Sprachverfall, sondern da etablierten sich eben neue Codes, oder irgendwelche Kulturwissenschaften wähnen, Armut sei nicht schrecklich, sondern halt auch eine Art Kultur, oder irgendeine Soziologie fragt, was denn das ganze Krisengerede solle, moderne Gesellschaften seien eben komplex und also störanfällig.

Alle diese Aussagen sind erstens trivial und zweitens falsch.

Trivial ist, dass auch die verstümmelte Rede eine neue und andere ist als die elaboriertere, die ihr Platz machen muss. Trivial ist, dass, wer im Elend lebt und verblödet ist, dennoch regelmäßige Verrichtungen entwickelt, die einem wertfrei positivistischen Kulturbegriff zur Not ermöglichen, sie in eine Excel-Tabelle von Kulturmerkmalen einzutragen. Trivial ist schließlich, dass eine moderne Gesellschaft wie ein Computer häufiger und abwechslungsreicher spinnt als ein Rudel, eine Herde, eine Rotte oder ein Abakus.

Falsch jedoch ist, dass die verstümmelte Rede der elaborierten gleichwertig sei, wenn Wert das ist, was an einer Rede über Koordinationschancen soziale Möglichkeiten und Absicherungen öffnet. Falsch ist auch, dass Tiefkühlfraß so nahrhaft und bekömmlich ist wie ein vernünftiges Essen oder BILD.de so hirnstärkend wie ein gelungener Text. Falsch ist aber vor allem, dass Krisen, wenn sie nur oft genug vorkommen, weder mehr Anlass zur Sorge noch zum Eingriff noch zur Ersetzung des krisenbefallenen Dings durch ein besseres bieten.

Das Ärgerliche an der Abgeklärtheit, die das akademisch unterrichtete Denken feilbietet, weil es keine Aufgeklärtheiten mehr anbieten mag noch kann, ist, dass diese Abgeklärtheit ihre trivialen Behauptungen in Form von Rätseln, billigen Paradoxa und steilen Thesen vorträgt, während sie ihre falschen Behauptungen nur andeutet, nahelegt, suggeriert.

Sie brilliert über die Ablenkung vom Naheliegenden, und man lässt sich verführen, weil das Naheliegende so unangenehm, so langweilig, so altbekannt ist.

Es wäre für mich ja auch spannender gewesen, der ursprünglich diesen Text anstoßenden Einladung nachzugehen, eine genaue Detaillektüre des Habermas-Textes von 1973 über die »Legitimationsprobleme im Spätkapitalismus« zu unternehmen, sie gegen die zu diesem Problem seither erschienene soziologische, eventuell politologische, ökonomische und womöglich auch noch philosophische Literatur zum selben Bedeutungsfeld zu halten, schöne Strukturanalogien, Assoziationen, Querverweise, Hyperlinks und Flohzirkusattraktionen herauszufischen und die dann pfiffig zu präsentieren.

Ich habe das Unangenehme, Langweilige und Altbekannte vorgezogen: Dass nicht die Legitimität des Kapitalismus und seiner politischen und juristischen Schutz- und Maintenance-Vorrichtungen interessiert, nicht deren Krisen und Wehwehchen, sondern dass das, was interessiert, ihre Abschaffung ist, und der Aufbau von etwas Menschenwürdigem nottut. Immer wieder werden die Marxistinnen und Marxisten, wenn die Schülerinnen und Schüler der Max Weber, Joseph Schumpeter oder Jürgen Habermas, die Repräsentantinnen und Repräsentanten der aufgeklärten, mehr oder weniger demokratischen, sozial verantwortlichen bürgerlichen Geistigkeit also, mit ihrer Schulweisheit am Ende sind, aus dem Kasten gezogen und sollen ihr Lied pfeifen und fiedeln und tanzen – wird die Oma krank, greift sie nach Bibel und Gesangbuch; wackelt das Währungssystem, wird Marx runtergebetet. Robert Kurz war auch frischer, als er noch Paul M. Sweezy hieß.

Jeder Ansatz, »das System« zwingen zu wollen, sich vor einer Instanz zu legitimieren, die auf gewaltfrei erzeugten Konsens zwischen nicht erpressbaren, mit gleichen Rechten ausgestatteten Individuen hinauswill, wird, solange gilt, was der erste Abschnitt des vorliegenden Textes ausführt, an die Grenze des Geldverdienens und der Machtausübung stoßen.

Diese Grenze zu überschreiten, als Gesellschaft, als Gemeinwesen, ist das, was mich beschäftigt. Ich weiß über die Dinge, die man übers Soziale als Historisches wissen kann, beileibe nicht halb so viel wie Weber, Schumpeter, Habermas.

Der Letzte in dieser Reihe ist, als einer der wenigen seiner unbeirrbar durchgehaltenen Gesinnung im deutschsprachigen Raum, ein wertvoller Verbündeter aller, die hier nicht die Reste bürgerlicher Liberalität und demokratischen Republikanismus mit jeder neuen Runde im unangenehmen, langweiligen, altbekannten Krisenspiel um ein paar weitere Posten zusammengestrichen sehen wollen. Er weiß vermutlich vieles, das man noch für ganz andere als defensive Zwecke gebrauchen könnte.

Wissen, sagt Samuel Johnson, gibt es auf zwei Arten: Man weiß etwas selber, oder man weiß, wo oder wie man es herausfinden kann.

Was ich wirklich wissen will – wie man das Prägen und Drucken von Geld und seinen Verkehr, das Beschaffen und Verleihen demokratisch regeln könnte –, kann ich alleine nicht herausfinden. Das werden in den nächsten Jahren hoffentlich viele tun, die es angeht, bei der Sparkasse, der Piratenpartei, der Gewerkschaft, im Staat, bei den NGOs.

Den Vorgang, diese Dinge herauszufinden, nennt man nicht Wissenschaft.

Er heißt politische Praxis.

Werner Plumpe
Ohne Krisen keine Harmonie
Eine kleine Geschichte der Gleichgewichtsstörungen
in der Wirtschaft

Im April 1815 brach mit einer gewaltigen Explosion der Vulkan Tambora
auf der indonesischen Insel Sumbawa aus. Binnen weniger Minuten
schrumpfte der Berg von 4000 auf 2800 Meter; der sich neu bilden-
de Gipfelkrater hatte einen Durchmesser von bald sechs Kilometern
und eine Tiefe von mehr als 1000 Metern. Die Explosion war noch in
1500 Kilometer Entfernung zu hören und zu spüren. Eine gewaltige
Aschesäule stieg auf. In der Folge blieben die Sommer in Nordamerika und Westeuropa teilweise aus. In Europa wurde die Abkühlung in
einem ohnehin überaus kalten Jahrzehnt noch einmal dramatisch
verschärft. Die Ernten 1816 und 1817 fielen gering aus und die Nah-
rungsmittelpreise stiegen auf ein bis dato unbekanntes Niveau. Alles,
was die Mehrzahl der Menschen besaß, musste für den Nahrungs-
erwerb verwendet werden. Die Nachfrage nach gewerblichen Gütern
ging zurück, die Arbeitslosigkeit in den Städten stieg an, das Elend
wurde allgemein. Der Hunger kehrte in die Häuser der einfachen Menschen zurück. Wirtschaft, Handel, Export kamen zum Erliegen. Erst
gute Ernten Anfang der 1820er-Jahre brachten wieder eine durchgreifende Besserung.

Wirtschaftskrisen, interpretiert als mehr oder minder plötzliche
Verschlechterungen der materiellen Lebensbedingungen durch eine
zurückgehende Wirtschaftsleistung, durch steigende Preise und/oder
sinkende Einkommen beziehungsweise wachsende Arbeitslosigkeit,
die sich in einer Minderung des materiellen Wohlstandsniveaus nieder-
schlagen, gehören zweifellos zu den ältesten Erfahrungen der Mensch-

heit. Die Reaktionsmuster ähneln sich seit Jahrtausenden: Krisen sind unvorhersehbar, haben etwas Schicksalhaftes. Dann hilft nur demütiges Beten oder kluges Verhalten, etwa nach dem Motto: Spare in der Zeit, dann hast du in der Not. Am besten beides!

Kehren diese Krisen aber regelmäßig wieder, kann man sich auf sie einstellen. Dann macht man mit ihnen Erfahrungen, kann ihre Folgen kalkulieren und sich entsprechend vorbereiten. Vor allem kann man über ihre Ursachen nachdenken. Und wenn man ihren Grund zu kennen glaubt, kann man alles Mögliche tun, um sie zu verhindern oder doch entscheidend abzumildern. Der heutigen Welt erscheint diese Allmachtsfantasie geradezu selbstverständlich. Die gegenwärtige Finanz-, Wirtschafts- und die begleitende Staatsschuldenkrise werden daher vorrangig unter dem Gesichtspunkt ihrer Ursachen mit dem Ziel diskutiert, durch eine zukünftige Bekämpfung derartiger Ursachen ihre Wiederkehr zu verhindern.

Diese Ursachendiskussion führt mitunter zu grotesken Verzerrungen der Realität, etwa wenn die Nutzung der von der Politik extra zu diesem Zweck geschaffenen Handlungsspielräume dem Finanzsektor ursächlich als moralisches Versagen angekreidet werden. Dennoch ist diese Diskussion insgesamt nachvollziehbar. Denn kluge Politik trachtet danach, Instabilität möglichst zu vermeiden, und das setzt eine Debatte voraus. Gleichwohl wird man misstrauisch, wenn die notwendigen Diskussionen einen normativen Überschuss ausweisen, ja geradezu von dem Versprechen leben, bei richtigem Handeln – insbesondere konsequenter Verfolgung der als Spitzbuben identifizierten Akteure des Finanzsektors und ihrer ordentlichen Disziplinierung – ließen sich in Zukunft Wirtschafts- und Finanzkrisen vermeiden. Die Politik offeriert damit die Frontlinie – und die Öffentlichkeit scheint ihr bereitwillig zu folgen – eines Kampfes der Politik gegen die »Märkte«, die, wenn nicht unter Kuratel gestellt, dazu neigten, die Welt in den Abgrund zu reißen.

Die politische Zähmung der Wirtschaft

Es wird allerdings niemanden überraschen und ich möchte in diesem Essay dafür argumentieren, dass eigentlich nichts dafür spricht, im Kapitalismus eine Art große Selbstzerstörungsmaschine zu sehen, deren verhängnisvoller Lauf nur politisch zu bremsen und zu kanalisieren ist. Empirisch gibt es hierfür sowieso keine Belege, zumal alle großen Krisen des 20. Jahrhunderts, insbesondere die beiden Kriege und die Weltwirtschaftskrise von 1929, veritable politische Ereignisse waren, in denen der »Kapitalismus« bestenfalls »mitgemacht« hat. Die alte Vorstellung, Kriege seien die Folge einer von der Wirtschaft mehr oder weniger diktierten imperialistischen Politik, war zu keiner Zeit theoretisch überzeugend; empirisch stichhaltig war sie ohnehin nicht. Es scheint eher eine Art Schadenszauber zu sein, der da stattfindet: Die Politik schiebt die selbst erzeugten Desaster dem vermeintlich wild gewordenen Kapitalismus als dessen Erzeugnis in die Schuhe, womit sie sich selbst erneut als rettende Kraft ins Spiel bringt. Dass es sich in der Tat um Schadenszauber handelt, sieht man daran, dass in der Politik niemand ernsthaft daran denkt, der Wirtschaft ihre verhängnisvolle Autonomie zu nehmen. Dass die Linke als einzige Bastion für Verstaatlichungen plädiert, ist immerhin noch konsequent.

Was gibt uns aber die Hoffnung, so könnte man fragen, die Hoffnung und den Wunsch, Krisenfreiheit sei nicht nur möglich, sondern auch durch politisches Tun erreichbar und, was ja gar nicht selbstredend ist, auch erstrebenswert? Wieso nehmen wir im Bewusstsein ihrer regelmäßigen Wiederkehr Wirtschaftskrisen nicht einfach nur hin, ertragen sie als die normalen Momente wirtschaftlichen Strukturwandels mit demselben Gleichmut, mit dem wir Aufschwünge betrachten. Uns allen ist doch längst klar geworden, dass es keine immerwährenden Aufschwünge geben kann, zumal fraglich ist, ob die Menschheit das überhaupt aushielte. Ökologisch jedenfalls wäre es eine einzige Katastrophe, aber auch wirtschaftlich ist es nur wünschenswert, wenn gelegentlich Altes untergeht und Neues entsteht.

Dieser Wille zur Krisenfreiheit ist, so man über ihn nachdenkt, jedenfalls nicht selbstverständlich. Dass dieser Schadenszauber indes so wirksam ist, liegt keineswegs an der zumeist verunglückten Rhetorik von Ministern und Regierungssprechern. Es scheint vielmehr eine tiefe, historisch gewachsene Sehnsucht nach Harmonie, ökonomisch gesprochen nach einem störungsfreien Entwicklungsgleichgewicht zu geben, das mit einer derartigen Art der »Krisenanalyse« bestens bedient wird. Diese Harmoniesehnsucht kommt nicht von ungefähr; sie verdankt sich einer langen Tradition des Nachdenkens über moderne Wirtschaft, anders ausgedrückt: Sie war geradezu ihr Geburtshelfer. Und sie fand adäquate Fortsetzungen in der Kritik des Kapitalismus ebenso wie bei seinen Verteidigern oder Reformern. Stets schwang das Argument der zukünftigen oder wieder auffindbaren Harmonie mit, die der je aktuelle Zustand der Wirtschaft gerade infrage zu stellen schien.

Die Welt als ökonomisches Gleichgewicht

Dass der Kapitalismus überhaupt in die Welt kam, war neben allen historisch identifizierbaren technischen und wirtschaftlichen Faktoren auch eine Folge der Krise des Ancien Régime. Die alte Adelsherrschaft und die merkantilistische Praxis einer gesteuerten und regulierten Privilegienwirtschaft waren angesichts des Bevölkerungswachstums im 18. Jahrhundert kaum mehr in der Lage, die elementaren Bedürfnisse der Menschen zu befriedigen. Die soziale Ungleichheit nahm dramatisch zu. Einer schmalen und wohlhabenden Oberschicht standen eine nicht sehr große Mittel- und eine breite, an der Subsistenzgrenze lebende Unterschicht gegenüber. Lediglich in den seinerzeit schon »modernen« Gesellschaften Großbritanniens und der Niederlande war die wirtschaftliche Lage für die Masse der Bevölkerung besser; zumindest Hungerkrisen, die auf dem Kontinent noch weitverbreitet waren, gab es dort nicht mehr.

Die Krisenhaftigkeit der alten Welt schien nicht nur der Aufklärung, sondern auch den nach und nach entstehenden liberalen ökonomischen Texten eine Folge ihrer vernunftwidrigen Einrichtungen. Die Menschheit blieb in dieser Sicht unter den Bedingungen des Ancien Régime sozusagen unter den Möglichkeiten, die sie erreichen konnte, wenn nur die Vernunft uneingeschränkt herrschen dürfte. Denn dann würden sich rationale Akteure im gegenseitigen Verkehr alle nur denkbaren Vorteile verschaffen, die Wirtschaft würde blühen, alle wären zufrieden, es würde ein harmonisches Gleichgewicht entstehen.

Die Gleichgewichtsvorstellung der klassischen Ökonomie bezog ihren Charme neben dem Glauben an die ausgleichende Kraft der Vernunft und dem Vertrauen in die Idee der Selbstregulierung (»unsichtbare Hand«) vor allem aus der offensichtlichen Krisenhaftigkeit der älteren wirtschaftlichen Welt, in der Misswirtschaft und Armut sich mit Vergeudung und Luxus zu einer ganz und gar unvernünftigen Welt verbanden. Das Ziel war schnell formuliert: Würden erst die Regeln der bürgerlichen Gesellschaft herrschen, fände dieses Chaos ein Ende; eine zugleich effiziente, leistungsfähige und gerechte Welt träte an ihre Stelle. Für Krisen war in der Kritik der liberalen Ökonomen am Merkantilismus kein Platz; Krisen gehörten zum Merkantilismus. In einer vernünftigen Welt würde es sie allerdings nicht geben.

Marx und der finale Countdown

Die klassische Ökonomie, die im 18. Jahrhundert in Großbritannien aufkam und sich von dort aus auf dem europäischen Kontinent und in die USA ausbreitete, setzte sich mit Wirtschaftskrisen daher gar nicht erst auseinander. Diese mochte es geben. Aber sie wurden als Phänomene aufgefasst, die entweder der Misswirtschaft des Merkantilismus geschuldet oder auf externe Ursachen zurückzuführen waren. Die kapitalistische Ökonomie hingegen funktionierte in diesem vom newtonschen Gleichgewichtskonzept bestimmten ökonomischen Denken zumindest dann reibungslos, wenn Wettbewerb und freier Markt garantiert waren. Somit schuf sich, so die klassische Formulierung durch den französischen Ökonomen Jean-Baptiste Say, jedes Angebot seine Nachfrage, da bei der Produktion von Gütern jene Löhne gezahlt wurden, die zu deren Konsum notwendig waren. Das Saysche Theorem sah von Verteilungsfragen ab, und auch die Märkte funktionierten demzufolge ohne Zeitverzögerung, sodass zumindest theoretisch jedes Gut einen Käufer fand. Es konnte, so räumte der englische Philosoph und Ökonom John Stuart Mill später ein, durchaus Marktverzerrungen und Spekulationserscheinungen geben, doch war deren systematische Bedeutung gering.

Wirtschaftskrisen als Ausdruck der normalen Funktionsweise kapitalistischer Marktwirtschaften kamen in dieser Sicht nicht vor. Das Wirtschaftssystem tendierte vielmehr selbst nach externen Störungen immer wieder zu krisenfreien Gleichgewichtszuständen. Und, da jeder Einzelne frei war, seinen Erwerbsinteressen ungehindert durch obrigkeitsstaatliche Ge- und Verbote zu folgen, mobilisierte diese Art der Wirtschaft auch alle verfügbaren Energien. Fazit: Die moderne Wirtschaft war in ihrer frühen Programmatik nicht nur krisenfrei, sie war auch produktiv und effizient.

Einwände gegen diese Annahmen, die etwa der englische Nationalökonom Thomas R. Malthus oder der Schweizer Historiker und Ökonom Simonde de Sismondi erhoben, fanden kein Gehör. Die Krisen der ersten Hälfte des 19. Jahrhunderts waren zwar unübersehbar; sie galten aber entweder als extern verursacht, insbesondere durch Klimaphänomene wie die europaweiten Missernten der Jahre 1816 bis 1819, oder wurden als Spekulationsphänomene betrachtet, die entsprechend auf falsches Verhalten der Akteure zurückgeführt wurden. Die zyklische Krise Mitte der 1820er-Jahre in Großbritannien musste dafür als Beispiel herhalten. Großbritannien hatte in der Hoffnung auf umfangreiche Exporte die jungen Staaten Lateinamerikas finanziert; große Geschäfte standen zu erwarten und die Spekulation auf sie befeuerte die Londoner Börse. Als die Erwartungen enttäuscht wurden, platzte die Blase. Die Mehrzahl der Spekulanten stand mit leeren Händen da. Die Unvernunft schien zum Greifen! Die gleichzeitigen Fortschritte in der landwirtschaftlichen Produktivität, wenn auch auf zunächst noch niedrigem Niveau, gaben den liberalen Denkern zudem auch in einem ganz fundamentalen Sinne recht, denn die verheerenden Agrarkrisen traten nun seltener auf beziehungsweise verschwanden nach einer letzten, allerdings schweren Krise in den 1840er-Jahren fast vollständig, zumindest in Westeuropa und Nordamerika. Die erhoffte und theoretisch gezeigte Krisenfreiheit trat zwar keineswegs ein, sondern mit der Durchsetzung des Kapitalismus waren nunmehr zyklische Schwankungen zu beobachten, doch hielt man diese Störungen für extern verursacht. Zeitweilig diskutierte man über die Konstellation der Sonnenflecken oder astronomische Konstellationen: An der Wirtschaft selbst lag es jedenfalls nicht.

Erst Karl Marx sollte diese Vorstellung Mitte des 19. Jahrhunderts theoretisch wirkungsvoll infrage stellen, ohne aber das Gleichgewichtsparadigma aus den Angeln heben zu können. Im Gegenteil: In gewisser Hinsicht bestärkte Marx sogar die Hoffnungen auf ein immerwährendes Gleichgewicht als reale Chance; nur verschob er dessen Erreichbarkeit in ein dem Kapitalismus folgendes Wirtschaftssystem, das dessen Schwächen und Widersprüche »aufheben« würde. Das war die Geburtsstunde des Sozialismus. Marx' Theorie der Krisen im Kapitalismus war eindrucksvoll. Zwar verfing er sich in den Fallstricken der Arbeitswerttheorie – nach der der Wert eines Gutes »objektiv« durch die Kosten seiner Herstellung, insbesondere die Arbeitskosten, bestimmt war –, was ihn letztlich wohl auch hinderte, seine größeren ökonomischen Arbeiten zu publizieren. Denn auf diese Weise war die Differenz zwischen dem Wert der Güter und ihrem Marktpreis nicht zu erklären, zumal auch der Wert der Arbeitskraft nur über ihren »Marktpreis« bestimmt werden konnte.

Wie dem auch sei, der Kern seines Argumentes bezog sich auf die Form und die Bedingungen der Kapitalverwertung. Die Vorstellung, dass in der Verwertung des Kapitals ein höherer Wert produziert wird, als zur Reproduktion der verwendeten Arbeitskraft nötig ist (Lohn), hebelte das saysche Theorem aus. Denn nun musste es notwendigerweise zu Problemen der Realisierung des Profits kommen, da der Wert der gesamten produzierten Gütermenge größer als die Kosten seiner Erstellung war und die Güter daher nicht ohne Weiteres Käufer finden beziehungsweise der Preis mancher Güter zwingenderweise unter ihren Arbeitswert fallen musste, sodass die Hersteller dieser Güter ihren in der Produktion eigentlich erzielten Mehrwert am Markt nicht realisieren konnten. Ein unbarmherziger Konkurrenzkampf der Kapitalisten untereinander war die Folge, der an sich schon krisenhafte Folgen nach sich ziehen konnte.

Im Ergebnis dieses Kampfes entspricht nach Marx dann aber doch die Summe aller Werte der Summe der realisierten Preise, sodass Say wiederum recht bekommt, nur hat eben der eine Kapitalist auf Kosten des anderen seinen Absatz erhöht. Der Kapitalismus führt insofern zu einem krisenverursachenden Kampf der Kapitalisten untereinander, die jeweils versuchen, ihre Profite zu maximieren, woraus eine ständig wiederkehrende Spirale resultiert: Überinvestition, Überproduktion, harter Konkurrenzkampf, Krise, Vernichtung von Kapital, Neuanfang. Gleichzeitig konstatierte Marx eine generelle Tendenz zum Fallen der Profitrate, da der Mehrwert nur durch Ausbeutung des variablen Kapitals (insbesondere die aufzuwendende Lohnsumme) gewonnen werden kann, dessen Anteil am Gesamtkapital im Laufe der Entwicklung aber zugunsten des fixen Anlagekapitals (Maschinen, Gebäude et cetera) sukzessive zurückgeht. Dadurch sinken die Profitraten tendenziell und der Konkurrenzkampf wird härter. Versuche, das Problem durch Marktausweitung (Imperialismus, Kolonialismus) zu entschärfen, können indes nur von begrenztem Erfolg sein beziehungsweise verschärfen die Konkurrenz der imperialistischen Staaten untereinander. Der Kapitalismus läuft folgerichtig durch eine Vielzahl kleinerer, sich verschärfender Krisen auf seine finale Krise zu.

Das Konzept von Marx und seinen Nachfolgern traf wesentliche Punkte der Struktur des modernen Kapitalismus, auch wenn sich seine arbeitswerttheoretische Grundierung als unzulänglich herausstellte. Es erklärte die Konjunkturzyklen durchaus schlüssig mit der Tendenz, im Aufschwung die Produktion infolge der großen Konkurrenz zu stark auszudehnen, was schließlich zu scharfen Kontraktionen führen musste. Nur litt das Konzept unter seiner theoretischen und geschichtsphilosophischen Aufladung. Marx unterschätzte den ökonomischen und technischen Strukturwandel, den gerade der von ihm beschriebene Konkurrenzmechanismus maßgeblich beschleunigte. Durch ihn begann der Prozess der Kapitalverwertung mit immer neuen Produkten stets von Neuem. Von einem tendenziellen Fall der Profitraten konnte keine Rede sein – und auch seine Krisen indizierten eben nicht das nahende Ende des Kapitalismus, sondern vielmehr seine Virilität, zumindest solange jeder neue Zyklus mit neuen Produkten und Produktionsverfahren verbunden war, wodurch der »Verwertungsprozess« stets von Neuem einsetzte.

Dass Marx, unter anderem mit seinen Aussagen über die Verelendung des Proletariates und die Entfremdung der Arbeiter von ihren Produkten und ihren sozialen Beziehungen, gleichwohl so große Resonanz fand, erklärt sich vor allem daraus, dass in der ersten Hälfte des 19. Jahrhunderts angesichts einer weiterhin stark anwachsenden Bevölkerung die materielle Lage sich nur langsam und zunächst nicht flächendeckend verbesserte, vor allem aber auch daraus, dass in den Jahren vor 1848 sich moderne Wirtschafts- und traditionelle Agrarkrisen noch einmal zu einer gefährlichen Mischung verbanden. In Irland starb in den Jahren vor 1848 ein Drittel der Bevölkerung und ein weiteres Drittel wanderte aus. Auch in Deutschland war der sogenannte Pauperismus ein Massenphänomen; insgesamt verließen bis in die 1880er-Jahre etwa 5,5 Millionen Menschen Deutschland, um insbesondere in den USA eine bessere Zukunft zu finden. Als 1857 die erste Weltwirtschaftskrise ausbrach, glaubten Marx und Engels, das Totenglöckchen des Kapitalismus habe geläutet. Doch war angesichts günstiger Rahmenbedingungen (große Goldfunde in Kalifornien, stürmischer Aufschwung in den USA und auf dem europäischen Kontinent) die Krise rasch vergessen.

Juglar oder das Schwanken der Wirtschaft

Nun änderte sich auch die Krisenwahrnehmung, die ihre apokalyptischen Beimischungen verlor. In den 1860er-Jahren begann mit den Arbeiten des französischen Arztes Clement Juglar die empirische Konjunkturforschung. Juglar stellte durch einfache statistische Beobachtungen unter anderem an Preisreihen fest, dass der ökonomische Prozess eine zyklische Struktur von Aufschwung, Boom, Abschwung und Depression aufweist, die sich in einem relativ stabilen zeitlichen Schema wiederholen (sieben bis acht Jahre für den vollen Zyklus). Auch wenn diese Dauer sich im Nachhinein nicht bestätigen lassen, sondern die zeitliche Frequenz der Amplituden abweichen konnte, ist Juglars Beobachtung im Kern bis heute unbestritten. Offensichtlich ist der Zyklus von Boom und Krise nicht ein zu vermeidendes Defizit des kapitalistischen Strukturwandels, sondern seine Form.

Dass Schwankungen ein notwendiges Moment der kapitalistischen Entwicklung sind, wollte die neoklassische Schule der Nationalökonomie, die seit den 1880er-Jahren ihren Aufstieg in einer Phase der ökonomischen Prosperität erlebte, trotz der unbestrittenen Beobachtungen Clement Juglars in den 1860er-Jahren nicht akzeptieren. Die Tendenz zum Gleichgewicht folgte hier allerdings nicht mehr aus dem sayschen Theorem, sondern aus der Überlegung heraus, dass sich bei freier Preisbildung ökonomische Aktivität nur lohnt, solange der mit ihr verbundene zusätzliche Aufwand durch dessen zusätzlichen Ertrag gedeckt wird (Grenznutzenprinzip). Die Preise haben in dieser Sicht nichts mehr mit irgendwelchen Werten der Güter zu tun, sondern sind zumindest vom Konzept her Marktpreise, die sich, bestimmt durch Angebot und Nachfrage, so bilden, dass Gleichgewichtspreise entstehen, zu denen die Märkte geräumt werden. Bei freier Preisbildung gibt es folgerichtig kein Absatzproblem und auch keine unfreiwillige Arbeitslosigkeit, da sich – wie gesagt – stets Gleichgewichtspreise bilden.

Krisen oder Störungen sind in diesem Rahmen nur als Folge externer Effekte vorstellbar, insbesondere dann, wenn die freie Preisbildung behindert wird. Aufgabe des Staates ist es in dieser Denkfigur, die freie Preisbildung zu garantieren und sich ansonsten aus dem ökonomischen Geschehen herauszuhalten (Nachtwächterstaat). In der Grenznutzenlehre und Neoklassik, eng verbunden mit den Namen Carl Menger, Eugen Böhm Ritter von Bawerk, William S. Jevons, Léon Walras und Alfred Marshall, kann es Krisen aus endogenen Gründen nicht geben. Diese erschienen in der zweiten Hälfte des 19. Jahrhunderts und in den Jahren vor dem Ersten Weltkrieg geradezu als eine Art Kinderkrankheit des Kapitalismus. Denn obwohl sich im Gründerkrach und in der sich anschließenden Gründerkrise der 1870er-Jahre noch einmal depressive Stimmung breitmachte, die dem Wirtschaftsliberalismus zumindest politisch stark zusetzte, beseitigte das in den 1890ern beginnende »wilhelminische Wirtschaftswunder« alle Zweifel an der Funktionsfähigkeit des Kapitalismus, ja an seiner außerordentlichen Dynamik.

Die gleichwohl noch vorhandenen Konjunkturschwankungen erklärte man in diesem Rahmen insbesondere durch die Wirkung des Zinsmechanismus, auf den etwa Johan Gustav Knut Wicksell hinwies. In Situationen, in denen das Bankensystem den Marktzins unter dem Gleichgewichtszins fixiere, entstehe für Unternehmen ein großer Anreiz, Kapital aufzunehmen, zu investieren und die Produktion auszuweiten, und zwar weit über das hinaus, was die Konsumenten abzunehmen bereit seien. Es entstehe eine Situation der Überinvestition, die sich schließlich in einem Zusammenbruch der Preise, dem Rückgang von Produktion und Absatz und einer Angleichung von Markt- und Gleichgewichtszins äußere. Der Zinsmechanismus berge mithin erhebliche Gefahren; insbesondere die Zinspolitik der Zentralbanken könne verheerende Folgen für das volkswirtschaftliche Gleichgewicht haben. Das politische Credo der Neoklassik lief daher darauf hinaus, den ökonomischen Prozess möglichst nicht reguliert, geschützt nur vor Störungen des Marktmechanismus, sich entwickeln zu lassen. Krisen, sollten sie dennoch auftreten, wurde geradezu etwas Positives im Sinne der Marktbereinigung zugesprochen, da man annahm, sie korrigierten durch falsche Zinssignale ausgelöste Fehlentwicklungen.

Schumpeter oder die Innovation der Zerstörung

Für Joseph A. Schumpeter wiederum war der Gleichgewichtszustand statisch, der Inbegriff einer Art Stillstand, der mit der Realität nichts zu tun hatte. Die Dynamik der kapitalistischen Ordnung ließ sich so nicht ausreichend erfassen. In seiner Theorie der wirtschaftlichen Entwicklung von 1911 stellte Schumpeter deshalb einen wiederkehrenden Prozess der Gleichgewichtszerstörung durch den innovativen Unternehmer in den Mittelpunkt. Im Gleichgewichtszustand würden alle Unternehmen, wie es der Marginalismus unterstellt hatte, zu Grenzkosten produzieren. Alles bleibe beim Alten. In dieser Situation nun setze ein »Unternehmer«, den Schumpeter vom reinen »Wirt« unterschied, der lediglich das Herkömmliche weiterbetreibe, neue Produkte oder neue Produktionsverfahren auf dem Markt durch und könne somit für eine bestimmte Zeit Pionierrenten erzielen, bis die neuen Produkte beziehungsweise Verfahren so verbreitet seien, dass alle wiederum zu Grenzkosten im Gleichgewicht produzierten.

Es handelt sich bei Schumpeters Modell im Kern also um die Darstellung von Innovationszyklen, wobei er zwischen kürzeren Konjunkturschwankungen, die vor allem aus Investitions- (Juglar-Zyklen) und Lagerhaltungszyklen (Kitchin-Zyklen) resultieren, und längerfristigen Schwankungen (Kondratieff-Wellen, benannt nach dem russischen Ökonomen Nikolai Kondratieff, der als Erster die Existenz von langen Wellen auf der Basis der Auswertung von langen Preisreihen behauptet hatte) von etwa 50 bis 60 Jahren Länge unterschied. Die langen

Schwankungen seien die Folge von sogenannten Basisinnovationen, die mit einem großen Effekt in die gesamte Volkswirtschaft ausstrahlen und über längere Zeit das gesamtwirtschaftliche Milieu zunächst im Aufschwung, dann aber auch im Abschwung bestimmen.

In seiner Konjunkturlehre ging Schumpeter 1939 von bis dato drei langen Wellen aus, und zwar 1787 bis 1842 sowie 1843 bis 1897. Die dritte Welle, die 1896/97 begonnen haben sollte, war in den 1930er-Jahren noch nicht abgeschlossen. Die besondere Schwere der Weltwirtschaftskrise von 1929 ergab sich für Schumpeter folgerichtig aus dem Zusammentreffen einer Krise des Juglar-Typs mit dem oberen Wendepunkt einer langen Welle der Konjunktur. Abschwung und »Krisen« folgen nach Schumpeter zwangsläufig auf den vorherigen Boom, wobei der so schwankende Prozess insgesamt zumindest so lange nach oben gerichtet ist, solange es genügend Innovationen und ausreichend Unternehmer gibt, die diese Innovationen auch gegen Widerstände durchsetzen.

Schumpeters Konjunkturtheorie, zunächst vor dem Ersten Weltkrieg entworfen und dann in den 1930er-Jahren ausgearbeitet, blieb indes die zeitgenössische Anerkennung weitgehend versagt, vielleicht weil sie mit einem gewissen konjunkturpolitischen Fatalismus verbunden zu sein schien. Vor 1914 blieb man gegenüber den Schwankungen des ökonomischen Prozesses gelassen, nach dem Krieg und insbesondere in der Weltwirtschaftskrise aber schrie die Welt geradezu nach Auswegen aus der schweren Krise. Die Zeit verlangte jedenfalls nach einer Theorie der aktiven Konjunkturgestaltung, und die hatte Schumpeter, abgesehen von seinen eher allgemeinen Aussagen zur Unternehmerschaft und zur Innovation, nicht zu bieten.

Keynes oder das Dauerhafte des Ungleichgewichts

Die wirtschaftlichen Erfahrungen der Zwischenkriegszeit des 20. Jahrhunderts waren allerdings auch für den ökonomischen Liberalismus der Neoklassik eine schwere Herausforderung, da die Wirtschaft nach den Verwerfungen von Krieg und Inflation erkennbar nicht einen neuen Gleichgewichtszustand krisenfreier Entwicklung erreichte, sondern im Gegenteil von Krise zu Krise zu taumeln schien. Offensichtlich gab es Zustände, in denen Ungleichgewichte etwa auf dem Arbeitsmarkt stabil waren und sich als dauerhaft erwiesen. Dies war der Ansatzpunkt der ökonomischen Theorie von John M. Keynes.

Die Ausgangsbeobachtung war für den im Bereich der Gleichgewichtstheorie geschulten Keynes einfach: Offensichtlich können Ungleichgewichte dauerhaft sein. Die Frage, die sich dann stellte, war die nach den Ursachen der andauernden Ungleichgewichte, aus deren Beantwortung sich auch die Therapiemöglichkeiten ableiten lassen müssten.

Keynes glaubte, im Hintergrund der Arbeitsmarktungleichgewichte der Zwischenkriegszeit eine gesamtwirtschaftliche Nachfrageschwäche erkennen zu können, die sich wiederum in einer Unterauslastung des Produktionsfaktors Arbeit niederschlug. Der Grund für diese Nachfrageschwäche lag nach Keynes – grob vereinfacht – in der Neigung von Unternehmen und Haushalten, sich bei negativen oder stark unsicheren Zukunftserwartungen mit Investitionen und Konsum zurückzuhalten, also in der Liquiditätspräferenz der Akteure. Dieses Phänomen, dass Marktteilnehmer ökonomisch nicht handeln und dadurch den Kreislauf massiv stören, kannte die Neoklassik nicht, in der jedes Einkommen automatisch zur Nachfrage nach Konsum- oder Investitionsgütern wird. Die durch die Liquiditätspräferenz erzeugte Nachfragelücke soll in Keynes' Konzept der Staat durch eine Erhöhung seiner autonomen (also kreditfinanzierten) Nachfrage so lange ausgleichen, bis die Arbeitsmarktungleichgewichte beseitigt sind und der wirtschaftliche Mechanismus wieder so in Gang gekommen ist, dass der Staat seine Aktivitäten zurücknehmen und die zuvor aufgenommenen Kredite tilgen kann.

Damit war die Idee einer antizyklischen Konjunkturpolitik geboren, deren Grundgedanke ist, dass das volkswirtschaftliche Gleichgewicht sich nicht jeweils spontan einstellt, sondern ihm hin und wieder durch staatliches Eingreifen nachgeholfen werden muss. Eine in gewisser Hinsicht psychologische Krisentheorie wurde auf diese Weise mit der Vorstellung eines helfenden Staates kombiniert.

Diese Position war mit der neoklassischen Theorie durchaus kombinierbar, plädierte sie doch nur dort für ein aktives Eingreifen des Staates, wo sich das wirtschaftliche Gleichgewicht nicht spontan einstellte. Folgerichtig kam es in der Zeit nach dem Zweiten Weltkrieg zu einer Art Synthese aus neoklassischem und keynesianischem Denken. Konjunkturelle Bewegungen sind in dieser Sicht die Folge von externen Änderungen oder internen Verschiebungen, auf die das ökonomische System oder Teile hiervon durch eigene Veränderungen reagieren, die über den Multiplikator- und Akzeleratorhebel überdies dazu neigen, sich gegenseitig zu verstärken. Die ökonomische Entwicklungsdynamik ist folglich durch überschießende Reaktionen gefährdet, die es entsprechend auszugleichen gilt.

Ziel ist ein Zustand gleichgewichtigen Wachstums, der durch staatliche Interventionen nicht nur in die Wirtschaftsordnung, sondern auch in ökonomische Prozesse selbst herzustellen ist. Diese Eingriffe sollen nicht willkürlich erfolgen, sondern das Ergebnis volkswirtschaftlicher Analyse sein, die sich daher darum bemühte, das ökonomische System in seiner Interdependenz exakt statistisch-mathematisch abzubilden, um Anpassungsreaktionen auf Veränderungen einzelner Parameter möglichst genau erfassen zu können.

Diese wachstums- und konjunkturtheoretischen Annahmen bildeten den Hintergrund für die gesamtwirtschaftliche Steuerung, die in den 1950er- und 1960er-Jahren weltweit zum dominierenden Handlungsmodell wurde und auch in Westdeutschland 1967 bei der Verabschiedung des Stabilitätsgesetzes und der Popularisierung der »Glo-

balsteuerung« Pate stand. Als es Anfang der 1970er-Jahre darauf ankam, versagte die Globalsteuerung allerdings ziemlich abrupt, da es
ihr nicht gelang, die unter anderem durch die vermehrten Staatsausgaben beschleunigte Inflation in den Griff zu bekommen, und damit
die Hoffnung, eine leichte Inflation befördere die ökonomische Dynamik, enttäuscht wurde (Stagflation).

Friedman oder der perfekte Markt

In dieser Krise der keynesianischen Globalsteuerung schlug die Stun-
de der »Monetaristen«. Die Chicagoer Ökonomen Milton Friedman
und Anna Jacobson Schwartz hatten bereits Jahre zuvor in ihrer
Geschichte der amerikanischen Geldpolitik die These vertreten, die
Krisen der Zwischenkriegszeit, insbesondere aber die Weltwirtschaftskrise, seien auf eine zu restriktive Geldmengenpolitik der US-Noten-
bank zurückzuführen. Nach ihrer hieraus abgeleiteten Auffassung entstehen Krisen immer dann, wenn sich Geldmenge und ökonomische
Dynamik nicht parallel entwickeln. Deflation und Inflation sind folgerichtig gleichermaßen zu vermeiden, da sie zu krisenhaften Entwicklungen führen. Bei einer richtigen Geldmengenpolitik und zurückhaltender staatlicher Intervention bleiben Krisen hingegen aus, da
freie Märkte stets perfekt funktionieren.

In den 1970er-Jahren geriet vor dem Hintergrund zunehmender
Staatsdefizite und einer nachlassenden ökonomischen Dynamik sowohl in Großbritannien als auch in den USA das gesamte bisherige –
sich etwa auf Keynes berufende – Modell der Wirtschaftssteuerung
und des Sozialstaats in die Diskussion, da es in der Tat offensichtlich
wirtschaftlich mehr und mehr an Dynamik verlor. Mancur L. Olson
führte diesen Umstand zusätzlich auf den Einfluss organisierter Interessen auf das öffentliche Handeln zurück, das immer mehr durch
Partialinteressen auf Kosten des Allgemeinwohls beherrscht werde.
Globalisierung, Deregulierung, Öffnung der internationalen Kapital-

und Finanzmärkte und Dominanz der Geldmengenpolitik, vulgo: der Neoliberalismus, waren insofern theoretisch inspirierte Antworten auf die Krise der 1970er-Jahre, die durch Staatsverschuldung, nachlassende ökonomische Dynamik und den verblassenden Glanz des Keynesianismus geprägt waren, ein Keynesianismus, der übrigens damals kurzerhand für tot erklärt wurde, bis ihn die jüngste Wirtschaftskrise erneut zum Leben erweckte.

Besonders gefragt waren nun bei der »Bekämpfung« der Wirtschaftskrise und der Neuausrichtung der Wirtschafts- und Finanzpolitik offenbar neokeynesianische Konzepte, wie sie etwa Hyman Minsky verfochten hat oder wie sie Paul Krugman vertritt, Letzterer wohl auch, um mit der Dominanz des Monetarismus in den USA abzurechnen. Minskys Hauptargument besteht in der Annahme, dass die Akteure auf den Finanzmärkten eben nicht immer so handeln, dass es zu perfekten Marktgleichgewichten kommt, sondern es durchaus rational sein kann, sich individuell anders zu verhalten – mit entsprechenden Folgen für die Funktionsweise der Märkte. Die Finanzmärkte seien aufgrund der Zukunftsunsicherheit der Akteure strukturell instabil; es komme zu Schwankungen, die sich unter bestimmten konjunkturellen Bedingungen krisenhaft zuspitzen können. Auf diese Weise kombiniert Minsky in seinen Arbeiten die Vorstellung von der strukturellen Instabilität der Finanzmärkte infolge von Unsicherheit mit der Erfahrung der zyklischen Bewegung der Ökonomie, eine These im Übrigen, die nicht alle Ökonomen teilen, die die Finanzmärkte für endogen instabil halten.

Paul Davidson und Charles Kindleberger gehen ebenfalls von dieser Instabilität aus, sehen sie aber nicht als Ursache oder Erscheinungsform der zyklischen Bewegungen der Ökonomie. Davidson ist eher erstaunt, wie stabil die Finanzmärkte trotz der Unsicherheit der Akteure sind, während Kindleberger Finanzkrisen für unvermeidlich hält, sie aber nicht mit dem Rhythmus der volkswirtschaftlichen Bewegung parallelisiert, sondern auf den Spekulationswillen der Akteure und die Ausdehnung der Geldmenge durch das Kreditsystem zurückführt.

Die Folgerungen aus den jeweiligen Diagnosen sind unterschiedlich. Davidson plädiert für institutionelle Einhegungen, dagegen hält Kindleberger derartige Krisen für unvermeidlich.

Politik zähmt Wirtschaft, ein Evergreen

In welche Richtung sich die Krisendiskussion entwickeln wird, ist derzeit ungewiss. Sicher ist, dass das Konzept der perfekten Märkte auf absehbare Zeit ebenso an Einfluss verlieren wird wie die Vorstellung der Handlungsrationalität ökonomischer Akteure. Das Pendel scheint in Richtung einer stärkeren Regulierung der Finanzmärkte auszuschlagen, ohne dass wirklich klar ist, was das bedeuten wird.

Fasst man die theoretischen Vorstellungen über Wirtschaftskrisen zusammen, so fällt auf, dass es in der Tat eigentliche Krisentheorien kaum gibt, dafür aber umso mehr Vorstellungen von Gleichgewichtsstörungen, seien sie nun notwendiger oder vermeidbarer Art. Man gewinnt insbesondere den Eindruck, dass für zahlreiche Ökonomen liberaler, monetaristischer oder keynesianischer Herkunft Krisen vermeidbare Phänomene sind. Der Ball ist damit auf das Feld der Politik zurückgespielt, die durch entsprechende Maßnahmen konstante Entwicklungen ermöglichen soll. Der zu Beginn angesprochene Schadenszauber der Politik ist daher auch eine Folge ihrer Überforderung durch von der Ökonomie genährte normative Gleichgewichtsorientierungen. Bei richtiger Politik seien Gleichgewichte durchaus erreichbar, suggeriert die Ökonomie und empfiehlt auf der Basis ihrer modelltheoretischen Annahmen entsprechende wirtschaftspolitische Rezepte, wie etwa die weitgehende Deregulierung ökonomischen Handelns, die entsprechende Ausrichtung der Geldmengenpolitik oder eine Konzentration des Staates auf eine antizyklische Konjunkturpolitik, die nicht zuletzt aus sozialpolitischen Gründen im Aufschwung bremst und im Abschwung ankurbelt, um eine Unterlastung des Produktionsfaktors Arbeit, also Arbeitslosigkeit, auszuschließen und über möglichst hohe Arbeitseinkommen die Konsumnachfrage stabil zu halten. Dass diese Konzepte überdies als Argumente im »Verteilungskampf« herhalten können (Monetarismus und konservative Politik, Keynesianismus und linksliberale bis sozialdemokratische Politik), erleichtert ihre politische Anschlussfähigkeit ebenso, wie die wissenschaftliche Ökonomie dadurch selbst in die Nähe der Politik rückt – der Wechsel zwischen wirtschaftswissenschaftlichen Fakultäten und Einrichtungen der US-Administration ist absolut selbstverständlich und keineswegs selten!

In der aktuellen Krise war die Konstellation freilich derart zugespitzt, dass zahlreiche Staaten, insbesondere die USA, in der Hoffnung, die Krise rasch bändigen zu können, der zerstrittenen Situation in der ökonomischen Theorie insofern gefolgt sind, als sie im Grunde alle Vorschläge beherzigten, also die Finanz- und Kapitalmärkte mit Zentralbankgeld fluteten, die großen »systemischen Akteure« mit Staatsgeld retteten und schließlich auch große Summen für staatliche Konjunkturprogramme mobilisierten. Dieser Aufwand brachte, ohne durchgreifende Erfolge zu zeitigen, selbst die USA an den Rand der Zahlungsfähigkeit, zumindest aber in die Situation einer geradezu explodierenden Staatsverschuldung. In der Europäischen Union und der Euro-Zone verschärften die Konjunkturprogramme und die Hilfen für Banken und Finanzmärkte nicht nur das ohnehin bestehende Verschuldungsproblem, die Kreditzurückhaltung der Banken gegenüber unsicheren Schuldnern trieb auch die Zinssätze für notorisch überschuldete Staaten wie Griechenland, Portugal oder Italien in eine Höhe, die über die Mechanismen der Währungsunion zu einer Krise der Euro-Zone wurde, die auch deren stärkere Mitglieder unabsehbaren finanziellen Risiken aussetzt.

In der gegenwärtigen Krise des Euro-Raumes kommt auch eine Haltung zu ihrem negativen Höhepunkt, die der Politik unterstellt, sie könne die Wirtschaft schon im Gleichgewicht halten. Doch derartige Versuche sind nicht nur teuer und zumeist nutzlos; sie unterbrechen auch den normalen kapitalistischen Krisenzyklus, bevor er seine reinigende Wirkung entfalten kann. Die Harmoniehoffnung hat, so verständlich sie sein mag, offensichtlich einen zu hohen Preis. Die Krisen des 19. Jahrhunderts kannten keinen helfenden Staat, in den USA nicht einmal eine Zentralbank als »lender of last resort«, da die Federal Reserve erst kurz vor dem Ersten Weltkrieg gegründet wurde. Auch wenn die gegenwärtige Entwicklung mit der des 19. Jahrhunderts nicht ohne Weiteres vergleichbar ist, nicht zuletzt wegen der Größe mancher Unternehmen und der aufgeblähten Bilanzen mancher Finanzhäuser, kann die Schlussfolgerung keineswegs darin bestehen, die derzeitige Situation, so, wie sie ist, mit staatlichen Mitteln dauerhaft zu stabilisieren. Dann sollte der Staat im Gegenteil lieber die Banken und die Unternehmen auf Größenordnungen reduzieren, in denen der reguläre Krisenmechanismus seine Funktionen erfüllen kann, wie er das im 19. Jahrhundert zuverlässig getan hat und wie er es in den allermeisten Fällen auch heute zuverlässig tun würde, hinderte ihn nicht die Politik. Aber die Staaten zu überschulden, um damit funktionsunfähige Strukturen zu stabilisieren und die Marktmechanismen auszuhebeln – das kann es nicht sein.

Gunter Dueck

Ich hasse Krisen

Denn Krisen geben Macht, die keiner braucht

Wenn in Reden die Krise thematisiert wird, bekomme ich eine. Ich leide unter immer gleichen Sprüchen im Management wie: »Eine Krise kann und muss als Chance begriffen werden. Wir werden einen glatten Neuanfang schaffen. Wir starten von null. Wir haben keine Altlasten mehr. Wir haben die Brücke hinter uns abgebrochen und sehen nach vorne. Wir werden aus dieser Krise gestärkt hervorgehen, ganz anders als unsere Wettbewerber, die die Zeichen der Zeit nicht verstehen. Unsere Wettbewerber verharren noch im Alten und glauben, alles würde von allein wieder gut. Wir dagegen handeln. Wir werden später sagen, dass uns gerade diese Krise den heilsamen Schock versetzt hat, der letztlich der Auslöser für einen grandiosen Siegeszug werden sollte. Wir münzen um. Wir sind die Einzigen, die aus der Krise lernen. Wir jammern nicht. Wir stecken nicht wie die anderen den Kopf in den Sand. Das ist schon immer unsere ureigene Stärke gewesen, nämlich in Krisen zusammenzurücken und die Probleme zu meistern. Wir sind noch immer herausgekommen, weil wir in schweren Zeiten nicht mehr in den Fehlern der Vergangenheit herumrühren und uns stattdessen auf die Zukunft konzentrieren.«

Sehr überzeugend klingt auch: »Die Zukunft ist hell! Lassen Sie uns optimistisch sein! Ja, wir werden Ballast abwerfen müssen und nicht mehr alle Minderleister durchschleppen können. Wer für unsere Zukunft nicht mehr voll mitziehen will und das freudige Gehen von Extrameilen verweigert, darf in diesem Unternehmen keine Heimat haben. Wir müssen geschlossen und energisch an einem Strang ziehen, wir müssen alle als Team unsere Energie geballt auf die Straße bringen. Wenn uns das gelingt – und da bin ich sicher – haben wir eine goldene Zukunft. Wir haben die besten Produkte und die besten Mitarbeiter! Der Markt ist da, überall liegt das Geld auf der Straße. Die Kunden wollen kaufen. Sie wollen nur von uns angesprochen werden! Sie warten auf uns! Es ist an uns, die Krise zu nutzen! Wer jetzt verzagt ist, soll gehen! Er gehört nicht zu uns. Ich fordere Begeisterung von allen! Ich will keinen hängenden Kopf mehr sehen! Ich will, dass alle Mitarbeiter in jeder Sekunde die Zukunft ausstrahlen! Ich will, dass sich die Realität in Ihrem Gesicht widerspiegelt!«

Mitten in der Finanzkrise habe ich kürzlich einen rhetorisch diesbezüglich codierten Vorstandsvorsitzenden gefragt, ob er wirklich an solche Worte glauben könne. Er lachte fröhlich und erklärte ganz unumwunden, dass es theoretisch gar keine andere Reaktion gäbe. »Soll ich sagen, dass wir uns Sorgen machen müssen? Was würde es helfen? Wir müssen durch die Krise, ganz klar, und das Rauswerfen von Leuten ist jetzt viel einfacher. Die Krise gibt mir viel mehr Macht. Ich darf jetzt endlich einmal herrschen und durchgreifen. Es kann ja nur noch besser werden.«

Wir erkennen an dieser Aussage schnell, dass Krisen wie Ausnahmesituationen gesehen werden, in denen die archaischen Regeln wieder gelten, in denen also die »Sitten härter und ehrlicher werden« und im Grunde eine Kulturregression stattfinden kann. Sie missfällt dem Management in vielen Fällen gar nicht.

Als anderes Beispiel die Mutter: »Kind, ich habe immer und immer wieder geschimpft, dass du auf einer Vier stehst. Jetzt haben wir den Salat, du stehst auf einer Fünf. Davor habe ich immer gewarnt. Gut, wir wollen die Vergangenheit vergessen. Lassen wir es gut sein. Schwamm drüber. Aber jetzt wirst du tun, was ich sage. Ich verlange Begeisterung für deine Zukunft.«

Eine Krise stärkt die Macht des Chefs ebenso wie der äußere Feind den Diktator. Ob es hilft? Wird jemand, der als Chef in die Krise schlittert, mit einem Mehr an Macht wieder herauskommen? Wir sehen beispielsweise bei Fußballmannschaften, dass dies nicht gelingt.

Anders gesagt: Wer mit seinem normalen eigenen Managementstil nicht durchkommt, schafft es mit mehr Druck auch nicht. Deshalb holt man oft einen ganz neuen Trainer oder Manager, der sich sehr gut und am besten nur auf den harten Stil versteht. Ja, so einer gewinnt in der Krise, weil er genau der Charakter ist, die Karre aus dem Dreck zu ziehen. Davon gibt es aber nur wenige! Ganz wenige! Und dann gehen sie leider nicht einfach weg, wenn sie das Gröbste erledigt haben! Sie bleiben, auch wenn es der Mannschaft oder dem Unternehmen besser geht, und werden in der Regel noch härter. Dadurch aber leiten sie selbst die nächste Krise ein. Sie beseitigen zuerst eine Krise schlechter Aufstellung oder eine des Schlendrians, erzeugen aber dann eine Krise zu hohen Drucks.

Kurz gesagt: Krisen werden als Gefahren gesehen, die meist durch ein Übermaß entstehen, worauf mit einer harten Gegenbewegung reagiert wird. Es darf aber nicht dazu führen, dass nun, wie es so sehr häufig geschieht, das Pendel zur anderen Seite ausschlägt. Und angesichts dieser Probleme des Unmaßes frage ich mich, ob wir alle diese Krisen, Heldengesänge und wenigen erfolgreichen Krisenmanager wirklich brauchen. Ich brauche sie nicht. Ich hasse nämlich Krisen.

Krisenromantik des Auf und Ab

Unsere Kultur macht uns glauben, dass alle Dinge im Fluss sind, auch wenn alles auf und ab geht. Aktien fallen und steigen. Die Konjunktur ist besser oder schlechter. Die Zeiten kommen und gehen. Nach dem Winter kommt der Frühling.

Das stimmt im Großen und Ganzen, aber sehr oft nicht im Einzelnen. Menschen werden geboren und sterben, Unternehmen werden gegründet und werden marode. Wirtschaftsbranchen entstehen und fallen technologischem Wandel zum Opfer. Die guten Zeiten bringen einen Machtzuwachs der Arbeitnehmer und führen zur Krise der Unternehmen. Die schlechten Zeiten verschieben die Macht zu den Unternehmen und lösen unzählige private Krisen unter den Mitarbeitern aus.

Ja, es gibt ein Auf und Ab, aber beim Niedergang in eine Krise stirbt vieles ganz endgültig und kehrt deshalb im nächsten Aufschwung nicht mehr zurück. Unter oft großen Innovationen erblüht das Neue auf den Trümmern des Alten.

Wir sehen heute eine Krise der Banken, Versicherungen, Energieversorger, Automobilfirmen, der Telefonunternehmen und Medien. Das Internet, die weltweite Vernetzung und der Eintritt der globalen Welt in die Wirtschaft sowie der allgemeine und freie Zugang zu Wissen leiten ein großes Sterben und eine noch größere Geburtswelle ein.

Einstige Bank-, Versicherungs- oder im weitesten Sinne Verwaltungsleistungen werden von Computern erbracht oder erfolgen durch den Kunden selbst. Die Energieversorgung erlebt einen Umbruch zu erneuerbaren Formen, die Automobilbranche steht vor den Erschütterungen, die durch Elektroautos ausgelöst werden. Das Internet geht durch LTE in den Äther oder ins Glasfiberkabel. Papier stirbt am Tablet Computer, das Buch in physikalischer Form verschwindet, die Zeitschriften auch – das Fernsehen könnte zu einem sprachgesteuerten Streaming-Service mutieren. »Moderne Zeiten!«, rufen wir dem Wunsch-Bildschirm zu, und sofort macht Charlie Chaplin grässliche Scherze über die mordende Zeit in der Zukunft.

Doch Achtung! Das meiste ist *Wandel*, nicht Auf und Ab! Der Wandel ist internetbedingt mindestens noch für die nächsten zwei Jahrzehnte Dauerzustand. Und wenn man das drohende Sterben alles Etablierten als Krise sehen will, dann haben wir eine Dauerkrise dadurch, dass wir dem Wandel in allen Facetten widerstreben.

Wir könnten auch in Deutschland Googles, Amazons, Facebooks oder Wikipedias gründen, aber wir leisten hinhaltenden Widerstand gegen die befürchteten Krisen, die sie für uns auslösen könnten. Wir stemmen uns gegen das Sterben und verbrauchen dabei alle Kraft.

Dadurch sind wir beim Gebären nicht dabei. Oder kurz ausgedrückt: Die Krise sind wir. Und wir lieben uns noch zu sehr im Rückblick. Ich nicht! Ich mache nicht mit! Die Krise seid ihr!

Too big to (profitably!) change

Was im Wandel stirbt, ist bereits lange gewachsen und groß geworden. Was geboren wird, dagegen klitzeklein. Menschen wissen das und zeugen ihren Nachwuchs so zeitig, dass er sie später pflegen kann. Wenn ich altersschwach werde, sind meine Kinder voller Kraft und können mir helfen. Es wäre töricht, meine Kinder erst zu zeugen, wenn ich schon erste Anzeichen von Demenz zeige.

So aber handeln die meisten großen Unternehmen – töricht. Sie haben in den letzten Jahrzehnten das Unmaß (das letztlich die Krisen auslöst) zum Prinzip erhoben. Dieser in Managergehirnen eingebrannte Grundsatz lautet: »Profitable Growth«, also das Anstreben von Wachstum unter Gewinnzuwachs. Wie geht das? Man kauft profitable Firmen auf oder man verkauft die eigenen Produkte in Ländern, in deren Markt man bisher nicht vertreten war. So werden die großen Konzerne weltweit groß und größer, sie wachsen und wachsen. Und vergessen im Erfolgsrausch, »für Nachwuchs zu sorgen«. Und irgendwann ist es merkwürdig zu spät, eine Veränderung einzuleiten. Das ist die ganz große Krise in einem Unternehmen.

Ein Topmanager eines Unternehmens mit 100 Milliarden Euro Jahresumsatz sieht es so: »Ich bin verpflichtet, jedes Jahr um fünf bis zehn Prozent profitabel zu wachsen. Dafür sind vielleicht sieben Milliarden Euro Zusatzumsatz erforderlich. Leider veralten viele Produkte meines Unternehmens, sodass wir vielleicht fünf bis zehn Milliarden jährlich an Umsatz verlieren. Ich muss also jährlich für etwa 15 Milliarden Euro Mehrumsatz sorgen, damit ich profitabel wachse. Aber wie? Das ganze Unternehmen Facebook hat im Jahr 2010 mickrige 1,5 Milliarden Euro Umsatz erzielt. Ich muss also zehn Facebooks pro

Jahr dazubekommen – jedes Jahr! Wie mache ich das?« Diese Frage hat Folgen. Für ein großes Unternehmen ist »nur ein Facebook« ein zu kleines Kind. Das große Unternehmen ist so riesig, dass das normale Gebären von kleinen Neuunternehmen nicht mehr ausreicht, um den Traum unendlichen profitablen Wachstums aufrechtzuerhalten. Im Klartext: Es ist jetzt zu spät für kleine Innovationen und damit für wirkliche Innovationen überhaupt, weil Innovationen wie auch die Babys des Menschen nun einmal klein sind.

Wie kann sich eine große Bank profitabel wachsend in eine Internetbank wandeln? Wie ein Autoweltkonzern in einen Batteriemarktführer? Wie ein Atomenergieerzeuger profitabel wachsend in einen Saharasonne-Verstromer?

Das wäre im Prinzip möglich, wenn ein großes Unternehmen mitten im Wachstum schon größere Kinder hätte und sich bereits heute um Enkel und Urenkel kümmern würde. Es hat aber wie besprochen vergessen, überhaupt an Kinder zu denken – und in dem Moment, wo es daran zu denken beginnt, sind die Babys zu klein, um den Bestand zu sichern. Nun kann sich das Unternehmen trotzdem noch verändern, aber nicht mehr unter Gewinnzuwachs. Das aber will es unumstößlich!

Da es etwas will, was nicht geht, gerät es in eine große Krise. »Es hat das Kinderkriegen verschlafen.« Unter kurzfristigem Wachstumsdenken wurde nie an Nachhaltigkeit gedacht. Die großen Unternehmen sind wie Winzer, denen plötzlich die Rebstöcke zu alt werden. Sie können nun nicht mehr profitabel wachsen, indem sie neue Reben pflanzen – denn die benötigen unprofitable Anfangsjahre.

Ich bitte Sie, brauchen wir solche Krisen? Von Leuten, die das Säen und Neupflanzen vergessen? Die es auch dann nicht tun, wenn sie ihr Versagen erkennen – weil sie die Krise zwar überleben könnten, aber nicht unter Gewinnsteigerung? Sind solche Krisen nicht schrecklich, weil sie letztlich durch Lehren der Wissenschaft oder mindestens der Beratungshäuser ausgelöst werden?

»Wir müssen uns viel vornehmen. Wer sich viel vornimmt, erreicht auch viel. Schlappe Leute nehmen sich zu wenig vor, sie erreichen dann nur das wenige, das ist zu wenig. Ich hasse Schlappschwänze. Ich will, dass wir uns überaus ehrgeizige Ziele vornehmen, die wir auch erreichen. Jeder von uns muss darauf brennen, ehrgeizig zu sein.«

Ansprachen dieser Art sind heute im Management gängige Praxis. Es gibt zweifellos andersgestrickte Menschen, die sich bewusst zu niedrige Ziele setzen, weil sie bei Nichterreichen mit ihrem Versagen nicht gut leben können. Es gibt immer diese zwei Arten des Unmäßigen, die des zu tiefen und des zu hohen Stapelns. Tiefstapeln kann bei Unternehmen zum Untergang im Wettbewerb führen. Aber das brennende Erstrebenwollen zu hoher Ziele kann leicht im Verbrennen enden. Ich will das kurz mit dem Wort »Utopiesyndrom« umschreiben. Das Wort scheint ursprünglich von Paul Watzlawick zu stammen, ich habe als früheste Quelle das Buch *Lösungen* gefunden. Darin gibt es ein Kapitel über Utopiesyndrome.

Watzlawick wurde weltweit durch seine *Anleitung zum Unglücklichsein* bekannt. Eine Strategie besteht darin, sich der Lösung eines unlösbaren Problems zu widmen. Zwei Ehepartner könnten sich die ideale, ewig liebende Partnerschaft vornehmen, eine Gesellschaft die Verwirklichung eines idealen Kommunismus, oder ein Vater verlangt vom Schüler, der gerade sitzengeblieben ist, ein 1,0-Abitur. Dadurch ist eine sichere Krise vorprogrammiert. Sie kommt vor allem dadurch zustande, dass eine Utopie von einer Macht vorgegeben wird, die gleichzeitig das Infragestellen der Erreichbarkeit ihrer Ziele unter ein absolutes Tabu stellt. Niemand darf sich fragen oder zur Diskussion stellen, ob es überhaupt ideale Ehen, den Kommunismus oder das ewige Wachstum durch Extrameilengehen geben könne.

Die Obrigkeit ist sehr sensibel für Versuche Untergebener, das Tabu zu brechen. Jeder muss begeistert für das Ziel sein, dem alle gläubig und unbeirrt folgen. Da das Ziel aber zu hochgesteckt ist, müssen die

Zielverfolger sich mit fortdauernder Zeit immer öfter fragen, warum sie das Ziel nicht erreichen. Da die Zielerreichung an sich nicht infrage gestellt werden darf, kommen immer folgende Antworten (siehe Watzlawick) in die engere Auswahl:

- »Ich selbst bin unfähig und schuld – ich schäme mich, es nicht zu schaffen.«
- »Was ich mir vornahm, ist ungeheuerlich schwer, es dauert einfach nur etwas länger, als ich dachte.«
- »Andere blockieren meinen Erfolg oder helfen mir nicht. Ich zerbreche wegen der anderen.«

Ich bin schuld. Mein Ehepartner ist schuld. Der Kommunismus ist erst durch die Zwischenstufe des realen Sozialismus zu erreichen. Die anderen Unternehmensabteilungen reklamieren zu Unrecht alle Erfolge für sich – sie müssen als Feinde gesehen werden. Noch schlimmer: Wer eine Utopie verfolgt, darf sich nicht irgendwelchen gut funktionierenden Problemlösungen widmen. Ein Ehepaar kann sich doch selbstvergessen lieb haben, kein Problem. Aber unter der Utopie müssen sie nach jedem Sexakt debattieren, warum es nicht perfekt war. Ein Manager unter Utopie *darf* nicht vernünftig wirtschaften, weil eine gute Lösung von vornherein die Utopie nicht verwirklichen kann. Beispiel: Als am 11. September 2001 die Flugzeuge ins World Trade Center einschlugen, war jedem Manager klar, dass die Jahresziele nicht erreichbar sein würden. Jedem! Es war allerdings fast überall tabu, dieser Erkenntnis klar in die Augen zu schauen. Alle fürchteten sich vor dem (schon sicheren) Wegfall der Boni. Sie arbeiteten weiter wie bisher, mit täglichen Durchhalteparolen.

Stellen wir uns deshalb eine Servicefirma vor, die pro Mitarbeiter einen bestimmten Umsatz erzielt und im Jahr 2001 um zehn Prozent wachsen soll. Das kann sie nur, wenn sie zehn Prozent mehr Mitarbeiter einstellt. Wenn sie ihre unerreichbaren Ziele anpeilt, muss sie also nach dem 11. September weitere Mitarbeiter einstellen. Da aber die Auftragseingänge wegbrechen und das Unternehmen gleichzeitig mehr Leute holt, kann die Firma unter Umständen ein paar Monate später Konkurs anmelden. Sinnvoll wäre es gewesen, die Einstellungen sofort zu stoppen. Dann aber hätte der zuständige Manager klar Flagge gezeigt, dass er die Ziele nicht mehr erreichen *will*. Damit hätte er aber das Utopietabu gebrochen.

Ein Topmanager sagte einmal zu mir: »Entweder ich versuche, das Unerreichbare zu erreichen, obwohl ich weiß, dass es nicht erreichbar ist. Dann handle ich ohne ein richtiges Selbst und verrate mich selbst, weil ich sinnlos auf etwas Unmögliches hinarbeite. Oder ich sehe der Sache ins Gesicht, stehe zu meinem Selbst und stelle das Ziel infrage. Dann werde ich auf der Stelle aus dem Job genommen. Was ist mir lieber? Mein Selbst oder mein Job? Fast alle wählen den Job. Ich auch.«

Der grottenschlechte Schüler sagt: »Entweder tue ich für meine Eltern so, als würde ich gut werden – da lüge ich und gebe mein Selbst auf, weil ich weiß, dass ich es nicht kann. Oder ich sage ihnen klar, dass ich nur die Hauptschule schaffen werde, dann killen sie mich. Ich gebe lieber mein Selbst auf, weil ich nicht sofort gekillt werden will.«

Vielleicht ist es zu hoch gegriffen, gleich vom Verrat des Selbst zu sprechen. Es ist aber faktisch so etwas wie ein Burn-out, der unter einem Utopiesyndrom in der Luft liegt. Der Einzelne wird angesichts der Frustrationserfahrungen unter der Utopie langsam zerfressen, die Organisation müde. Am Kaffeeautomaten häuft sich die verdeckte Verbitterung über die Unerreichbarkeit, die nicht offen angesprochen werden darf.

Die Krise hat hier schizophrene Merkmale, also solche der inneren Zerrissenheit. Lässt man sich als Verräter hinrichten oder jubelt man unter Selbstaufgabe dem System zu? Die Persönlichkeit wird in zwei Tendenzen gespalten, beide sind des Teufels.

Krise dank unhinterfragter Unprofessionalität

Im Fernsehen werden genüsslich Unprofessionelle zum Esel gemacht. In Beauty-Shows sehen wir Menschen, welche die Utopie des eigenen Supermodelseins verfolgen. Übergewichtige proben in anderen Sendungen die hundertste Diät, die ganz sicher helfen wird. In den Castings stellen sich atemberaubend unprofessionelle »Künstler« vor. Die Kochprofis treten in Restaurants auf, die ihren Niedergang fühlen und nur noch nach einem Trick dürsten, wie sie im Handumdrehen gerettet werden können. Manager in Unternehmen suchen Zuflucht in Brainstorming-Sessions, um die schnelle Idee zu finden, die sofort aus der Krise führt. Die beste Idee ist es, das Problem durch Begeisterung und mehr Engagement zu lösen. Eltern lösen die Schulkrise mit Investitionen in Nachhilfestunden. Politiker klagen, dass ihre Erfolge beim Wähler nicht gut angekommen sind, da sie ungenügend kommuniziert haben.

Sie alle sind in der Selbsttäuschungstrance einer Utopie gefangen.

Bei Misserfolgen schwören sie, mehr zu tun, was aber nicht geschieht. Sie sehen, dass andere ihren Erfolg hintertreiben. Und sie hoffen, dass es beim nächsten Mal klappt: bei der nächsten Wahl, im nächsten Quartal oder beim nächsten Casting.

Fast alle haben sehr hohe Ziele, die aber nicht zu ihnen passen. Sie wollen Topmodel, Minister oder Superstar sein. Sie wollen ein tolles Restaurant betreiben. Sie holen meist als Erziehungsstümper die Super Nanny, damit diese in ein paar Tagen ihre Kinder geradebiegt.

Ich gestehe: Ich lasse öfter solche Sendungen neben mir im Fernseher dudeln, weil mich die Kandidaten zum Teil wirklich faszinieren. Ich bin oft tief bestürzt über die unfassbare Unprofessionalität angesichts eines höchsten Zieles. Da ist eine Köchin, die seit über 25 Jahren niemals probiert hat, was sie kocht! Sie wendete nur Rezepte an und wundert sich jetzt verärgert über ein vernichtendes Geschmacksurteil der Kochprofis. Da sind Möchtegerngesangsstars, die sich gegen Tausende andere durchsetzen wollen und dann den Text vergessen oder kaum eine Woche singen übten. Da zicken an sich schicke Mädchen so sehr, dass es eine Agentur grausen muss, sie je unter Vertrag zu nehmen.

Sie haben keine konkrete Vorstellung von dem Ziel, das sie erreichen wollen. Was zeichnet einen Star, einen Sternekoch oder einen Topmanager aus? Wer ist ein guter Politiker? Das fragen sie sich nie und wissen es auch nicht. Sie vergleichen immer nur die Anzahl von Punkten oder Wählerstimmen, die Anzahl von Umsatzzahlen oder Internetklicks. Sie fragen nicht, welche Fähigkeiten konkret den Meister, das Model, gute Eltern oder den Leader ausmachen. Sie fragen nicht, ob sie wirklich mit allen Konsequenzen dahin wollen, ob sie dahin können und ob sie die nötige Beharrlichkeit mitbringen.

Sie tun alle das nur nächstbeste Beliebige, um ein Ziel zu erreichen. Sie studieren nicht die Natur des Ziels. Sie fragen nicht bei Erfolgreichen um Rat. Wenn sie je solchen Rat bekommen, tun sie ihn ab oder verteidigen sich hartnäckig gegen die aus den Ratschlägen heraus gefühlten Vorwürfe.

Dieselben Phänomene treffen wir bei Unternehmen an. Da gibt es berüchtigte Callcenter, die normale Kunden zur Weißglut treiben. Die wieder unfassbare Unprofessionalität findet sich haarklein dokumentiert in vielen Internetforen, überall hagelt es »dislikes«. Es passiert aber nichts. Eine liberale Volkspartei atomisiert sich in wenigen Monaten – vollkommen beratungsresistent. Wie die gesangsuntüchtigen Stars bei Dieter Bohlen bekennen sich die Unternehmen, Parteien und Zukunftskünstler zu ihrem Anspruch, die Nummer eins zu sein und den Kunden immer in den Mittelpunkt zu stellen. Sie sind aber erstaunlich unprofessionell! Solche Unternehmen, Institutionen oder Menschen taumeln dem Ende entgegen, wenn sie nicht einen schrillen Weckruf erhalten.

Solche Krisen der unhinterfragten Unprofessionalität begleite ich im Fernsehen mit ratloser Faszination. Welcher Retter wird sich derer annehmen, die sich im Grunde ganz in Ordnung finden und taub gegen jede andere Auffassung sind? Wie würde der TV-Schuldnerberater Peter Zwegat mit Griechenland umgehen? Bei unhinterfragter unprofessioneller Haltung ist die Krise ganz sicher keine Chance, wie immer so gerne gehofft wird. Unprofessionelle werden nur entnervt abgehakt.

Krisen und ihre Bewältigung durch kindliche Regression

Auf höherer Ebene werden Krisen ebenso wenig wahrgenommen wie bei Unprofessionellen. Manchmal hat dieses entschlossen aussehende Ignorieren von aufkommenden Krisenzeichen schon wieder etwas Professionelles!

»Es strömt Gas aus. Da noch nicht bekannt ist, um welches Gas es sich handelt, ist es wahrscheinlich ungefährlich. Bitte schließen Sie die Fenster. Eine Gefahr besteht nicht.« – »Es ist ausgeschlossen, dass es zu einer Kernschmelze kommen kann. Die Radioaktivität wird vom Winde verweht.« – »Die Finanzwirtschaft hat so wenig mit der tatsächlichen Wirklichkeit zu tun, dass es nicht vorstellbar ist, dass eine Krise im Finanzsektor einen Einfluss auf die Realwirtschaft haben kann.« – »Der Chefvolkswirt einer Großbank hat in unverantwortlicher Weise eine wahrscheinlich korrekte Prognose für das Krisenszenario gegeben. Wir empfinden Abscheu. In der Krise ist Optimismus Pflicht, sonst kommt alles noch schlimmer. In einer Krise hat die Realität nichts verloren. Sonst kommt es zu einer Panik.« – »Die Krise der anderen ist nicht unsere. Wir können uns ganz sicher von der Immobilienentwicklung in den USA abkoppeln.«

Selbst mitten im Tornado werden Krisen oft verharmlost, »damit der Schaden nicht noch größer wird«. Langfristige Zeichen von Krisen, die durch Überalterung der Bevölkerung, zunehmende Schuldenlast, Erderwärmung oder durch den Verfall des Bildungssystems überall zu sehen sind, werden sogar ganz ignoriert. »Die Renten sind sicher.« – »Wir haben relativ weniger Schulden als die schon bankrotten Länder.« – »Unser Bildungssystem war vor 100 Jahren führend.« –

»Es ist nicht sicher, dass sich die Erde erwärmt. Heute ist ja ein Schnee-sturm.«

Heraufziehende Krisen werden geleugnet, konkrete Krisen verniedlicht. Im Grunde verhält sich das Kollektiv wie ein Kind, das alles abstreitet, solange es nur geht. Wenn aber die Krisen offenbar geworden sind, wird mit wildem Aktionismus reagiert. »Die Rettungskräfte waren schlecht koordiniert.« – »Es haperte an der Zusammenarbeit der Länder, es dauerte zu lange, bis die letzten Egoismusblockaden fielen.« – »Es konnte nicht damit gerechnet werden, dass die Flut so hoch stieg.«

Das konkrete Befassen mit einer Krise wird bis auf den letztmöglichen Moment hinausgeschoben. Der bei Schwierigkeiten allgemein geforderte Optimismus, dass sich alles wahrscheinlich schon regeln werde, verhindert zuverlässig alles noch zeitige Handeln vor der Endkatastrophe. Dann aber herrscht Kopflosigkeit.

Zocken mit Krisen

Der naive Umgang mit Krisen beruht auf einem entsetzlich rudimentären Bildungsstand, was die Höhe von Risiken angeht. Kaum jemand kann Versicherungen beurteilen, schon gar nicht die ausufernde Vielfalt der Finanzinstrumente, die in den letzten Jahren kreiert worden ist. Der rationale Umgang mit Risiken ist noch nicht so alt. Finanzinstitute begannen in den 1990er-Jahren mit Risikomanagement. 1990 erhielt Harry Markowitz den Nobelpreis für ein Risikoszenarienmodell, das er schon in den 1950er-Jahren vorstellte. 1997 wurde das Black-Scholes-Modell für die Bewertung von Optionen mit dem Nobelpreis ausgezeichnet (die wichtigen Arbeiten dazu stammen aus den 1970er-Jahren und wurden damals nicht wirklich beachtet). Vielleicht waren es diese Nobelpreise, die zu den explodierenden Entwicklungen im Finanzderivatesektor wesentliche Impulse beitrugen.

Stellen wir uns vor, dass manche Marktteilnehmer im Finanzsektor mitten in einem Meer von ahnungslosen und unprofessionell regredierten Krisenaussitzern wirklich und wahrhaftig die Krisen mathematisch sauber einschätzen können! Dann gibt es ein Wissensgefälle zwischen denen, welche die Krisen verstehen, und denen, die sich nie damit befassten. Früher hatten die, die mehr von Krisen verstanden als andere, die Ahnungslosen gewarnt. »Pass auf!« – »Gib acht!« – »Sei vorsichtig!« Jetzt aber, an der Börse, wurde es möglich, dass die Krisenversteher das bestehende Wissensgefälle zu Geld machen konnten. Sie gingen hochrisikoreiche Geschäfte ein und »verkauften« das Risiko an naive »Gimpel« oder Unerfahrene, welche die Risiken nicht einschätzen konnten.

Die lange anhaltenden Unruhen an den Finanzmärkten und die extreme Ausschläge beruhen zu einem guten Teil darauf, dass noch immer nur eine Minderheit die Risikolage überhaupt versteht. Dabei müsste doch die Mehrheit professionell in der Krise handeln können!

Es besteht kein Zweifel: Die wenigen, die sich auf Krisen und Risiken verstehen, lieben die Krise! Krisenmanager lassen sich bei zu rettenden Unternehmen gegen Optionen anheuern und zeigen für einige Zeit sensationellen Eifer – die Optionen steigen im Wert. Wer Krisen versteht, gewinnt gegen die, die davon keine Ahnung haben! Und durch nichts wird so viel Geld verdient wie mit Krisen!

Es ist deshalb schlau, dass die, die mehr von Krisen verstehen als andere und dadurch viel Geld verdienen, immer auch ein bisschen beim Zündeln helfen, damit ihnen die Krisen nicht ausgehen. Stellen wir uns vor, die Welt ginge in einen stabilen nachhaltigen Zustand über, in dem das profitable Wissensgefälle über Risiken nicht mehr bestünde! Die Börsen würden langweilig. Aktienkurse öde stabil! Kein Run mehr auf Banken und Gold!

Natürlich darf man nicht zündeln. Natürlich sagt kein Krisenhändler, dass er Krisen liebt. Er sagt: »Krisen sind oft heilsam [für mich], weil sie die Märkte schneller bereinigen und Neuanfänge einleiten.«

Nicht nur die Risikoexperten zündeln, auch die Innovatoren. Mit stetigen simplen Weiterentwicklungen immer ein wenig besserer Produkte lässt sich zwar gutes Geld verdienen, aber man kommt nicht zu sofortigem Blitzreichtum. Den gewinnt man durch eine grundlegende Veränderung des wirtschaftlichen Umfeldes zu den eigenen Gunsten, am besten so, dass sich andere Marktteilnehmer nur schwer auf die neuen Verhältnisse einstellen können. Damit wird Wirtschaft zum Spiel der innovativen Durchbrüche. Sie entfernt sich von ihrem Ziel der Wohlstandssicherung und der stetigen Weiterentwicklung, wenn sie in einen Kampf von Kräften ausartet.

Ich will diesen Gedanken mit Darwin erklären. Auf der Erde gibt es Dürreperioden, Eiszeiten, große Brände, Überschwemmungen oder Vulkanausbrüche nebst Klimaveränderungen. Tiere und Pflanzen passen sich besonders bei Katastrophen neu an ihre Umwelt an. Die wirklich großen Anpassungen sind immer dann erforderlich, wenn die Erde den Lebewesen eine Krise beschert. Diese Krisen beschleunigen die Entwicklung der Arten, weil sich die Auslesekriterien beziehungsweise Überlebensregeln plötzlich ändern. Einmal überleben die Kälteresistenten, ein anderes Mal die Hitzebeständigen – am Ende die anspruchslosen Schildkröten und immer die besten Anpassungskünstler an alles, zum Beispiel Menschen oder Bakterien.

Die heutige Innovationswut der Märkte besonders rund um Internet und Computer versucht, absichtlich Krisen in den Märkten zu erzeugen, um zu Blitzreichtum zu gelangen. Neue Technologien schlagen wie Meteoriten in den Märkten ein und überschwemmen sie mit nie da gewesenen Produkten. Die »alten« Hersteller müssen sich anpassen und meist weichen, weil sie sich so schnell nicht anpassen können. Besonders die etablierten Großen – wir sahen es ja – sind »too big to change«, Dinosaurier eben. Die wirtschaftliche Entwicklung wird zum Zwecke des Reichwerdens der Angreifer vorangetrieben, und nicht so sehr zum Erzielen von Wohlstand.

Wir spüren es: Wir werfen viele Dinge vorzeitig weg, weil die technologische Entwicklung es nahelegt. Wir nutzen Computer, Handys, PCs, Autos, Rekorder (für Bänder, Kassetten, CDs, DVDs, Blu-ray) oder Navis immer nur bis zur Ankunft einer neuen Technik. Die Konzerne bauen sündhaft teure Produktionsstätten für Geräte, die schnell unmodern werden. Ganze Fertigungsstraßen werden immer wieder stillgelegt zugunsten neuerer, die wiederum in noch niedrigeren Lohngebieten errichtet werden. Industriestätten werden vor der Zeit weggeworfen wie die Produkte von den Konsumenten. Der hektische Wandel, den Innovationswut und Krisenhandel an den Finanzmärkten erzeugen, kostet enorm viel Geld!

Die Wirtschaft wächst viel zu schnell! Doch die Wirtschaft will es so, weil sie daran Geld verdient. Aber wir Menschen erschaffen und bezahlen die Welt alle paar Jahre neu, obwohl wir eigentlich alles länger nutzen könnten. Es steht außer Frage: Wir könnten bei einer etwas langsameren Entwicklung und ganz normaler stetiger Arbeit vollkommen langweiligen Wohlstand für viel mehr Menschen erzeugen als heute, denn viele Menschen können sich bei dem angezettelten Turbo-Darwinismus ebenfalls schlecht anpassen (»too old to change«, »too established to change«).

Wir Menschen leiden darunter, dass die Krisen durch Volatilität oder Innovation selbst zu einem wichtigen Wirtschaftsfaktor geworden sind, der aber nicht mehr den primären Zielen der Wirtschaft dient – eben die Bedürfnisse der Menschen zu befriedigen. Eine Welt 2.0, 3.0 und so weiter ist sicher wünschenswert für eine immer bessere Zukunft der Menschheit, aber wir haben kaum einen Nutzen vom Neuen, wenn wir es kaum genießen und immer wieder Ressourcen für den nächsten Release-Wechsel ansparen müssen.

Sophrosyne

… ist eine der vier platonischen Kardinaltugenden, die der Besonnenheit. Eine wirklich genaue Definition gibt es bei Platon nicht – er will ja, dass wir selbst denken und nicht einfach auswendig lernen. Sophrosyne steht für die Tugend des Maßes, das Wissen um die gesunde Mitte, die Vorsicht, die Umsicht und die Ruhe. Dieses Ideal bezeichnet das ruhige Vorangehen in der Mitte des guten Weges.

In der Mitte gehen – ganz ruhig in der Mitte des Weges! Das möchte ich lieber als das Springen über Gräben, Stapfen durch Sumpf, das Schrammen am Wegrandstacheldraht, als die gewaltsam angestrengten Abenteuer beim Abkürzungssuchen. Ja, ich weiß, es gibt auch heilsame Krisen und auferstehende Neuanfänge. Ja, es gibt die Rückkehr des verlorenen Sohnes und die immer kitschigeren Happy Ends plötzlicher Persönlichkeitswandlungen in der 119. Filmminute. Aber im Durchschnitt zerbrechen die Ehen, großen Lieben, Unternehmen, Kulturen, Machtblöcke und Diktaturen, die Marktführer und Weltmächte an den Krisen – und dann leider auch nicht schnell und schmerzlos, sondern in quälend langer ignoranter Agonie. Geht es nicht besser auf besonnene Art? In der Mitte des Weges?

Klar geht das, aber ich sehe alles sicher zu idealistisch. Die Menschen erzeugen immerfort Krisen, eine nach der anderen, gegen jeden besonnenen Rat. Heraklit sagte einst: »Der Krieg ist der Vater aller Dinge.« Aber der Frieden und Sophrosyne sind die Mutter aller Dinge. Für mich ist das so.

Romuald Hazoumè
Europa in der Krise

Abbildung 1: **Lokoum**, 1995
Plastikkanister, Kunsthaare, Putzbürste.
Staatliches Museum für Völkerkunde München
(Foto: Marianne Franke)

Abbildung 2: **Cargo**, 2006
(Foto: privat)

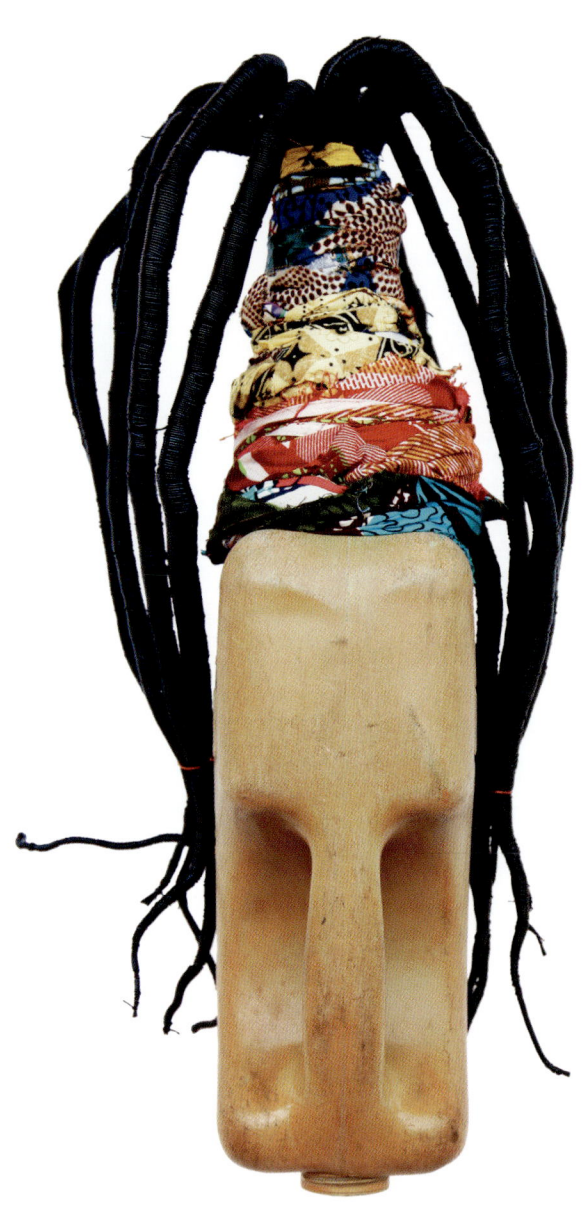

Abbildung 3: **Miss Ouaga**, 2011
Plastikkanister, Kunsthaare, Textilien
(Foto: privat)

Abbildung 4: **Dagmar Meyer,** 1996
Schallplatte, Brille, Plastikmesser.
Staatliches Museum für Völkerkunde München
(Foto: Marianne Franke)

Abbildung 5: **Dan**, 2006
(Foto: privat)

Abbildung 6: **Süße**, 1999
Plastikkanister, Kunsthaare.
Staatliches Museum für Völkerkunde München
(Foto: Marianne Franke)

Daniela Roth
Kanisterkunst
Eine Werkbeschreibung

Im Moment erscheinen in Beniner Zeitungen Anzeigen, die dazu auffordern, für eine neue Hilfsorganisation zu spenden: *SBOP*, Solidarité Béninoise pour Occidentaux en Péril, Solidarität mit den »Abendländischen«, die in Gefahr sind. Dahinter steckt eine Aktion des Beniner Künstlers Romuald Hazoumè. Ironisch – oder ernst? – will Hazoumè darauf hinweisen, dass auch der vermeintlich reiche Westen seine Probleme hat. »Viele Probleme hat der Westen, zum Beispiel habt ihr so viel Angst.« Warum also nicht »Entwicklungshilfe« umkehren? In dem kleinen Land Benin in Westafrika sind mehr als 200 NGOs mit verschiedenen Hilfsprojekten tätig. Die Beobachtung der Beniner ist, dass erst einmal ein blitzblanker, schicker »Quatre-Quatre«, ein allradgetriebener Geländewagen, vor dem Tor jeder dieser Organisationen geparkt ist.

Hazoumè will in einer Kanisterbude (Kanister sind sein bevorzugtes Material) Teile der allradgetriebenen Geländewagen verkaufen, etwa jedes einzelne der vier Räder, und mit dem Erlös die Hilfsorganisation für den Westen befördern. Denn Europa ist in der Krise! Beniner können Europäern helfen, zum Beispiel ihre (Lebens-)Ängste zu überwinden. *SBOP*, Solidarité Béninoise pour Occidentaux en Péril, Solidarität mit den Gefahren für Europäer, heißt für Afrikaner: Wir sind viel stärker, viel mutiger als ihr!

Entwicklungszusammenarbeit, wie man jetzt sagt, sieht der Historiker Jürgen Osterhammel als »eine Art von geläuterter Version der alten Zivilisierungsmission«. Damit wurde die Kolonialisierung gerechtfertigt, die überlegene Seite hielt sich auch moralisch für überlegen. Heute wird – westliche – Entwicklungshilfe von vielen afrikanischen Intellektuellen kritisch gesehen. Wole Soyinka, der Literatur-Nobelpreisträger aus Nigeria, sagt über das »Charitainment«: »Diese Bonos, Geldofs, und wie sie alle heißen, sagen, dass man uns helfen muss, und unterstellen damit, dass wir dazu selbst nicht in der Lage sind.« Auch die in Sambia geborene Ökonomin Dambisa Moyo wendet sich in *Dead Aid* unter anderem gegen Rockstars, die sich zu Sprechern Afrikas aufschwingen. Der US-Nigerianer Uzodinma Iweala titelt: »Stoppt die Rettung Afrikas!« und führt weiter aus: »Ich hoffe, dass die Menschen […] einsehen werden, dass Afrika nicht gerettet werden will. Afrika will das Eingeständnis der Welt, dass wir mittels fairer Partnerschaften mit anderen Mitgliedern der Weltgemeinschaft zu noch nie da gewesenem Wachstum fähig sind.« Der kenianische Ökonom James Shikwati sieht in der Entwicklungshilfe gar eine »Bestechung«, die Afrika in einem Abhängigkeitsverhältnis vom Westen halten soll und den Interessen der Industrieländer diene. Volker Seitz, pensionierter deutscher Botschafter, zuletzt in Kamerun und Jahre zuvor in Benin tätig, zeigt in seiner Buchpublikation *Afrika wird arm-regiert oder Wie man Afrika wirklich helfen kann* die katastrophale Fehlleitung von – westlichen – Entwicklungshilfegeldern auf. Seitz kennt Hazoumè seit seinen Beniner Jahren und berichtet über seinen Freund, den »Documenta-Künstler« und Gewinner des Arnold-Bode-Preises. Hazoumè wird nicht nur als bildender Künstler, sondern als wirtschaftspolitischer Akteur, zumindest vor allem politischer Künstler wahrgenommen. *SBOP* ist nicht die erste Arbeit, mit der er den Europäern den Spiegel vorhält.

Masken

Romuald Hazoumè, 1962 in Benin geboren, wurde mit *masques bidons*, Kanistermasken, international berühmt. In mehreren Facetten sind sie Schlüsselwerke zum Verständnis seines gesamten bisherigen Werkes. Sie stehen in gewisser Weise in der Tradition der Yoruba, des Volkes, auf das Hazoumè seine Vorfahren zurückführt, andererseits spiegeln sie Projektionen des Westens wider. Das Material, aus dem die Masken gemacht sind, ist westlicher Müll, »Sperr-Müll«.

Lokoum (Abbildung 1), ein Bleichgesicht mit roten Haaren und Schnauzer, ist ebenso ein »Kanister« wie *Süsse*, etwas bläulich, aber mit hübschem blondem Haar und einem roten Herzchen am Scheitelansatz (Abbildung 6). *Dagmar Meyer* (Abbildung 4), wie auch die anderen beiden »Masken« seit 2002 im Besitz des Freistaates Bayern, des Museums für Völkerkunde München, ist eine Schallplatte mit Brille und weißem und rotem Plastik. (Einem Gerücht zufolge soll das leibliche Vorbild Sekretärin in einem UNO-Büro gewesen sein.) Neben Kanistern oder Schallplatten verwendet Hazoumè zerbeulte Teekessel, Gießkannen und allerlei Plastik- und Metallteile für seine Masken. Schon das Material stellt einen Verweis auf die wechselseitigen Beziehungen zwischen Afrika und Europa, zwischen Deutschland und Benin dar. Es geht um Import und Export, den Austausch von Rohstoffen, Gebrauchtwaren – und von Kunst. Die Masken beinhalten Elemente beider Kulturen: die Maske als typisches Sammelobjekt »afrikanischer Kunst« und das abendländische Porträt.

Die Idee zu den Masken hatte der Künstler, als er zu Silvester 1988/89 von einem deutschen Freund zu einem Maskenball eingeladen war. Er erschien mit einer Maske, die er aus einem alten Kanister gefertigt hatte, bemalt und mit Kaurischnecken bedeckt – und die Deutschen dachten, es sei eine echte afrikanische Holzmaske. Dennoch sieht Hazoumè sich in der Tradition der Yoruba. Er selbst besitzt eine schöne Sammlung von Gelede-Masken. Diese Masken der Yoruba sind aus Holz, Leder oder Stoff; Hazoumè fertigt seine Masken dagegen aus gebrauchten Dingen. Denn das Anfertigen echter Masken ist keineswegs jedem erlaubt. »Der Tradition nach darf nicht jeder Masken anfertigen. Man muss dazu die Berechtigung haben. Nur wenn man in der Anfertigung von Masken initiiert ist […], hat man das Recht dazu.« Deshalb rankt Hazoumè auch allerlei – widersprüchliche – Erzählungen um seine Masken. Er habe nie Masken gemacht, nur etwas realisiert, in dem Leute mit vorgefertigtem Blick Masken sehen wollten. Oder: Freilich habe er schon als Kind Masken gemacht, aus Zuckerkartons.

Jedenfalls sind die *masques bidons* in den 1990er-Jahren zunächst vor allem in Europa rezipiert worden. Übt der Künstler damit Konsumkritik? Was ein brauchbares »Ding« und was »Müll« ist, wird in Deutschland ganz anders gesehen als in Hazoumès Heimatstadt Porto-Novo in Benin, wo er nach wie vor lebt und arbeitet. Einen nicht gereisten Beniner muss es bass erstaunen, was im Westen weggeworfen wird. Es sind die Geschichten vom materiellen Überfluss, die Afrikaner von Europa träumen lassen. Hazoumè schmerzt, dass in die sogenannten Entwicklungsländer der Abfall der Industrienationen abgeladen wird. Der Westen lebt ein hemmungsloses Konsumieren vor, Beniner möchten diesen Lebensstil kopieren, es fehlt an den materiellen Möglichkeiten, das genauso zu tun; sie lassen sich mit ausrangierten Dingen abspeisen; gleichzeitig negieren sie die eigene Kultur. Hazoumè macht aus diesen Dingen Kunst und sagt: »Wenn der Westen afrikanische Masken will, dann soll er die kriegen – aus dem Müll, den er uns hier lässt.«

Verkehrte Welt: Kanister

Im Grenzgebiet zwischen Nigeria und Benin wird der Kanister vorwiegend zum Benzintransport, und das heißt in dem Falle: Benzinschmuggel, verwendet. Hazoumè beleuchtet die Gefährlichkeit der Transporte mit aufgeblähten, porösen Kanistern. Ein Kanister ist für einen Benzinhändler ein wertvoller Gegenstand. Um mehr Flüssigkeit in ihm transportieren zu können, wird der leere Kanister über einem Feuer aufgeblasen und sein Volumen vergrößert. Allerdings wird er dadurch auch porös – und der Transport auf einem wackeligen, schlecht gewarteten Moped zu einer rollenden Zeitbombe. Das Benzin wird in Nigeria durch illegales Anzapfen der Ölpipelines gewonnen, »Bunkering« wird das auch genannt, und nach Benin geschmuggelt. 90 Prozent der Beniner Bevölkerung konsumieren dieses Benzin, das allerdings kein reines Benzin ist, sondern ein mit billigerem Öl oder Ähnlichem vermischtes. Hazoumè kommentiert den lebensgefährlichen Benzinschmuggel: »Wir müssen das in unserer Arbeit erklären. Weil unsere Arbeit eine Vision unserer Politik in Afrika ist, unserer schlechten Politik.«

Um das zu zeigen, braucht Hazoumè viele Kanister. Für große Installationen benötigt er zuweilen mehrere Hundert, und er verwendet ausschließlich gebrauchte Kanister. Gibt es denn so viele? »Natürlich gibt es genug Kanister. Wir sind eine Ölregion. Da gibt es Kanister«, erklärt er. Tatsächlich gibt es keine Straße in Benin, auf der man nicht solche Kanister sehen kann, wie Hazoumè sie in seinen Arbeiten verwendet. In früheren Zeiten waren es Blechpetroleumkanister, dann kamen die etwas billigeren, leichten Plastikkanister. In ihrer Grundfarbe sind sie einfarbig, meist schwarz, blau, gelb, grün, weiß. Sie werden von ihren Eigentümern bemalt, die Analphabetenrate in Benin ist hoch, und Farben sind Erkennungszeichen.

Kanister, in Deutschland ein Billigartikel, in Benin ein Wertgegenstand – auch mit der Wahl seines Arbeitsmaterials spielt Hazoumè und bringt die weltweite krisenhafte Wirtschaftsentwicklung zum Ausdruck.

Dan

2006 organisierte das Victoria & Albert Museum in London eine Ausstellung, welche die Auswirkungen der Sklaverei beleuchten sollte. Auch Hazoumè war eingeladen, ein Kunstwerk zu erstellen. Er entschied sich für eine Schlange: Dan. In Benin ist sie eine heilige Python – ein Gott des Vodun. Dan ist zweigeschlechtlich, er/sie steht für Bewegung, für Dynamik, Flexibilität, Geschmeidigkeit, Glück oder Schicksal. Dan in London (Abbildung 5) ist eine riesige Schlange, die sich selbst in den Schwanz beißt, eine Skulptur aus Kanistern von vier Metern Durchmesser. Hat Hazoumè zuvor Masken aus Kanistern gemacht, so entsteht nun erstmals eine Skulptur aus Kanistern. Sie sind aufgeschnitten und so zu einzelnen Platten geworden. Einander ein wenig überlagernd sind sie rund um den Korpus angebracht, sodass sie wie Schuppen eines Schlangenkörpers aussehen. Und die Kanister, in ihrer Grundfarbe schwarz, sind zum Teil bemalt. Es sind die farbig gekennzeichneten Kanister der Benzinschmuggler von Benin. Durch die Farben – Rot, Gelb, Grün, Blau sind vorherrschend – wird die Schlange bunt. Und so ist sie auch bezeichnet: Regenbogenschlange, Arc-en-Ciel oder Dan-Ayido-Houedo.

Der Untertitel des Werkes verweist auf die Bedeutung: »Symbole de Perpétuité«. Es ist nicht primär Symbol der Ewigkeit, aber das eines (ewig) andauernden Verhängnisses, eines unheimlichen Teufelskreises. Es will auf die Gefahr aufmerksam machen, sich wiederholende Muster in der Geschichte zu ignorieren. Sklaverei ist heute nicht von der Erde verschwunden, sie existiert in einer versteckteren und wirtschaftlichen – und tatsächlichen – Form weiter. Das Motto der Ausstellung *Uncomfortable Truths* – unbequeme Wahrheiten – bezog sich auf die Feierlichkeiten »200 Jahre Abschaffung der Sklaverei«, Bill for the Abolition of Slave Trade von 1807. Es ging darum, wie die Sklaverei der Vergangenheit heute noch einmal überdacht werden kann und wie Sklaverei heute aussieht. »Niemand darf in Sklaverei oder Leibeigenschaft gehalten werden; Sklaverei und Sklavenhandel sind in allen Formen verboten.« So steht es in der Allgemeinen Erklärung der Menschenrechte von 1948. Die Realität sieht anders aus. Die Internationale Arbeitsorganisation (ILO) schätzt, dass es noch heute weltweit mindestens 12,3 Millionen Sklaven gibt. Manche Schätzungen sprechen gar von 27 Millionen.

Cargo

Es gibt vier Arten, in Benin Benzin zu transportieren: mit dem Moto (so wird ein kleines Mofa genannt), dem Fahrrad, dem Tricycle und »à pied«, zu Fuß. Zu Fuß ist es am ungefährlichsten, die Moto-Fahrer riskieren ständig ihr Leben, und am gefährlichsten wäre es, gäbe es ein beninisches Flugzeug für den Benzintransport. Ein solches schuf Hazoumè 2006: *Cargo* (Abbildung 2). Seinen Start nahm es auf einer Sandpiste in Benin, der Öffentlichkeit wurde es zum ersten Mal von Oktober 2006 bis Februar 2007 bei *100 % Africa*, einer Ausstellung der Sammlung Pigozzi, im Guggenheim-Museum in Bilbao gezeigt. Es ist ein Tricycle, ein dreirädriges »Moto« mit Laderäumen. Die Fahrer solcher Tricycles in Benin, die mit diesen Gefährten Benzin schmuggeln, nennen es selbst »Cargo«: (Luft-)Fracht. Hazoumè drahtet leere Kanister rechts und links an das rostige Gefährt und verleiht ihm somit Flügel. Das Tricycle wird wirklich zum »Cargo«-Frachtfluggerät. Eine verrostete alte Fahrradkette, die inklusive Schnappschloss um die Sitzlehne des Gefährts gebunden ist, erinnert allerdings an die irdische Sicherung der »Seifenkiste«, wie man das Gefährt in Europa vielleicht bezeichnen würde. Ätherische Musik säuselt aus dem Bauch des Tricycles: chinesische, amerikanische und europäische Popmusik.

Diese Arbeit sei »ein Scherz«, sagt Hazoumè. »Die Amerikaner sind in unserem Land, die Chinesen sind in unserem Land. Sie holen die Bodenschätze (materia prima). Wir können ihnen doch gleich das Benzin per Flugzeug transportieren.« Ob jemand – aus Benin – diesen Scherz versteht? Er glaubt es nicht.

Globalisierung der Krise

Armin Nassehi sagt, dass mit der Globalisierung ein neues Weltbild einhergeht, ein Bewusstsein – zumindest auf westlicher Seite – dafür, dass Ereignisse in einem Teil der Welt andere Teile der Welt massiv betreffen können, etwa durch Krieg, ökologische Katastrophen, ökonomische Krisen, et cetera. Eine Verteuerung der Rohstoffe als Folge besser »entwickelter« afrikanischer Länder hätte verheerende Folgen für die Weltwirtschaft. Globalisierung wird vor allem wirtschaftlich verstanden: Das kapitalistische Denken ist das vorherrschende Paradigma. Ihm wird derzeit keine andere, starke Theorie entgegengesetzt.

Angst herrscht vor einer globalen Vereinheitlichung. Der Beniner Philosoph Germain Kadja bedauert: »Ich bin unglücklich über die Globalisierung. Ich weiß überhaupt nicht, wo das hingehen soll, wenn die Welt nur noch in ein und derselben Weise denkt und sieht, und alle das Gleiche schaffen, die Vielfalt und die Kulturen und die Diversifizierung verloren gehen.« Noch ist es nicht so weit. Noch projizieren Europäer, so Nassehi, »Naturnähe und Ursprünglichkeit, unverdächtige Traditionalität, emotionale Lockerheit, sexuelle Attraktivität und gegenmoderne Sozialität« auf afrikanische Kulturen.

Und Hazoumè kann ironisierend mit dem Blick der Europäer auf Afrika spielen. Reist man als »Yovo«, als Weiße(r), nach Benin, macht man die Erfahrung, dass viele Beniner – mit einem sensiblen psychologischen Gespür – viel von einem begreifen, alles, was man selbst von sich begreift, und noch ein bisschen mehr. Eventuell können wir gerade in der Krise von Afrika lernen – dem krisenerprobten Kontinent. Die Beniner Stars jedenfalls sind zum Spenden für Europa aufgerufen. Dann stehen die drei »K« nicht mehr für »Krisen, Kriege, Katastrophen«, sondern für Krisen, Kanister, Kunst.

Jasmin Siri
Die Krise organisieren
Parteien und das Politische

>»Der Anfang der Bildung eines berufsmäßigen Führertums
>bedeutet den Anfang vom Ende der Demokratie.«[1]
>»Wer von Symptomen einer Krise spricht, hat die Hoffnung
>noch nicht aufgegeben. Gerade in der Spannung
>zwischen Gefahr und Hoffnung liegt der Appellcharakter
>des Begriffs.«[2]

Lieben Parteien die Krise?

Parteien sind in der Krise. Dieser Satz klingt so plausibel, dass man
kaum auf die Idee kommt, ihn zu hinterfragen. Parteien sind in der
Krise – und das politische System auch. Immer weniger Menschen
engagieren sich in Parteien, immer weniger fühlen sich durch sie vertreten. Während die Kluft zwischen Parteien und Bürgern wächst,
scheinen sich diese programmatisch und ästhetisch immer weniger
voneinander zu unterscheiden. Wo einst ideologische Differenzen und
klare Standpunkte hitzige Parlamentsdebatten hervorbrachten, herrschen nun ein werbestrategischer Kampf um die ominöse »Mitte«,
ideologische Beliebigkeit und Saturiertheit.

Die Debatten darüber, wie wir miteinander leben wollen, wie wir
mit den Folgen der Globalisierung umgehen wollen und wie wir wirtschaften wollen: Werden diese noch in Parteien und im Parlament –
überhaupt: in politischen Kontexten – geführt? Oder sind Parteien einfach nur Karrieremaschinen, die Positionen und beträchtliche Staats-
renten für narzisstisch gestörte Persönlichkeiten organisieren? In den
politischen Talkshows geht es jedenfalls weniger um ernsthafte Dis-

kussionen als um die Bloßstellung der politischen Gegner. Überhaupt haben Politikerinnen und Politiker der etablierten Parteien mehr miteinander gemein, als sie voneinander unterscheidet. Ihr »Politsprech« enthält wenig substanzielle Aussagen, es ist gekennzeichnet durch politisch korrekte Uneindeutigkeit.

Teile des politischen Publikums wünschen sich angesichts dieser Krise der politischen Repräsentation Politiker der »alten Schule« zurück: Sendungen mit Helmut Schmidt und anderen Protagonisten (man möchte fast schreiben: Geistern) der Bonner Republik erfreuen sich größter Beliebtheit. Die letzte mediale Großfahndung nach dem charismatischen Heilsbringer fand ihr vorläufiges Ende im peinlichen Prozess der Aberkennung einer Doktorwürde und der Auswanderung und Wiedereinwanderung des Betroffenen. To be continued… Einziger Trost: Den tapferen Schneiderlein auf der *Titanic* und dem Kabarett gehen die Themen nicht aus.

Es nimmt also nicht wunder, dass die Krise der Parteien ein Dauerbrenner der journalistischen und wissenschaftlichen Schreibarbeit ist. Erstaunlicherweise aber bleiben die Parteien von der permanenten Kritik seltsam unberührt. Weder ändern sie ihre Praxis, noch treten andere Organisationen oder Bewegungen an ihre Stelle. In den Aufsichtsräten der Großunternehmen tummeln sich die Parteienvertreter, und öffentliche Ämter werden immer noch häufig nach Proporz vergeben, selbst wenn sich dieser im »fluiden Fünfparteiensystem« manchmal schwerer berechnen lässt.

Dass Parlamentarismus und Parteien in der Krise sind, ist so oft geschrieben und gesagt worden, dass sich die Frage lohnt, ob die ständige Wiederholung des Immergleichen nicht vielleicht mehr ist als eine sachliche Beschreibung. Folgende drei Fragen sollen daher in diesem Text erörtert werden. Erstens: Seit wann wird über die Krise der Parteien diskutiert? Zweitens: Wie wird die Krise der Parteien diskutiert? Drittens: Woran liegt es, dass Parteien in Demokratien sich scheinbar ständig in einer Krise befinden? Die dritte Frage könnte auch so lauten: *Lieben Parteien die Krise?*

No Parties – No Politics

Parteien sind ebenso lästig wie unvermeidlich. Ihre »Krise« kann nur verstanden werden, wenn man sich mit der Entstehung politischer Organisation befasst. Denn das Reden und Schreiben über die Parteienkrise und die Krise des Parlamentarismus ist bei Weitem kein Phänomen unserer Zeit. Was aber ist der Zweck politischer Organisationen?

Politische Organisation reagiert auf das bereits in der antiken Stadt formulierte Interesse, Positionen zu definieren, die den Tod ihres Inhabers überdauern können. Instabilität, Anarchie und Barbarei gefährdeten im Falle des Todes von Monarchen, Statthaltern oder Clanchefs die vormoderne soziale Ordnung. Niccolò Machiavellis Arbeiten markieren das Prekärwerden der alten Ordnung, da dieser neben der Moral auch die Strategie als geeignetes Mittel zur Bewahrung der politischen Herrschaft versteht. Und doch vergehen Jahrhunderte, bis sich moderne politische Organisationen ausbilden, die das Problem der Nachfolge und der Austauschbarkeit von Personen durch die Formalisierung der Mitgliedschaftsrolle in Form von Ämtern mit Stellenplänen regulieren.

Moral wird damit ersetzt durch Einstellung – Einstellung von Personal auf Stellen. Auch wenn das Bezugsproblem politischer Organisierung also bis in die Antike zurückverfolgt werden kann: Der Begriff der »Partei« zur Beschreibung einer Gruppe mit gemeinsamen politischen Zielen entsteht erst im England des 18. Jahrhunderts. Parteien im Wortsinne von *partire* (teilen) sind indes schon in der Vormoderne bekannt, jedoch handelte es sich um informelle und unorganisierte Gruppen. »Party is a body of men united for promoting by their joint endeavours the national interest upon some particular principle in which they are all agreed«, so Edmund Burke im Jahre 1770.[3] Burke ist einer der ersten politischen Denker, die Parteien trotz Verortung in einem Tugenddiskurs nicht von vornherein ablehnen, sondern sie als notwendige Organisationsform divergierender Interessen begreifen.

Neue Krise? Alte Motive!

Bereits 1742 formuliert David Hume in seinen politischen Essays, dass es in der Politik nicht um Wahrheit, sondern um Interessen geht. »Eine etablierte Regierung hat einen unendlichen Vorteil eben dadurch, daß sie etabliert ist, zumal der Großteil der Menschheit durch Autorität und nicht durch Vernunft regiert wird und keiner Sache Autorität zusteht, die sich nicht durch ihre Tradition empfiehlt.«[4] Die Gefahr von Parteibildung bestehe dann aber darin, dass Partikularität gegen Allgemeinheit ausgespielt werde. »So sehr man unter den Menschen die Gesetzgeber und Staatsgründer ehren und respektieren sollte, so sehr sollte man die Gründer von Sekten und Faktionen verachten und hassen, denn der Einfluß von Faktionen ist dem von Gesetzen genau gegensätzlich. Faktionen untergraben die Regierung, machen Gesetze wirkungslos und führen zu heftigsten Feindseligkeiten zwischen Menschen, die sich gegenseitig unterstützen und beschützen sollten.«[5]

Hume kritisiert also, dass Faktionen und Parteien, wiewohl notwendig zur Organisation eines modernen Staates, dem Gemeinwesen geradezu abträglich seien. Bei diesen Sätzen haben wir wohl alle die gleichen Bilder politischer Debatten im Kopf (sie werden uns ja mehrmals in der Woche in TV-Formaten vorgeführt), deren Design am Antagonismus der Personen, nicht am Antagonismus der Argumente ausgerichtet ist. Schon Hume kannte dieses Prinzip als geradezu anachronistischen Antagonismus von »Whigs« und »Tories«. Er beschreibt, dass schon nach Einführung der konstitutionellen Monarchie und der Grundrechte (Declaration of Rights) im Rahmen der »Glorious Revolution« von 1688 die materielle Basis einer natürlichen Unterscheidung der Parteien entfallen sei: »Seit der Revolution kann ein Tory daher in wenigen Worten definiert werden als ein Freund der Monarchie, der damit die Freiheit jedoch nicht aufgibt und Anhänger der Familie der Stuarts ist. Ebenso kann ein Whig definiert werden als ein Freund der Freiheit, der die Monarchie jedoch nicht verleugnet und die Regierung zugunsten der protestantischen Linie befürwortet.«[6]

Bis heute ist diese Figur der Kritik der Ununterscheidbarkeit von Parteien eine prominente Figur für Spott und Kritik. In den parteienrechtlichen Debatten der 1960er-Jahre suchen Kommentatoren wie Wolfgang Abendroth die Dominanz der etablierten Parteien durch eine Veränderung des Parteienrechts zu brechen. Auch Kabarett und Satire nehmen die Eintönigkeit ins Visier. So lässt Loriot in einem Sketch denselben Schauspieler die Spots für verschiedene Parteien drehen. Nur das Parteiplakat und einige Accessoires werden ausgetauscht. In Monty Phytons *Life of Brian* sind wiederum die Ziele der »Judäischen Volksfront« und der »Volksfront von Judäa« programmatisch nicht zu unterscheiden, was sie aber nicht daran hindert, sich gegenseitig aufrichtig zu hassen.

Die Revolution ist Geschichte (seit 1848)

Der Kampf aller gegen alle soll,
wie aus Kreisen verlautet,
die dem Innenministerium nahestehn,
demnächst verstaatlicht werden,
bis auf den letzten Blutfleck.
Schöne Grüße von Hobbes.

Bürgerkrieg mit ungleichen Waffen:
Was dem einen die Steuererklärung,
ist dem andern die Fahrradkette.
Die Giftmischer und die Brandstifter
werden eine Gewerkschaft gründen müssen
zum Schutz ihrer Arbeitsplätze.[7]

In Deutschland entstehen die Parteien im europäischen Vergleich erst spät. Seit den 1830er-Jahren greift das Schlagwort der Emanzipation um sich, für Zeitgenossen wie Marx (geboren 1818), Ruge (1802),

Tocqueville (1805) und Bismarck (1815) ist die große Revolution bereits »Geschichte«. Die Schwelle für den Wandel vom Stand zur Partei markieren die 1840er-Jahre. Noch definieren sich aber die Parteien als Vertreter aller Untertanen, als Parteien der Zukunft. Der Begriff der Partei blieb also zunächst praktisch unterbestimmt. Noch wird sie nicht als Vertreterin konkreter Interessen und Ideologien gedacht. Nach dem Scheitern der europäischen Revolution von 1848 erfolgt in Deutschland die Restauration der Monarchie.

Erst 1871 finden Wahlen zu einem gesamtdeutschen Parlament statt und Deutschland beschreitet, so eine prominente Diagnose, einen »Sonderweg« als »verspätete Nation« (Plessner). Seitdem, das zeigt ein Blick in die Lehrbücher zu Parteien und die Diskussion in Tageszeitungen, wird ein spezifischer deutscher Diskurs der Parteienkritik von einem kulturpessimistischen Unbehagen an der parteilichen Organisation geprägt. Anders als Hume und Burke, die zwar kritisch auf die Parteien blicken, jedoch auch ihre Zweckmäßigkeit betonen, lassen die deutschen Kommentatoren kein gutes Haar an der parteilichen Organisation. Bereits zu Beginn des 20. Jahrhunderts stört Max Weber sich an der »unerhörten Langeweile« von Parlamentsdebatten und daran, dass vor allem Lehrer und Beamte sich in Parteien engagieren.[8] Hierauf bauen Kritiken auf, welche die mangelnde Authentizität und Weltverhaftung der Politikerinnen und Politiker beschreiben.

Harscher als Weber, der aufgrund der Lektüre angelsächsischer Literatur den Wert der Parteiorganisation erahnen konnte, kritisiert Robert Michels schon 1911, dass die regelmäßigen Besucher von SPD-Veranstaltungen nicht Proletarier seien, sondern »allerhand Zwischenexistenzen, Kleinbürger [...], junge, noch stellenlose Intellektuelle, die Freude daran finden, sich als authentisches Proletariat zu apostrophieren und als Klasse der Zukunft feiern zu lassen«. Die Herausbildung von Hierarchie und Oligarchie in den Parteien bedeute nicht weniger als das Ende der Demokratie. Michels bezieht sich mit der Figur der Oligarchie vermutlich auf Platon, der in der *Politeia* die Bewegung zur Demokratie über Aristokratie, Timokratie und Oligarchie beschreibt: »In der Oligarchie kommt alles auf den Reichtum an, indem die Leute geldgierig werden, wie auch der oligarchische Mensch den begehrenden Teil der Seele walten läßt [...]. Dadurch entsteht Zwiespalt, sowohl im Staate [...] als im einzelnen Menschen [...], und die so kostbare Einheit geht verloren.«[9]

Durch die Aufnahme dieser Figur des Verfassungskreislaufs macht Michels deutlich, dass ihm die moderne Massendemokratie einen Rückschritt in der menschlichen Entwicklung bedeutet. Carl Schmitt, der (wenn auch häufig unzitiert) bis heute als Vorlage rechter wie linker Kulturkritik dient, diagnostiziert Anfang des 20. Jahrhunderts die sinnentleerte Funktionalität und den Formverlust der Moderne.[10] »Die Lage des Parlamentarismus ist heute so kritisch, weil die Entwicklung der modernen Massendemokratie die argumentierende öffentliche Diskussion zu einer leeren Formalität gemacht hat. Manche Normen des heutigen Parlamentsrechtes [...] wirken infolgedessen wie eine überflüssige Dekoration, unnütz und sogar peinlich, als hätte jemand die Heizkörper einer modernen Zentralheizung mit roten Flammen angemalt, um die Illusion eines lodernden Feuers hervorzurufen.«[11] Für Schmitt ist das Volk keine Versammlung wählender Individuen, sondern ein Kollektivakteur. Da er sich Demokratie als identitäre Demokratie vorstellt, sind Wahlen und Interessenvertretungen für ihn geradezu demokratie*schädigend*. Die Wahl vereinzelt durch den einsamen Wahlakt jene, die sich eigentlich als »ganzes Volk« fühlen sollten.

Durch die Betrachtung der unerträglich banalen Praxis politischer Organisation wird das Selbstverständnis radikaler Demokraten wie Robert Michels und Carl Schmitt bis ins Mark erschüttert. Sie versuchen, das Ideal der reinen Demokratie zu retten, indem sie eine Rückführung in die Welt der Ideen anstreben. Sie beschreiben die real existierende (eben: organisierte) Demokratie als Prozess der Entartung und des Substanzverlusts. Die theoretische Überführung in die Welt der Ideen bekam der so idealisierten Demokratie zumindest praktisch schlecht. Denn beide Theoretiker wendeten sich von der scheinbar so entarteten Demokratie ab und der faschistischen beziehungsweise nationalsozialistischen Bewegung zu. Umso interessanter ist es, dass aktuelle Klagen um den Verfall der Demokratie, um Entpolitisierung und Oligarchisierung noch immer die Themen und den Duktus der gefallenen Demokraten kopieren. Vor allem Carl Schmitts Zeichnung einer »wirklich« authentischen Demokratie, die eben nicht unnütze Dekoration, nicht peinlich und »wirklich« vergemeinschaftend sein soll, ist stilbildend für einen starken Diskurs der Parteienkritik, welcher Parteien, Parlamentarismus und die Politik stets in eins setzt und um den Preis an Emphase, Gemeinschaft und Charisma trauert, den die praktische, demokratische Organisation kostet. In stabilen Abständen aktualisiert sich so seit der Gründung der ersten Parteien das Lamento um die identitätsstiftenden Potenziale der »echten« Demokratie, um »echte« Debatten und »echte«, aufrichtige Politiker*naturen*.

(Und es ist ja so verführerisch, sich den Klagen anzu-
schließen: Es war doch – bei aller Liebe zur Abklärung
der Aufklärung – früher besser! Es gab noch echte
Debatten! Wehner und Strauß haben im Parlament
legendäre Schläge abgetauscht! Willy Brandt ist auf die
Knie gefallen! Die Friedensbewegung hat das Parlament
in Turnschuhen erobert!)

Was begründet diesen Drang zur Krisenapologetik? Die Erfahrung des Bürgerseins sträubt sich mit Haut und Haar gegen das Argument, dass sich in all diesen Klagen ein demokratisches Ideal ohne Vorbild und ohne historischen Bezug aktualisiert. Kann denn Demokratie einfach nur ein schlichtes Verfahren zur Herstellung kollektiv bindender Entscheidungen[12] sein?

Wir haben mit Bedauern vernommen,
daß es keine Gerechtigkeit gibt,

und mit noch größerem Bedauern,
daß es, wie die bewußten Kreise
händereibend versichern, auch nichts
dergleichen je geben kann, soll und wird.

Strittig ist nach wie vor, wer oder was
daran schuld sei. Ist es die Erbsünde
oder die Genetik? die Säuglingspflege?
der Mangel an Herzensbildung?
die falsche Diät? der Gottseibeiuns?
die Männerherrschaft? das Kapital?[13]

Die Krise der Parteien ist unvermeidlich

TINA (Margaret Thatcher et al.)

Die historische Perspektive kann zeigen, dass Krisendiagnosen politische Parteien begleiten, seit es sie gibt. Neue Krisendiagnosen aktualisieren alte Themen, scheinen das aber nicht zu wissen. Sie halten sich für brandaktuell und verweisen gerne auf eine bessere Vergangenheit. Parteien und ihre Kritiker scheinen sich also in der Perpetuierung immer neuer Krisendiagnosen eingerichtet zu haben. Aber was bedeutet das? Brauchen Parteien ihre Krisen womöglich? Und brauchen wir Citoyens und Citoyennes unsere Parteien in der Krise?

Ein systematischer Vergleich alter und neuer Parteienkritiken in Wissenschaft, Massenmedien, Recht und Organisation zeigt, dass sich die unterschiedlichsten Kritiken stets auf spezifische Charakteristika der *Organisation* zurückführen lassen. Aus einer soziologischen Perspektive bietet es sich daher an, Parteien nicht demokratietheoretisch, sondern als Organisation mit typischen Organisationsproblemen (Bürokratie, Hierarchie, Personal) zu betrachten. Wenn es stimmt, dass die Funktion von Politik darin besteht, Kapazitäten für kollektiv bindendes Entscheiden bereitzustellen und solche Kollektivitäten sichtbar und ansprechbar zu machen[14], verwalten politische Organisationen also nicht einfach Interessen. Vielmehr stellen sie diejenigen Kollektive und Publika, die sie vertreten, selbst her. Während zum Beispiel Lenin das Problem lösen musste, russische Bauern als Arbeiterklasse zu adressieren und dafür mit *Was tun?* eine protestantische Ethik des Berufsrevolutionärs erfand, sind heutige Parteien mit der Auflösung tradierter Bindungen, der Individualisierung der Gesellschaft (Beck) und einem digitalen Strukturwandel der Öffentlichkeit konfrontiert. Allein, das *Bezugsproblem* politischer Organisation hat sich nicht verändert.

Da Parteien die Aufgabe haben, Kollektivitäten zu adressieren und kollektiv bindende Entscheidungen vorzubereiten, müssen sie stets mit der Paradoxie umgehen, das ganze Volk zu adressieren und dabei doch eine bestimmte Gruppe von Mitgliedern und Sympathisanten im Blick zu haben. Je schwerer nun das Publikum und die jeweilige Zielgruppe bestimmbar werden, desto stärker sind die Organisationen darauf angewiesen, auf Marktforschung und Statistiken zu vertrauen. Da Basis und Wählergruppen sich als Interessengruppen offenbar nicht mehr konkret verorten lassen, wird die politische Arbeit in der Gegenwart ideologisch prekarisiert. Politische Kampagnen geben sich dem Fetisch der (in den 1990ern gar »neuen«) Mitte der Gesellschaft hin – mit der Folge, dass selbst die letzten Derivate der Ideologie sich aufzulösen scheinen.

Reinhart Koselleck hat in *Kritik und Krise* bereits 1959 gezeigt, wie wahrscheinlich es ist, dass Texte über demokratische Institutionen in den Sog politischer Kritik und Krisensemantik geraten.[15] Es ließe sich in organisationstheoretischer Absicht anschließen, dass *gerade Organisationen* in die Kritik geraten, weil die Urform der Parteienkritik kritisiert, dass Politik überhaupt organisiert wird. Parteiorganisationen führen alltäglich vor, dass das Ideal direkter oder identitärer Demokratie eben nur dies ist: *ein Ideal*. Die Krisenkommunikation beschreibt eine unmittelbare empirische Erfahrung der Organisation und ihrer Beobachter, welche die Sehnsucht nach einer Demokratie ohne Organisation formuliert.

Während also die Parlamentarismuskritik den »Sündenfall« politischer Organisation thematisiert, reformulieren ihn Krisendiagnosen in einer Sprache, mit der die Organisation durch Reform ihrer selbst umgehen kann. Durch Reformsemantiken der programmatischen Erneuerung oder Partizipation wird die Reproduktion der Organisation ermöglicht. Gleichzeitig wird aber durch die Semantik des Reformierens deutlich, wie unwahrscheinlich die revolutionäre Veränderung ist. Parteienkritik ist also paradox: Sie kritisiert, dass Parteien Politik ihrer Unmittelbarkeit dadurch berauben, dass sie Politik organisieren. Zugleich führt diese Kritik dazu, dass Parteien darauf als Organisationen reagieren. Sie können gar nicht anders, selbst wenn sie es wollten.

Die Krise der Parteien ist notwendig – Ein schwacher Trost

Crisis? What Crisis? (Supertramp)

> »Wo ein Büromaschinenkonzern mit dem Bild Che Guevaras und der Unterschrift *We would have hired him* um Nachwuchs für sein Verkaufsmanagement werben kann, ist die Versuchung zum Rückzug allerdings groß. Aber die Berührungsangst vor der Scheiße ist ein Luxus, den sich beispielsweise ein Kanalisationsarbeiter nicht ohne weiteres leisten kann.«[16]

Die Narration der Krise der parteilich organisierten Politik ist also gerade deshalb so stabil, weil organisierte Politik alternativlos geworden ist. Zeitdiagnosen, die davon ausgehen, dass Parteien bald der Vergangenheit angehören werden, übersehen, dass von der Unbeliebtheit dieser Organisationen nicht kausal auf ihr zukünftiges Verschwinden geschlossen werden kann. Zudem erfasst der Sog der Organisationswerdung auch solche Bewegungen, die sich wie die Grünen oder jüngst die Piratenpartei gerade in Abgrenzung zum organisierten Establishment gegründet haben. So diese Bewegungen den Willen haben, Ämter zu besetzen und sich zur Wahl stellen, setzt (vor allem aber nicht nur im Falle des Wahlerfolgs) ein schicksalhafter Prozess ein, der meist mit dem Bestellen eines Pressesprechers und der Prominenz einzelner Politiker beginnt. Im selben Maße werden kollektivistische Strukturen und Bewegungssemantiken abgeschliffen, um Wählbarkeit zu suggerieren und die (meist wachsende) Organisation stabil zu halten.

Der Bedarf an Krisen und ihre gesellschaftliche Produktion

> Zwar die tägliche Scheußlichkeit stört,
> doch sie wundert uns wenig.
> Was aber rätselhaft anmutet, sind
> die stille Handreichung,
> die grundlose Gutmütigkeit
> sowie die englische Sanftmut.
>
> [...]
> und wir legen die Zeitung weg
> und freuen uns, achselzuckend, so,
> wie wenn der Schmachtfetzen glücklich aus ist,
> wenn es hell wird im Kino, und draußen
> hat es zu regnen aufgehört, dann blüht uns
> endlich der erste Zug aus der Zigarette.[17]

Hans Magnus Enzensbergers »Schwacher Trost« kann als Thematisierung der Erfahrung einer Generation gelesen werden, die sich den Umsturz der bestehenden Verhältnisse noch denken konnte. Auch wenn Enzensberger früh das mangelnde kreative Potenzial und die ästhetischen Debakel der realsozialistischen Organisation beschreibt, können seine Texte die Revolution als potenzielles Ziel im Blick behalten. Die Zweifel scheinen eine Brücke zwischen Theorie und höchstpersönlicher Erfahrung zu schlagen und beziehen sich auf unterschiedliche Enttäuschungen. Beispielsweise darauf, dass ungeachtet besseren Wissens die Gesellschaft weiter Ungleichheiten produziert; dass die massenmediale Landschaft nicht einfach nur manipulativ Entfremdung in die Welt sendet, sondern auf ernst zu nehmende Bedürfnisse der Publika eingeht; dass der linken These der Manipulation der Massen eine Tendenz zur Verdummung innewohnt, und so weiter.

Ungeachtet der Scheußlichkeiten, die tagtäglich das Zeitungspublikum frustrieren (oder eben nicht), schreitet der Prozess der gesellschaftlichen (Re-)Produktion fort. Und wir Menschen legen eben die Zeitung weg und führen uns einen Schmachtfetzen zu Gemüte.

Deutlich wird hier, dass die Beschreibung krisenhafter Erfahrungen nicht außerhalb massenmedial erzeugter Öffentlichkeiten lokalisiert werden kann. Nichts von dem, was wir wissen, ist außerhalb der Gesellschaft angesiedelt. Selbst das Erleben einer höchstpersönlichen psychischen Krise wird von gesellschaftlichen Semantiken geprägt. Statt von »Neurose« oder »Hysterie« sprechen wir heute von Burnout, Bindungsangst oder Panikattacken, um unseren Leidensdruck anderen (und uns selbst) zu vermitteln. Aus Büchern, aus dem Fernsehen und aus dem Internet beziehen wir die Vorlagen unserer Selbstbeschreibungen – ob wir das nun wollen oder nicht.

Die Bewusstseinsindustrie, um bei Enzensberger zu bleiben, ist nicht (nur) die vulgärmarxistische Entfremdungsmaschine in den Händen irgendwelcher Leute, die sich zum Ziel gemacht haben, die Welt zu beherrschen und ihren persönlichen Profit oder den einer Gruppe von Menschen zu maximieren. Es geht um viel Schlichteres: Was hier Bewusstseinsindustrie genannt wird, erzeugt Narrative, Geschichten, Beschreibungsformen, Diagnoseformate, in denen man sich einrichten kann. Was man denkt, muss man wohl vorher gehört haben. Und hören kann man nur, was nicht einfach das fortsetzt, was immer schon da war. Insofern produziert Kommunikation immer eine Differenz, insofern ist die Nein-Stellungnahme die Grundlage aller Kommunikation und nicht das Ja. Und da es im politischen Diskurs um kollektiv bindende Entscheidungen geht, die als Entscheidungen markiert werden (also auch anders möglich sein) müssen, provoziert gerade die politische Kommunikation das Nein, das Unabgeschlossene, damit: *die Krise in Permanenz.* Jede Kritik der Krise profitiert also exakt davon, was sie beklagt: Sie nimmt die Krise in Anspruch, um überhaupt politisch reden zu können.

In der Krisenkommunikation in und über Parteien geht es stets um Werte, denen man nicht widersprechen kann – Partizipation und Repräsentation, Glaubwürdigkeit und Kompetenz, Wahrhaftigkeit und Sachdienlichkeit, et cetera. Wer Werte, möglichst unterlegt mit Pathos, in Anspruch nimmt, dem geht es ums Ganze. Und nur auf den ersten Blick brechen solche Krisendiagnosen die Kommunikation ab. Krisendiagnosen stellen das System nicht infrage. Im Gegenteil: Sie integrieren geradezu, weil sie das Weiterkommunizieren möglich machen, ohne dass all die genannten Probleme gleich gelöst werden müssen. Manchmal reicht schon die Zustimmung zur Diagnose, um so weitermachen zu können wie bisher. Niklas Luhmann meint, Krisen drückten nicht nur die Bedrohung »einzelner Werte« aus, »sondern des Systembestandes in seinem eingelebten Anspruchsniveau. Sie stimulieren und sammeln Aufmerksamkeit dadurch, dass sie den Erfüllungsstand zahlreicher Werte diffus, unbestimmt und unter Zeitdruck gefährden. Darauf beruht ihr Integrationseffekt.«[18]

Krisen integrieren also die Gesellschaft, indem sie auch unter schwierigen Bedingungen Kontinuität herstellen können. Das gilt für die Wirtschaftskrise ebenso wie für die Krisen der Familie, der katholischen Kirche, der Liebe, oder eben die Krise der Parteien. »Die Radikalität der Krisendiagnose, die beobachtete ›Krise in Permanenz‹ [...], in der alle Kategorien verschwimmen, weil das Krisenhafte nicht mehr vor dem Hintergrund von Regelmäßigem sichtbar wird, ermöglicht es gewissermaßen, disparate Erfahrungen innerhalb eines Kontinuums abzubilden.«[19] Gerade an der Krise der Parteien lässt sich dieser Kontinuitätsgewinn schön nachvollziehen. Genau besehen entlastet die Krisenkommunikation davon, (meistens prinzipiell unlösbare) politische Probleme lösen zu müssen, weil sie seit Mitte des 18. Jahrhunderts die Parteiorganisation und deren Personal zum Thema macht.

Um am Ende nicht einem Missverständnis aufzusitzen: Was ich hier beschreibe, ist *keine* Krisendiagnose. Denn die stetige Re-Aktualisierung der Krise der Parteien ist letztlich das Vehikel, das Schlupfloch, der Seismograf, an dem politische Themen, wenn vielleicht auch nur in ihrer Unsagbarkeit, andocken können. Mit dem Verweis auf die Krise wird das Ideal eines Primats des Politischen in einer Gesellschaft hochgehalten, die alltäglich die Erfahrung vermittelt, dass Politik gerade *nicht* für das Ganze steht.

Die Krise der Parteien ist geradezu ein *Demokratiegenerator*. Sie ermöglicht die Formulierung von Geltungsansprüchen und macht das politische Publikum sichtbar – für sich selbst und für die Parteien. So richtig in der Krise wären die Demokratie und ihre Organisationen wohl erst dann, wenn es *keine* Krisenkommunikation mehr gäbe. Sobald man öffentlich nur noch sagen könnte, dass die Parteien alles richtig machen – beziehungsweise, dass »die Partei« immer recht hat, denn so etwas kommt, wie wir aus Erfahrungen des 20. Jahrhunderts wissen, nur in Diktaturen vor –, würde die Lage kritisch.

(Hatte die SED jemals eine Krise? Sie hatte, und schon begannen demokratische Ansprüche an den Staat und die Partei[en] zu wachsen!)

Es ist also tatsächlich so: Parteien lieben die Krise, weil die Krise und die Kritik der politischen Organisierung Gewähr dafür leisten, dass es weitergeht. Wie die Bremer Stadtmusikanten, die – mit Recht – überall etwas Besseres vermuteten als den Tod und am Ende wohl doch sterben mussten, sagen sich die Parteien: *Etwas Besseres als die Krise findest du überall.*

Aber was?

Die nächste Krise.

Anmerkungen

1 Michels, Robert: *Zur Soziologie des Parteiwesens in der modernen Demokratie. Untersuchungen über die oligarchischen Tendenzen des Gruppenlebens.* Neudruck der zweiten Auflage, Alfred Kröner Verlag, Stuttgart 1957, S. 130.

2 Luhmann, Niklas: »Am Ende der kritischen Soziologie«. In: *ZfS* Jg. 20, Heft 2, 1991, S. 147–152, hier S. 147 f.

3 Zitiert nach: Sartori, Giovanni: *Parties and Party Systems.* Cambridge University Press, Cambridge 1976, S. 9.

4 Hume, David: *Politische und ökonomische Essays.* Felix Meiner Verlag, Hamburg 1988, S. 339.

5 Ebd., S. 52.

6 Ebd., S. 69.

7 Enzensberger, Hans Magnus: »17. Gesang. Schwacher Trost, Strophen 1 & 2«. In: *Der Untergang der Titanic. Eine Komödie.* Suhrkamp Verlag, Frankfurt am Main 1981, S. 57–59.

8 Weber, Max: »Politik als Beruf«. In: von Mommsen, Wolfgang J.; Schluchter, Wolfgang (Hg.): *Studienausgabe der Max-Weber-Gesamtausgabe* Band I/17. Verlag Mohr Siebeck, Tübingen 1994, S. 71.

9 Raeder, Hans: *Platons philosophische Entwickelung.* Verlag B. G. Teubner, Leipzig 1905, S. 232.

10 Schmitt, Carl: *Theodor Däublers »Nordlicht«. Drei Studien über die Elemente, den Geist und die Aktualität des Werkes.* Verlag Duncker & Humblot, Berlin 1991, S. 59.

11 Schmitt, Carl: *Die geistesgeschichtliche Lage des heutigen Parlamentarismus.* Verlag Duncker & Humblot, München/Leipzig 1923, S. 10 f.

12 Vgl. Luhmann, Niklas: *Die Politik der Gesellschaft.* Suhrkamp Verlag, Frankfurt am Main 2002.

13 Enzensberger, Hans Magnus: »17. Gesang. Schwacher Trost, Strophen 4 & 5«. In: *Der Untergang der Titanic. Eine Komödie.* Suhrkamp Verlag, Frankfurt am Main 1981, S. 57–59.

14 Vgl. Nassehi, Armin: *Der soziologische Diskurs der Moderne.* Suhrkamp Verlag, Frankfurt am Main 2006, S. 342 ff.

15 Koselleck, Reinhart: *Kritik und Krise. Ein Beitrag zur Pathogenese der bürgerlichen Welt.* Verlag Karl Alber, Freiburg/München 1959.

16 Enzensberger, Hans Magnus: »Baukasten zu einer Theorie der Medien«. In: *Kursbuch 20: Über ästhetische Fragen.* Suhrkamp Verlag, Frankfurt am Main 1970, S. 164.

17 Enzensberger, Hans Magnus: »17. Gesang. Schwacher Trost, Strophen 7 & 11«. In: *Der Untergang der Titanic. Eine Komödie.* Suhrkamp Verlag, Frankfurt am Main 1981, S. 57–59.

18 Luhmann, Niklas: »Öffentliche Meinung«. In: ders.: *Politische Planung. Aufsätze zur Soziologie von Politik und Verwaltung.* VS Verlag, Wiesbaden 2007. S. 16.

19 Nassehi, Armin: *Der soziologische Diskurs der Moderne.* Suhrkamp Verlag, Frankfurt am Main 2006, S. 172.

Florian Rötzer
Medien in der Krise. Krise in den Medien
Ein Streifzug durch neue Öffentlichkeiten

Es gibt ganz verschiedene Weisen, wie Menschen und auch Medien beziehungsweise Journalisten auf Krisen reagieren – und was sie überhaupt als Krisen wahrnehmen. Schließlich können sie sich nicht nur selbst in einer Krise befinden, es gibt überdies neben Verlierern in aller Regel auch Gewinner, die nicht nur vom Ausgang der Krise profitieren – oder profitieren wollen –, sondern auch schon vor der Klimax entsprechend Öl ins Feuer gießen. Wenn man nach einer genauen Analyse der Schweizer Medienlandschaft geht, die zumindest in Teilen verallgemeinerbar sein dürfte, dann sind die meist dem Lager der alten, vordigitalen Massenmedien (Print, Fernsehen, Rundfunk) angehörenden Mainstream-Medien, zumal wenn sie Informationen sachlich und distanziert vermitteln wollen, selbst in einer tiefen Krise. Diese hat zweifellos mit der zunehmend prekären Finanzierung und der neuen Konkurrenz durch die digitalen Medien sowie der digitalen Kultur zu tun, für die ein möglichst schneller und kostenloser Zugriff auf Content, Information, Wissen et cetera zum Grundprinzip gehört, nachdem digitale Daten ohne Qualitätsverlust und mit immer geringeren Kosten kopiert, gespeichert und verbreitet werden können. Aber das ist es nicht alleine, denn es hat sich der Kontext, die Medienumwelt verändert, innerhalb derer Informationen produziert, verteilt und konsumiert werden, und damit auch die sich bildenden Öffentlichkeiten.

In der Schweiz wurde 2011 zum zweiten Mal die »Qualität der Medien«, besser gesagt der »Informationsmedien«, umfassend vom Forschungsbereich Öffentlichkeit und Gesellschaft an der Universität

Zürich (fög) untersucht. Ein anspruchsvolles Unternehmen, bei dem schwer objektivierbare Aspekte wie Vielfalt, Relevanz, Aktualität und Professionalität erfasst und bewertet werden. Der Zustand und die Entwicklung der Informationsmedien, die für die Demokratie unabdingbar seien, können nach dem Befund durchaus als besorgniserregend gelten. Es habe sich nicht nur ein »Quantensprung« der Pressekonzentration 2010 ereignet, die Informationsmedien würden auch zunehmend weniger genutzt. Besonders betroffen sind die Informationsangebote im Fernsehen, aber auch die Nutzung der Online-Angebote würde nach einem deutlichen Wachstum bis 2009 nur noch gering ansteigen, vor allem sinkt die Nutzungsdauer. Überhaupt, wer nur Informationen zu bieten hat, fährt schlecht: »Die wesentlichen News-Sites aus den traditionellen Pressehäusern hinken weit hinter der Nutzung von Online-Portalen her, die neben Information vor allem Dienstleistungen anbieten (Replay, Agenturticker, Mailservices und so weiter).«

Während der Anteil der Softnews gegenüber den Hardnews in allen Medien, besonders aber online und in den Gratiszeitungen, gestiegen ist, habe auch der »einordnende Journalismus« gegenüber der »episodisch-kurzfristigen Berichterstattung« an Bedeutung verloren. Bei Gratiszeitungen sei die Einordnungsleistung gar gegen null gegangen: »In den Gratismedien erscheint die Welt als ein in Einzelereignisse zergliedertes Universum. Ursachen werden kaum noch aufgezeigt, Phänomene nicht mehr eingeordnet und erklärt. Dasselbe gilt auch für die privaten Radiosender. Die geringen einordnenden Anteile der Gratiszeitungen off- und online werden nur noch von den Newssites der Boulevardzeitungen unterboten.« Deutlich zugenommen habe die »personalisierende Betroffenheitsberichterstattung im Zusammenhang mit Katastrophen, Unfällen und Kriminalität sowie eine intensivere Personalisierung von Rollenträgern in Politik und Wirtschaft«. Paradox ist, dass die »moralisch-emotionale Berichterstattung« abgenommen und ein »sachlich-argumentativer Stil« stärker geworden sei. Das ist nach Ansicht der Wissenschaftler vor allem ein interessanter

Nebeneffekt, der mit den digitalen Medien zusammenhängt. Sie übernehmen schlicht »zu einem erheblichen Ausmaß« ohne Nennung der Quelle durch *Copy & Paste* sachlich gehaltene Agentur- und episodische Kurzmeldungen, um sich Arbeit zu ersparen. Bei den Online-Medien und den Gratiszeitungen zeige die Tendenz, die wie auch immer übernommenen Agenturmeldungen »mit wenig Aufwand moralisch-emotional aufzuladen und sie mit reißerischen Titeln anzureichern«.

Zudem stellen die Wissenschaftler fest, dass in der Schweiz Medien Verstärker des »politischen Populismus« sind, wenn dieser provokant und damit medienkonform auftritt. Was man in Deutschland mit Sarrazin erleben konnte, der in allen Medien seine Meinungen verbreiten durfte, war in der Schweiz etwa mit der Minarett- und der »Ausschaffungsinitiative« der rechten SVP zu erkennen. Es stimmt trotz Online-Medien noch weitgehend, was der Soziologe Niklas Luhmann einmal konstatierte: »Was wir über unsere Gesellschaft, ja über die Welt, in der wir leben, wissen, wissen wir durch die Massenmedien.« Und offenbar wissen wir, trifft der Trend allgemein zu, der in der Schweiz beobachtet wurde, von der Gesellschaft und der Welt immer weniger, dafür wird immer mehr eine auf Aufmerksamkeit, Erregung und Personalisierung zugeschnittene »Information« geboten.

Die Schweizer Wissenschaftler vermuten bei der abnehmenden Qualität der Online-Medien den schnellen 24/7-Informationsfluss und die rapide steigende Ausgabe für den Qualitätsverfall. Warum Informationsangebote weniger genutzt werden, dafür aber der Medienkonsum steigt, dürfte auch mit dem Einzug der sozialen Netzwerke, Smartphones und Tablet-Computer zu tun haben. Die Internetnutzung wird mobil und kann an jedem Ort stattfinden. Damit steigt die Erwartung an die Informationsangebote, ständig Aktuelles bieten zu müssen, also einen Informationsstrom als eine »Montage der Attraktionen« zu organisieren. Mit den kleinen Bildschirmen der Smartphones und den multimedialen Kurzbotschaften der sozialen Netzwerke wird der Trend verstärkt, die Aufmerksamkeit mit möglichst knappen Formulierungen und besser noch mit Bildern zu fangen. Auf den Tablet-Computern, die sich derzeit trotz hoher Preise schnell verbreiten und die Verkäufe von Note- sowie Netbooks bereits hinter sich lassen, werden zwar auch Nachrichten, Online-Ausgaben von Zeitungen und Zeitschriften oder auch Bücher gelesen, aber die Geräte werden, wie Umfragen deutlich machen, nicht mehr wie PC, Note- und Netbooks als Arbeitsgeräte wahrgenommen, sondern vor allem als Freizeitmedien, die man auf Reisen, unterwegs, im Garten, im Wohn- und Schlafzimmer, aber auch auf dem Klo benutzt.

Der Hype der Medienkriege

Das Internet, das jeden zum Sender und Empfänger macht, hat kurioserweise eine vorhandene Tendenz verstärkt, die man eigentlich den Massenmedien zugeschrieben hat, nämlich die Menschen kollektiv zu informieren, sie durch identische Informationen zu prägen und in einen Gleichklang zu bringen, zumal wenn Gruppen oder Gesellschaften gleichzeitig medial massiert werden. Das aber geschieht in demokratischen Gesellschaften schon lange nicht mehr und zeichnet nur totalitäre Regime aus, die nur staatliche Medien zulassen und sich vom Internet abschirmen oder es zu kontrollieren suchen. Ansonsten gibt es vereinzelte lokale, regionale, nationale oder globale Ereignisse, in der die Zersplitterung der um die Aufmerksamkeit konkurrierenden Medien zeitweise wieder eine tatsächlich massenmediale Öffentlichkeit schafft. Fußballweltmeisterschaften wären ein Beispiel für globale Ereignisse, die parallel in Stadien sowie vor den Bildschirmen in den Wohnungen und Kneipen und mit Großbildschirmen auch in Stadien oder öffentlichen Räumen stattfinden und einen kollektiven Rausch ermöglichen.

Globale Ereignisse können auch Revolten wie die in den arabischen Ländern sein, zumal wenn sie dramaturgisch zentral auf den Bühnen von Plätzen vor den Kameras der Weltöffentlichkeit stattfinden, oder gleich Kriege. So wurde der Einmarsch der von den USA angeführten Koalition der Willigen durch die in Kampfeinheiten eingebetteten Reporter zum gelenkten Medienspektakel für die alten Mainstream-Medien, während die Aufständischen und Terroristen bereits das Internet zur viralen Verbreitung ihrer Botschaften und blutigen Spektakel nutzten, was den damaligen Verteidigungsminister Donald Rumsfeld immer wieder darüber klagen ließ, dass die Großmacht USA durch die mediale Strategie der kampfmäßig schwachen Gegner im asymmetrischen Krieg ins Hintertreffen, in die Krise geraten sei. Kriege seien im Wesentlichen Medienkriege, eine einzige, geschickt inszenierte Botschaft könne besser als ein Schlag mit Massenvernichtungswaffen oder ein militärischer Sieg wirken, die wichtigsten Schlachten fänden sowieso »nicht in den Bergen Afghanistans oder in den Straßen Iraks statt, sondern in den Nachrichtenredaktionen in New York, London, Kairo und anderswo« – und eben auch im Internet, das die Mainstream-Medien zunehmend als Quelle verwenden.

Deshalb versuchte Rumsfeld immer wieder, mit Zeitungen, Fernseh- und Radiosendern, Online-Publikationen und heimlichen Abteilungen für die sogenannte »strategische« Kommunikation die Meinung der Öffentlichkeit zugunsten der eigenen Position zu manipulieren – was trotz reichlichem Geld nicht gelang. So kann man heute in einer von weltweiten Kommunikations- und Informationsströmen geschaffenen Öffentlichkeit offenbar keinen Erfolg mehr erzielen. Das mussten auch die arabischen Regime erfahren, die ebenfalls noch im Fernsehzeitalter der massenmedialen Propaganda festsaßen und die neuen Medien höchstens zeitweise ausschalten, aber nicht für sich nutzen konnten. Was auch ein Symptom sein könnte, welches das Ende des Zeitalters der Massenmedien und damit auch das Ende der Diktatoren, Führer und Autokraten bis hin zu lupenreinen Demokraten wie den Putins bedeutet. Das aber muss nicht unbedingt Positives herbeiführen, denn mit den digitalen Öffentlichkeiten rücken nicht nur soziale Bewegungen wie zuletzt die Empörten und die Occupy-Bewegung, sondern auch rechts orientierte, auf Nationalismus setzende und gegen Multikulturalismus agierende »populistische« Politiker und Bewegungen ins Rampenlicht. Sie gründen vielleicht noch Parteien, sind aber eher außerparlamentarische Bewegungen von erregten Wutbürgern, die wie die Tea Party in den USA oder in Europa die antiislamischen Gruppen und Parteien aufgeheizt um ihr Überleben und eine rigide Ordnung kämpfen, zumal wenn sie einige Mainstream-Medien, vor allem aber die digitalen Möglichkeiten nutzen.

Tonangebend sind im Zeitalter der vernetzten Medien nicht mehr ausschließlich die sogenannten Mainstream-Medien und schon gar nicht die vordigitalen Massenmedien, sondern die Öffentlichkeit bildet sich mit Blogs, Websites, sozialen Netzwerken wie *Twitter*, *Google+* oder *Facebook* oder Videoportalen wie *YouTube* oder *Vimeo* auch von unten und im Zusammenspiel mit den redaktionell betriebenen Medien, die ihre Exklusivität verlieren und eingebettet werden in einen multimedialen Informationsstrom, den die Menschen selbst organisieren können. Das verändert nicht nur die Medienlandschaft und die Netzwerke der Öffentlichkeiten, die sich von der ganz persönlichen und lokalen Ebene bis hin zu globalen Ereignissen und Global Playern erstrecken, sondern auch die Art, wie Informationen verpackt, präsentiert und zugeschnitten werden. Die Einebnung lässt sich gut anhand des Webs veranschaulichen, schließlich sind, anders als in der räumlichen Welt, alle »Orte« gleich weit entfernt und mit einem Klick zu erreichen. Ein kleiner Blog oder eine mickrige Website liegen gewissermaßen direkt neben den großen Portalen und glitzernden Online-Präsenzen.

Epidemische Verstärker kollektiver Trends

Warum aber hat sich, so die These, der mit den alten Massenmedien beginnende Trend zur Konformität durch die Explosion der Informationsflüsse verstärkt, wenn man doch erwarten sollte, dass anstatt der großen Informationsmedien nun eine unüberschaubare Vielfalt einziehen sollte? Die Menschen werden weniger durch einzelne Massen-medien gleichförmig informiert, die Konformität erwächst vielmehr aus den zahllosen Interaktionen der Individuen, die wie die Medien von der Aufmerksamkeitsökonomie sowie dem Wunsch nach Aner-kennung gesteuert werden und soziale Netzwerke ausbilden, die aber durch ihre technische Verstärkung und weltweite Verknüpfung deut-lich an Macht gewinnen. War das Internet in den Anfängen noch ein alternatives Medium, in dem sich gerne Minderheiten artikulierten und fanden, so ist es jetzt nicht nur zum Universalmedium geworden, das alle Medien verbindet, sondern auch zum epidemischen Verstär-ker kollektiver Trends. Dabei folgen auch die Themen zunehmend der Aufmerksamkeitsökonomie, die zum Teil Abweichung fördert, aber stärker Konformität erzeugt.

Just in der Zeit, vor knapp 15 Jahren, in der Google sich dieses Prin-zip sozusagen als Avantgarde der sozialen Netzwerke zu eigen gemacht hat, wurden die Hypothese der viralen Meme als Mechanismus der Verbreitung von kulturellen »Ideen« sowie die Vorstellung diskutiert, ob und wie sich das Internet als globales Gehirn verstehen ließe. Zu dieser Zeit entstand der rechts gerichtete Drudgereport, der die wei-tere Entwicklung vorwegnahm. Richtig bekannt wurde er im Januar 1998 durch einen Skandal, wovon er bis heute zehrt, und mittlerweile gehört er zu einer der meistbesuchten US-Websites, obgleich hier nur Links zu Berichten auf anderen Websites angeboten werden, die die Betreiber irgendwie interessant und skandalös empfinden. Als Ers-tes hat Drudge diesbezüglich, der zunächst Gerüchte aus Hollywood und Washington verbreitete, die Beziehung zwischen Bill Clinton und Monica Lewinsky bekannt gegeben, wovor – symptomatisch – die *Newsweek* noch zurückschreckte, ohne die Information vorher über-prüft zu haben. Drudge, der wenig zu verlieren hatte und als republi-kanisch Gesinnter den Demokraten schaden wollte, zögerte nicht, veröffentlichte ohne jede eigene Recherche die Story und folgte schlicht den Regeln der Aufmerksamkeitsökonomie. Das ist eine der Ursprungsgeschichten der neuen Dynamik, die mit dem Internet einzog und die beispielsweise jüngst mit *WikiLeaks* noch einmal auf andere Weise deutlich wurde.

Manche verglichen Mitte der 1990er-Jahre das damals entstehende Web mit seinen Hyperlinks mit einem wachsenden globalen Gehirn, das immer größer wird, sich immer dichter vernetzt und so dem biologischen Gehirn zu gleichen scheint, das neue Synapsen bildet und andere verkümmern lässt. Francis Heylighen, einer der maßgeblichen Befürworter der These vom Netz als einem globalen Gehirn, ging davon aus, dass sich im Web Wissen und Bedeutung ähnlich wie im menschlichen Gehirn durch den Prozess des assoziativen Lernens entwickeln würden. Das zugrunde liegende Prinzip sei die hebbsche Regel, nach der sich Neuronen, die regelmäßig zusammen aktiv sind, enger miteinander verbinden. Nervenzellen, die zusammen feuern, verbinden sich nach der Regel, die auch für das Lernen von künstlichen neuronalen Netzwerken eingesetzt wird. Im Web heißt das, dass Benutzer Links legen und Links folgen. Wollte man das automatisieren, so Heylighen 1996 in *The World-Wide Web as a Super-Brain: from metaphor to model*, um ein lernendes Web zu erzeugen und Menschen auf brauchbare Inhalte im Labyrinth der Links zu verweisen, so könne man zunächst durch einfache Algorithmen Links, die von vielen benutzt werden, verstärken, und diejenigen, die weniger oder kaum benutzt werden, schwächer machen. Das Prinzip ist ganz einfach: Was bereits Aufmerksamkeit gefunden hat, was populär und prominent ist, wird verstärkt, oder: Aufmerksamkeit erzeugt Aufmerksamkeit, das Uninteressantere oder das, was in das Schema nicht passt, wird ausselektiert. Die Masse zählt.

Der Suchmaschine Google lag eben dieser Gedanke der Selbstverstärkung des Prominenteren zugrunde. Ähnlich wie die Menschen würden auch die Suchmaschinen mit der explosiv zunehmenden Zahl der Web-Dokumente immer schlechter zurechtkommen. »Die Zahl der Dokumente in den Indexierungen ist um viele Größenordnungen größer geworden, aber nicht die Möglichkeit des Benutzers, sich die Dokumente anzusehen«, schrieben Sergey Brin und Larry Page 1997.

»Die Menschen wollen sich noch immer nur die ersten Zehnergruppen der Treffer ansehen. Deswegen brauchen wir bei zunehmender Größe Tools mit einer sehr hohen Genauigkeit (die Zahl der relevanten Dokumente, die beispielsweise unter den ersten zehn Treffern erscheinen). Wir wollen, dass unser Verständnis von Relevanz nur die allerbesten Dokumente einschließt, da es Zehntausende von schwach relevanten Dokumenten geben kann.« Google benutzt die Linkstruktur des Netzes, um eine Qualitätseinstufung – PageRank – für jede Webseite zu berechnen. Besonders hoch angesiedelt werden dadurch Seiten, auf die am meisten Hyperlinks von anderen Seiten aus gehen. Diese Popularität setzt sich in Prominenz um, woraus Sergey Brin und Larry Page ableiten, dass diese auch die Wichtigkeit oder Qualität der Seite widerspiegeln. Durch Setzen von Gewichten können auch Seiten höher gesetzt werden, wenn auf sie zwar nur wenige Hyperlinks führen, dafür aber ein Link von einer Seite, die selbst einen hohen PageRank besitzt. Der ursprünglich patentierte Algorithmus wurde inzwischen verändert und durch zahlreiche Kriterien ergänzt, die aber weitgehend geheim sind, um zu verhindern, dass der PageRank ausgetrickst wird.

Im Karussell von Selbstverstärkung und Konformität

Das Prinzip, der angeblichen Weisheit der Masse zu folgen, ging direkt auch in die sozialen Netzwerke ein und prägt mittlerweile die gesamte digitale (und große Teile der übrigen) Kultur- und Medienlandschaft, da der Traffic im Netz einfach zu verfolgen und entsprechend gut und schnell auszuwerten ist. So werden nicht nur Freunde, Likes, Followers oder Visits gezählt und präsentiert, sondern überall triumphiert die Statistik im Sinne der automatischen Versuche, die Fußstapfen der Masse ausfindig zu machen und Aufmerksamkeit zu vermehren. Was wird am meisten verkauft? Was wird am besten bewertet? Was haben sich andere angeschaut oder gesucht, die sich angeschaut oder gesucht haben, was der Benutzer gerade machte? Auch in die Wissenschaft ist das Prinzip längst eingezogen. So werden ohne inhaltliche Manipulation allein durch automatische Verfahren nicht nur Massenphänomene, manchmal in irrsinniger Geschwindigkeit durch epidemische Rückkoppelungen, geschaffen und verstärkt, sondern angeblich Unwichtiges auch beiseite und aus der Aufmerksamkeit gedrängt. Im Grunde sind derartige Mechanismen, die Aufmerksamkeit nur auf das lenken, was bereits Aufmerksamkeit gefunden hat, Trendverstärker, die Konzentrationsprozesse beschleunigen. Die natürliche Selektion oder der Markt, basierend auf den Entscheidungen der Einzelnen, regelt nach der liberalen Ideologie angeblich alles bestens, besser jedenfalls als jede Steuerung, die nur an sozialistische Marktwirtschaft erinnert, denn stets wird beteuert, dass die Menschen anders mit der Flut der Informationen nicht mehr zurechtkommen, als sich einer unsichtbaren Hand anheimzugeben, die ihnen letztlich, die Vorliebe zur Entscheidung für die ersten Treffer unterstellt, ihre Entscheidung aus der Hand nimmt. Überdies geht mit solchen Mechanismen, wenn sie sich denn durchsetzen, noch weiter die Chance verloren, auch einmal auf etwas zu stoßen, was man nicht direkt gesucht hat, aber dennoch interessant sein kann.

Und diese überall vorhandene Selbstverstärkung sickert allmählich auch bei den Medien ein, die sich lange geweigert haben, nur auf Quote zu setzen. Wenn man nun jederzeit sehen kann, welcher Artikel beispielsweise von welchem Autor am meisten angeklickt wird, wo die Menschen am längsten bleiben, wie sie auf diesen gekommen sind und wohin sie weitergehen, der wird nicht nur die »Benutzerführung« im eigenen Sinne optimieren, sondern auch in Konkurrenz mit den anderen Anbietern – zu denen im Netz nicht nur dieselben Medien, sondern letztlich alle Informationsquellen gehören, sofern sie eine gewisse Bedeutung erlangen – inhaltlich eingreifen. Man braucht sich also nicht wundern, dass auch in den einst seriösen Medien zumindest online die Boulevardisierung kräftig voranschreitet, die Meinungen und Kommentare zusammen mit den Autoren schriller und exzentrischer werden, die Bildstrecken überhandnehmen, Tests, Umfragen, Rankings und Videos sich aneinanderreihen und alles getan wird, um die Besucher zu halten und Klicks zu erzeugen. Das Prinzip der technischen Selbstverstärkung wird auch in die eigenen Angebote eingeführt. Aufgeführt wird, wie oft in *Facebook*, *Twitter* oder *Google+* ein Angebot für gut befunden oder weitergegeben wurde. Es werden die Angebote angezeigt, die am meisten gelesen, verschickt oder kommentiert werden. Es ist eine absolute Manie, ein Zwang geworden, sich diesem Karussell der Massenkonformität zu unterwerfen.

Kein Wunder ist, dass die daraus entstehenden Trends außerhalb der manchmal noch irgendwie um Seriosität bemühten Mainstream-Medien ins Extreme getrieben werden und damit zugleich die Entwicklung verstärkt wird, auf personalisierte, meinungsstarke und extreme Inhalte zu setzen. Die weichen zunächst von der Konformität der Masse ab, wodurch sie sich auch scheinbar als nicht systemkonform profilieren, versprechen aber, die nächsten Anwärter auf Massenaufmerksamkeit werden zu können. Und weil diese »Außenseiter« direkt auf Aufmerksamkeit setzen, Sachverhalte zuspitzen, manchmal auch erfinden oder Gerüchte einfach weitergeben, Personen und Personengruppen niedermachen, treiben sie Mainstream-Medien vor sich her – und mitunter auch die Politik.

Sehen lässt sich dies beispielsweise an den Versuchen, aus der – je nach Perspektive benannten – Schulden-, Euro- oder Finanzkrise noch schnell mit den Ängstlichen ein Geschäft zu machen, wobei Vermarktung und Information direkt ineinandergreifen. Noch ist zwar nur Krise angesagt und im Unterschied zu anderen Ländern wie Irland, Portugal und Griechenland in Deutschland niemand unmittelbar persönlich betroffen, wenn er nicht gar von den höheren Zinsen für Staatsanleihen mancher Länder seinen, wenn auch vielleicht riskanten Nutzen zieht, aber es sollte Vorsorge geleistet werden, wird gemahnt und mit vermeintlich zutreffenden Informationen und Prognosen unterlegt. Tatsächlich führt die Krise zu allerlei Panikreaktionen. Während die einen Bargeld, Devisen, Goldbarren und andere Edelmetalle zu Hause in sicheren Tresoren einlagern, kaufen die anderen lieber noch irgendeine Immobilie, vielleicht aber auch einen Bunker mitsamt einem Geländewagen oder einem SUV, um aus der Stadt zu fliehen, ein Landhaus, eine Waldfläche oder ein Grundstück, um dann im Notfall zum Selbstversorger zu werden, Getreide anzubauen, Hühner zu halten, Brot zu backen oder Wildkräuter zu verarbeiten. Gut wäre natürlich auch ein Gewehr, um Wild zu jagen oder sich zu verteidigen. Um fit und schlagkräftig zu sein, wird schon mal kräftig trainiert, das liegt im Trend.

Willkommen in der Krisenwelt

Da ist beispielsweise *Krisenwelt.de*, eine kommerzielle Website, die exemplarisch demonstriert, dass die Krise ein Geschäftsmodell ist. Kommt man auf die Homepage, wird man mit Bildern einer zerfließenden und einer brechenden Euro-Münze konfrontiert und mit dem beruhigenden Slogan willkommen geheißen: »Dein Shop in der Krise!« Da fühlt man sich gleich so richtig heimisch und geborgen, weil alles vorhanden ist, was man unter widrigen Umständen benötigt, um zu überleben. Und wenn sich neben den Versuch, sich Gehör zu verschaffen und Aufmerksamkeitskapital zu erwerben, auch finanzielle Interessen mischen, wie es bei den kommerziellen Medien stets der Fall ist, dann geht es auch darum, die Beschreibung der Lage zuzuspitzen. Kein Wunder, dass dies bei *Krisenwelt.de* entsprechend geschieht, wo der Shop mit einem Blog über die Krise namens *Krisenfee.de* verbunden ist, also zur Werbung und zum Verkauf von Produkten auch gleich ein eigenes Medium gehört, in dem so getan wird, als würde man sachlich über die Krise berichten, während natürlich nur ziemlich unverhohlen der Kontext zum Verkauf der Waren geschaffen wird.

Im Krisenwelt-Blog wird zum Beispiel nach dem EU-Gipfel, bei dem Großbritannien zu den Reformen ein Veto einlegte, am 11. Dezember versichert: »Das Warten auf den finalen Crash hat begonnen.«

Der Crash wird auch in anderen Medien beschworen, die Möglichkeiten ausloten und vorstellen, aber gleichzeitig mit den Ängsten spielen, während die Menschen durch die Medien, in denen Experten und Journalisten vor den Apokalyptikern warnen und sagen, dass die Krise beherrschbar sei, möglicherweise in falscher Sicherheit gewogen werden. Vor dem Ende der Krise sind selbstverständlich nur mehr oder weniger wahrscheinliche Verläufe möglich, die allesamt durchgespielt werden, wenn es genügend Freiheit im öffentlichen Diskurs gibt, der längst nicht mehr nur von den alten, redaktionell bestimmten Massenmedien beeinflusst wird, sondern von einer Vielzahl an Stimmen über alle möglichen Kanäle, sofern sie die notwendige Aufmerksamkeit erhalten und nicht zensiert werden.

Schon Ende Oktober 2011 wurde ausgemalt, was passieren würde, wenn auch Deutschland pleitegeht und nach der offiziellen Ankündigung der Bundeskanzlerin plötzlich das Geld nichts mehr wert ist und die Banken geschlossen haben. Dann droht der Untergang, wie er sonst nur bei einem Nuklearkrieg während des Kalten Krieges oder neuerdings einem cyberterroristischen Anschlag auf die Computernetze beziehungsweise einem großflächigen Angriff mit einer EMP-Waffe (elektromagnetischer Impuls) beschrieben wurde: »Trinkwasser wird zu einer Mangelware, ein Leben ohne Strom versetzt uns urplötzlich in einen mittelalterlichen Zustand, da unser komplettes Leben abhängig von der Stromversorgung ist. Da keine Polizeigewalt mehr einschreitet, wird es bald zu Plünderungen kommen und Kriminellen stehen Tür und Tor offen. Am schlimmsten wird es in größeren Städten werden, da man hier in der Regel nie Vorräte anlegt und der Hunger die Menschen bald dazu zwingen wird, andere Menschen auszurauben, zu überfallen und zu plündern, um das eigene Überleben zu sichern.«

Empfohlen wird, sich einen Vorrat an Lebensmitteln und Trinkwasser zuzulegen, um drei Monate ausharren zu können, bis dahin könnte der Zusammenbruch überstanden sein und die Gesellschaft mit einer neuen Währung wieder funktionsfähig werden. Und man sollte sich auch mit Edelmetallen wie Gold oder Silber ausstatten, um damit zahlungsfähig zu sein. All das gibt es natürlich bei *Krisenwelt.de* zu kaufen, beispielsweise auch einen Notfallrucksack mit Wasser- und Essensrationen, Beil, Messern, einer Säge und einem Multifunktions-set, einem Zelt und Schlafsack, Feuerzeug, ein Seil mitsamt einem Ka-rabinerhaken ist auch dabei, um in der urbanen Wildnis nach dem Untergang des Geldes und dem Ende der Elektrizität überleben zu können. Schlappe 800 Euro kostet das den Krisenversorgern, die sich zudem mit Silberbarren, Teleskopschlagstöcken, Armbrüsten, Stein-schleudern oder auch nur Baseballschlägern aufrüsten sollen.

Noch umfassender wird auf *Krisenvorsorge.com* unter der Losung »Finanzsystem: Keine Hoffnung auf Rettung« informiert und ange-boten. Da gibt es Nachtsichtgeräte, ein Pfefferspray fürs Smartphone, einen unauffälligen Selbstverteidigungsschirm und den guten Rat, den Medien möglichst nicht zu trauen: »Auch beim täglichen Lesen der neuesten Meldungen müssen Sie bedenken: Journalisten, Redakteu-re und Reporter sind auch nur Menschen, die dem System meistens hörig sind. Erwarten Sie also keine objektive Darstellung der Zustände und schon gar nicht eine richtige Einschätzung der Krise – die gibt es sehr selten.«

Dabei hat sich vor allem über das Internet in die Medienlandschaft bereits eine richtiggehende Verschwörungs- und Gerüchtebranche eingelagert, die im Namen der Wahrheit ihre Krisenbotschaften ver-kündet und daran natürlich verdienen will. Argumentiert wird hier gerne, dass die einstige Macht der klassischen Medien durch das In-ternet gebrochen wird und eine alternative Gegenöffentlichkeit ent-steht, die derzeit in aller Regel als rechtspopulistisch zu bezeichnen ist, worauf auch die Wissenschaftler aus der Schweiz hingewiesen haben.

Herausragende Beispiele dafür sind Online-Publikationen wie der vor allem antiislamische Blog *Politically Incorrect* oder das Programm des Kopp Verlags, der Informationen bieten will, »die Ihnen die Augen öffnen«. Auch hier wird von der Krise gelebt, werden katastrophale Tendenzen und Untergänge prophezeit oder scheinbar Geheimnisse enthüllt, gleichzeitig probiert man sich in Spiritualität, angeblichen neuen Wissenschaften, Kritik an der Schulmedizin und natürlichem Heilen. Der auch sonst vordringende Meinungsjournalismus wird hier kräftig zugespitzt, Sachlichkeit verschwindet in einem erregten Stakkato, das eigene geschlossene Weltbild wird projiziert auf die Mainstream-Medien, die, wie auch immer, gleichgeschaltet seien und die öffentliche Meinung trotz aller gegenseitigen Konkurrenz manipulieren wollen: »Bei allen Machtansprüchen des derzeitigen Mediensystems scheinen die Radio-, TV- und Printmacher jedoch noch nicht realisiert zu haben, dass ihre Dominanz-Ära dem Ende zugeht. Ihr Einfluss sinkt, ihre Glaubwürdigkeit schrumpft, ihr Monopol beginnt, sich aufzulösen. Denn durch das weltweite Internet und den fast unbeschränkten Zugang zu allen Informationen gerät die Wahrheit zunehmend ans Licht. Der Machtwechsel hat begonnen«, heißt es beim Kopp Verlag, der propagiert, dass man bei ihm unzensiert liest oder hört, was ansonsten verschwiegen wird.

Längst gibt es natürlich neben solchen Möchtegern-Krisenprofiteuren auch die Krisenexperten oder -berater, die wissen, wie man Krisen vorbeugen oder sich in ihnen verhalten soll. Längst ist die Krise zu einer Wissenschaft geworden, zumindest zu einer Kommunikationswissenschaft, und zu einem Ausbildungsberuf. In Deutschland gibt es etwa die Möglichkeit, sich zu einem »Krisenkommunikationsmanager/in« (DGfKM) ausbilden zu lassen, der von der Deutschen Gesellschaft für Krisenmanagement verliehen wird. Das erfährt man bei einem »Krisennavigator«, der, so will man wohl Vertrauen erwecken, »ein Spin-off der Christian-Albrechts-Universität zu Kiel« ist. Beim Krisennavigator gerät man schnell in eine Begriffskrise, schließlich wird hier alles Mögliche mit dem Präfix angeboten: Kriseninformationsdienst, Krisenforschungsinstitut, Krisenberatungsgesellschaft, Krisenprävention, Krisenfrüherkennung, Krisenbewältigung, Krisennachbereitung, Krisenberaterindex, Krisenmanagerverband, Krisenakademie und, wen wird es wundern, wieder einmal ein Krisenshop.

In den neuen Öffentlichkeiten herumschweifen

Aber zurück zur Veränderung, die nicht nur die Medien und ihre Inhalte, sondern auch den Konsum betrifft. Die noch bei vor allem älteren, von den Massenmedien geprägten Menschen zu findende Treue zu bestimmten Nachrichtensendungen oder Nachrichtenquellen, die als Pakete konsumiert und gekauft werden, wird mehr und mehr schwinden, schon alleine dadurch, dass es die Option gibt, weltweit auf alle möglichen Informationen zuzugreifen. Schon lange wird im Internet die Praxis eingeübt, nicht nur ein Medium zu besuchen, sondern sich über das Surfen bei unterschiedlichen Medien zu informieren oder gleich News-Aggregatoren zu benutzen, die anhand bestimmter Kriterien die News aller Medien bündeln und mit Schlagzeilen präsentieren, oder Feeds zu verwenden, also eine Art Ticker für den Privatgebrauch. Man will sich nicht mehr einsperren lassen, sondern frei umherschweifen, sich seine eigene Sammlung zusammenstellen, wird Sammler und Jäger. Die Zeit, in der man etwa einzelne Zeitungen, gleich ob Print oder digital, abonniert und diese quer durch alle Rubriken liest, um sich ein Bild von der Welt zu verschaffen, geht dem Ende zu, was auch zu der schon andauernden Krise der Zeitungen beiträgt.

Die sozialen Netzwerke *Twitter* und *Facebook*, aber auch die Suchmaschinen und neuerdings *Google+* haben diese Komprimierung noch weiter vorangetrieben. Nach einer aktuellen Erhebung verbringen deutsche Internetnutzer bereits mehr als ein Viertel ihrer Online-Zeit bei *Facebook* oder Google. *Facebook* sei zum zentralen Anlaufpunkt im Web geworden. 16,2 Prozent ihrer Online-Zeit verbringen die deutschen Internetnutzer bei *Facebook*, 2010 waren es erst 4,1 Prozent. Hier wird bekanntlich jede Information nur in kleinen Happen weitergereicht oder erhalten. Um den Informationsstrom am Laufen zu halten, dürfen die Informationsbrocken nicht zu groß und zeitverzehrend sein. Der Unterschied zwischen Nachrichten etablierter Medien und anderen, etwa persönlicheren Mitteilungen, verschwindet tendenziell oder wird unbedeutend. News oder andere Informationen erhält man oft über Freunde durch die sozialen Netzwerke, beispielsweise bei *Twitter*, wo persönliche Informationen von Freunden und Tweets von Organisationen, Medien oder Menschen, denen man folgt, durcheinandergemischt an einem vorbeiziehen, während der Einzelne zur viralen Streuung des bunt gemischten Stroms durch eigene Beiträge oder Verlinkungen beiträgt. Überwältigt wird man schon alleine bei großen Ereignissen, wenn im Sekundentakt alleine die durch ein Hashtag selektierten Tweets an einem vorüberziehen, während der Fernseher im Hintergrund läuft und Online-Medien versuchen, die Ereignisse, ihre Deutung, ihre möglichen Konsequenzen und die Einschätzung von Akteuren, Journalisten und Experten in einem fortlaufenden Stream zu organisieren, während man gleichzeitig aktiv ist, Informationen weiterzuleiten oder selbst Einwürfe zu machen.

Mit den neuen digitalen Öffentlichkeiten werden natürlich auch Krisen anders als zu Zeiten der Vorherrschaft der Mainstream-Medien verarbeitet, weil Informationen, Fotos, Bilder und Statements praktisch in Echtzeit aus den Zentren von Krisen unreglementiert in die Öffentlichkeit fließen, wodurch der bislang vorherrschende Blick der journalistischen Beobachter und deren Selektion und Bewertung durch Beteiligte, Betroffene und Zeugen gebrochen, ergänzt und manchmal auch ersetzt werden. Die technisch und organisatorisch alten Medien befinden sich seit fast 20 Jahren in einer tiefen Krise, weil eine Welt, wie immer getrieben durch technische Innovationen, bröckelt und vielleicht untergeht. Gerade deswegen ist es eine wichtige Perspektive, die Übergänge zu beobachten, ohne wissen zu können, wo wir landen werden, wenn es überhaupt eine Landung gibt und wir uns nicht daran gewöhnen müssen, weiterhin durch das aufgewühlte, den Überblick versperrende Informationsmeer zu surfen, also uns an die manchmal abrupt wechselnden Strömungen anzupassen oder auf diese unvorbereitet zu reagieren.

Wolfgang Schmidbauer
Mehr Hofnarr als Hofrat
Über die Krisen der Psychotherapie

Moderne Gesellschaften überlasten die Psyche. In zwei Jahrzehnten einer Biografie von heute sollen kleine Wilde, die ihre Affekte auf ein kurzes, heißes Leben in der paläolithischen Steppe vorbereitet haben, zu – sagen wir – einem Bankangestellten geformt werden, der geduldig seinen Dienst tut, sich scheinbar nicht ärgert, wenn er von einem Kunden beleidigt wird, und neun Stunden im Büro aushält, auch wenn es ihn noch so juckt, hinauszuziehen und Beute zu machen.

Die moderne »Nervosität«, die Freud keineswegs als Erster, aber doch nachdrücklicher und methodischer als seine Vorgänger thematisiert hat, wird durch ein archaisches Erbe schneller Affekte geprägt, die um der Kultur willen verlangsamt, unterdrückt und umgewandelt werden müssen. Das ist ein komplizierter Prozess, der oft genug scheitert. Menschen sind geschaffen, durch die Welt zu wandern, nicht irgendwo in ihr bewegungslos festzusitzen. Sie können (und wollen) schnell entscheiden, ob ein Bündel an Reizen sie zur Beute zu machen droht oder ihre Beute werden kann. Ihre Gefühle drängen zur Tat.

Was Folgen hat: Je weniger affektbestimmte Handlungsmöglichkeiten es in einer verwalteten Welt gibt, desto mehr wächst die Zahl von Menschen, die dem Druck nicht standhalten. Zu Freuds Zeiten nannten wir sie hysterisch, heute nennen wir die Unruhigen manisch oder schreiben ihnen eine Aufmerksamkeitsstörung zu. Die von erzwungener Ruhe Erschöpften stellen das Heer der Depressiven. Es wird immer unglaubwürdiger, psychische Krankheiten zu konstruieren, ohne zu berücksichtigen, dass wir eine Welt geschaffen haben, die unseren Gefühlen widerspricht.

Ein Leben in der Fremde

Freud schlug vor, als Erwachsener noch einmal zu betrachten, was dem abhängigen und hilflosen Kind geschehen ist, sprich: die damals entstandenen Ängste, Vermeidungen und Einschränkungen zu prüfen und Entscheidungen zu treffen, welche die gewachsene Kraft berücksichtigen. Dieses Modell wird uns noch beschäftigen, aber es ist nicht zu leugnen, dass die Folgen dieser kindlichen Einschränkungen längst nicht so schwer wiegen würden, wenn die modernen Lebensbedingungen sich nicht so weit von den sinnlichen Bedürfnissen entfernt hätten.

Es ist oft beschrieben worden, dass neurotische Symptome verschwinden, wenn Menschen aus ihrem sesshaften Zustand herausgerissen werden und sich dem nomadischen Modus wieder nähern. Wie wichtig allein der Blick ins Grüne ist, zeigt eine Untersuchung an der University of Pennsylvania: Dort wurden Patienten verglichen, die eine chirurgische Operation auskurieren mussten. Die unter ihnen, welche in Zimmern mit einem Blick auf den Krankenhauspark lagen, genasen nicht nur schneller, sie waren auch freundlicher zum Pflegepersonal.

Das Verstehen der Kindheit, ihrer Ängste und Abwehrstrategien ist in der mobilen Moderne von großem Wert für Menschen, wie Freud selbst einer war: zielstrebige, intelligente und energische Personen, die sich in einer ganz anderen Gegenwart zurechtfinden müssen, als es ihre Vergangenheit und die Tradition in ihrer Ursprungsfamilie nahegelegt haben. Freud war der erste Sohn einer armen jüdischen Familie, der das Gymnasium besuchte, studierte und in einer Großstadt Karriere machte. Kein Wunder: Den größten kulturellen Erfolg hatte die Psychoanalyse in den USA, wo solche Biografien noch viel verbreiteter sind als in Europa.

Seit nun aber die globalisierte Konsumgesellschaft angefangen hat, sich so schnell zu verändern, dass sozusagen jede Generation ihr eigenes Migrationserlebnis hat, seit parallel dazu die Freisetzungs- und

Individualisierungsprozesse ein Füllhorn von Selbstverwirklichungs-chancen über uns ausschütten, seit endlich die Massenmedien Jung und Alt pausenlos die Teilnahme an perfekten Lebensentwürfen frei Haus liefern, kurz: Seit das Zeitalter des Narzissmus begonnen hat, musste die Psychotherapie in eine Krise geraten.

Therapie in der Konsumgesellschaft: die Sehnsucht
nach Entschädigung

Es gibt einen jüdischen Witz, der die Erosion von Haltungen in der Konsumgesellschaft beleuchtet: Zum todkranken Versicherungsmak-ler wird der Rabbi gerufen, damit er den Gottlosen bekehre. Lange sprechen beide am Krankenbett. Dann öffnet sich die Tür: Der Mak-ler ist unbekehrt, der Rabbi versichert.

Ähnlich ist es um das Angebot der Psychotherapie bestellt, zu korrigieren, was in einer seelischen Entwicklung fehlgeschlagen ist. Während zu Freuds Zeiten der Patient seine Geschichte erzählte und der Analytiker in der Folge herausfand, was den Kranken traumati-siert hatte, um ihn dann zur Verarbeitung des Traumas zu führen, ist es heute oft umgekehrt. Der Patient weiß ganz genau, was ihn stört, kränkt und verletzt. Er weiß genau, dass seine Eltern, Partner, Vorge-setzten oder Kollegen schuldig sind, und äußert mehr oder weniger eindeutige Wünsche nach Entschädigung, nach einem erlösenden Idealzustand, wie ihn die Warenwelt verheißt.

Hinein ins therapeutische Geschehen: Eine Kollegin kommt depri-miert in die Supervision. Sie ist bei dem Versuch gescheitert, einen Gutachter der Krankenkasse ihrer Patientin zu überzeugen, dass eine weitere psychotherapeutische Behandlung nötig sei. Die Kranke ist wegen ihrer Rückenprobleme berentet und hat eine intensive Psycho-analyse mit vier Sitzungen pro Woche abgebrochen, weil sie die Fahrt nicht mehr auf sich nehmen will, die inzwischen ihre Rückenschmer-zen ins Unerträgliche steigert.

Jetzt will sie eine zweite Therapie beginnen, um die Enttäuschung durch die erste zu verarbeiten.

Die Kranke lernte nach beruflichen Rückschlägen einen Witwer mit zwei Kindern kennen und wollte heiraten. Die Rückenschmerzen, welche ihre Krise einleiteten und sie später auch in die Therapie führten, brachen aus, als die Patientin den ersten gemeinsamen Urlaub mit der geplanten Patchwork-Familie verbrachte. Die Hochzeit wurde verschoben. Erst musste sie ganz gesund sein. Sie wurde nun mehrfach operiert, ohne dass die Schmerzen verschwanden.

Irgendwann lernte ihr Partner eine andere Frau kennen, trennte sich von der Kranken und heiratete die Rivalin. Als die Patientin das erfuhr, warf sie einen laufenden Föhn in ihr Badewasser. Das Gerät stoppte, ohne ihr etwas anzutun. Sie deutete das als Omen und entschloss sich zu einer Psychotherapie.

Sie war nun zu alt für eigene Kinder, aber voller Sehnsucht nach einer Familie. Es war fast mit Händen zu greifen, dass die Kranke so viele eigene Sehnsüchte nach Versorgt- und Bewundertwerden in sich trug, dass sie sich zwar in der Fantasie geborgen und wie erlöst fühlte, einen Witwer mit zwei Kindern zu heiraten, aber die realen Ansprüche dieses Partners und zweier ihr im Grunde fremder Mädchen, die noch sehr an der verstorbenen Mutter hingen, einfach nicht »ertrug«.

Beruflich war ihre Situation nicht besser: Sie hatte eine sichere Stelle aufgegeben, weil sie sich zu wenig anerkannt fühlte. Jetzt fand sie keine neue Aufgabe mehr, die nicht – gemessen an der aufgegebenen Stelle – ein tiefer Abstieg gewesen wäre. Nach den schlechten Erfahrungen in Anstellungsverhältnissen wollte sie sich nicht mehr unterordnen, traute sich aber die ursprünglich von ihr angestrebte selbständige Tätigkeit nicht mehr zu.

Der Zusammenbruch hoch gespannter Erwartungen an eine Karriere kann in solchen Fällen gewissermaßen auch die Therapeuten mit sich reißen, die aufgesucht wurden, ihn aufzuhalten oder gar umzukehren. Hier widerlegt sich auch das Wort von den Krähen, die sich kein Auge aushacken. Der ersten Analytikerin, die eine »regressions-fördernde« Therapie durchgeführt hat, welche die Patientin abbrach, um sich verstärkt und bis zur Berentung ihren Schmerzen hinzuge-ben, wird ein Fehler vorgeworfen. Aber der zweiten Therapeutin geht es nicht besser.

Die Demütigung des Therapeuten

In der deutschen Kassenpsychotherapie ist die augenhackende Krähe sozusagen eine Funktionsträgerin des Systems. Anders als bei fast allen anderen Kuren mit Operation oder Medikament muss die Psychotherapie nicht nur ärztlich indiziert, sondern auch von einem bestallten Gutachter aufgrund eines ausführlichen Antrags entlang von Richtlinien geprüft und genehmigt oder abgelehnt werden. Unter den bereits streng in ihrer Qualifikation überprüften Psychologen und Ärzten, die als kassenzugelassene Psychotherapeuten arbeiten, ist dieses Antragsverfahren wenig beliebt. Es gibt eigentlich auch keine Parallele dazu, dass ein erfahrener Profi vor einem zweiten Profi, der keine überlegene Qualifikation nachweisen muss, seine Indikations-stellung rechtfertigen soll.

Dass dieser Kontrollaufwand seit Jahrzehnten getrieben wird, verrät viel über die ambivalente Beziehung der modernen Gesellschaft zu den niedergelassenen Psychotherapeuten: Sie werden gebraucht, aber man misstraut ihnen auch. Wie Unkraut in Pflasterritzen siedelt die Psychotherapie in den Fugen und Rissen zwischen dem Individuum und den großen Institutionen, welche die menschlichen Krisen erklären und verwalten: der Kirche, dem Recht, der Medizin. Erst wenn diese versagen, wenn der fromme Zuspruch nichts nützt, die Rechts-mittel gegen den kränkenden Partner oder Chef ausgeschöpft sind und die Ärzte nach großem Aufwand an Diagnose und Psychopharmaka aufgeben, kurz: Nach oder auch kurz vor dem Esoterischen und der Heilpraxis hat der kassenzugelassene Psychotherapeut seine Chance.

Das hängt damit zusammen, dass die Psychotherapie zwar gegenüber den Krankenkassen wie ein Zweig der Medizin auftritt, in Wahrheit aber mindestens ebenso eine angewandte Sozialwissenschaft ist. Grundlegende Modelle der Medizin, wie die exakte Diagnostik, sind unter Psychotherapeuten durchaus umstritten, gelten als Willkür, manchmal sogar als sich selbst erfüllende Prophezeiung. In der Tat gibt es historische Beispiele in dieser Richtung.

An vielen berühmten und/oder skurrilen Gestalten hat der kanadische Sozialforscher Shorter[1] gezeigt, wie der »wissenschaftlich« vorgehende Arzt und die »nervöse« Patientin in der Gestaltung von Krankheiten und Krankheitssymptomen in einer Weise zusammenwirken, die wir heute vielleicht mit der Interaktion von Regisseur und Schauspielerin vergleichen würden.

Nehmen wir nur den berühmten französischen Neurologen Jean-Martin Charcot (1825–1893). Charcots Ansehen in Paris beruhte zunächst auf soliden neurologischen Diagnosen, wurde von ihm aber mit großem Sinn für Prestige und Machtausübung in Bereiche erweitert, in denen sich das medizinische »Wissen« nicht von dem der Astrologie unterschied. Charcots Ruf entstand durch klinische Beobachtungen; so wies er etwa nach, dass die charakteristischen Schäden der Kniegelenke bei Spätsyphilis mit Rückenmarksbefall nicht durch die Grundkrankheit, sondern durch sekundäre Traumen entstehen. Weil die Kranken Tiefensensibilität und Vibrationsempfindung in den Beinen eingebüßt haben, treten sie so ungeschickt auf, dass ihre Gelenke zerstört werden.

Dass ein Gelehrter die Hypothese, die sich an einem Ort bewährt hat, auf ein noch ungeklärtes Phänomen anwendet, liegt nahe. Dass er freilich, wenn sich die Erscheinungen gegen die Hypothese wehren, nicht lockerlässt, bis sie sich ihr fügen, setzt ein Forschungsgebiet voraus, in dem das »psychosomatische« Zusammenspiel zwischen Arzt und Patientin Inszenierungspotenziale erschließt. Immerhin räumte Charcot mit dem Vorurteil auf, dass Hysterie nur Frauen befallen kann, weil sie von der Gebärmutter oder den Eierstöcken »verursacht«

wird. Wenn sie, wie er vermutete, eine Krankheit des Nervensystems ist, befällt sie auch Männer. Freud brachte diese Einsicht später nach Wien und musste sich mit scholastischen Einwänden seiner Kollegen plagen: Da Hysterie von griechisch hysteron (Gebärmutter) abzuleiten sei, könnten Männer nicht an ihr leiden.

Die »große Hysterie«, die Charcot entwarf und bis zu seinem Tod im Bewusstsein der europäischen Medizin verankerte, war ein Kunstprodukt, erzeugt durch suggestive Ansteckung der zusammengepferchten Patientinnen und aufrechterhalten durch die »hypnotischen« Bemühungen der Assistenten, Beweise für die Theorie des Meisters zu finden.

Dass die Hysterie durch epileptoide Anfälle charakterisiert ist, denen ein »Stadium des Clownismus« und ein »Stadium der pathetischen Haltungen« folgen, galt so lange, wie Charcot seinen Assistenten dieses Krankheitsbild glaubhaft machte. Joseph Jules Dejerine, der zwei Jahre nach Charcots Tod dessen Lehrstuhl übernahm, betreute ebenfalls einen ganzen Saal armer hysterischer Frauen. Aber wo unter Charcot gezuckt und geschrien wurde, ging es jetzt ruhig zu, weil der Chef keine Anfälle mochte. »In den acht Jahren, die ich nun an der Salpêtrière bin«, fasst Dejerine zusammen, »haben die Symptome der sogenannten großen Hysterie, wo sie sich in meiner Abteilung zeigten, in keinem einzigen Fall länger als eine Woche angehalten«.

Shorter sieht in diesen Ereignissen vor allem einen Hinweis darauf, wie viel Macht die Ärzte in der zweiten Hälfte des 19. Jahrhunderts über die Gestalt der Krankheiten gewonnen hatten. Seine zentrale These zur Gegenwart der psychosomatischen Erkrankungen ist übrigens, dass sie diese Macht gegenwärtig wieder verlieren. Ihre Nachfolger sind die Massenmedien. Sie machen den ärztlichen Autoritäten den Rang streitig. Während die hysterischen Kranken den Ärzten so sehr vertrauten, dass sie genau die Symptome produzierten, die diese erwarteten, ist angesichts der modernen Erschöpfungssyndrome eine neue Front aus Massenmedien und pseudomündigen Patienten entstanden, die sich trotzig gegen ärztliche, aber auch psychologische Bevormundungen wehren und wie eine Sekte davon ausgehen, dass nur Betroffene mitreden dürfen.

Psychiatrie und Psychotherapie sind nicht nur aus wissenschaftlichen, sondern auch aus politischen und ökonomischen Motiven in das Medizinsystem integriert. Psychiatrische und psychotherapeutische Diagnosen sind ebenso sozialwissenschaftlich zu sehen wie naturwissenschaftlich. Das jüngste Beispiel für die daraus wachsenden Spannungen im öffentlichen Diskurs ist der sogenannte Burn-out.

Depression der Erfolgreichen?

Vielleicht werden Historiker einmal die beiden in den 1970er-Jahren geprägten Begriffe »Helfersyndrom« und »Burn-out« als Signale werten, dass damals der Reformoptimismus der 68er an äußere und innere Grenzen stieß. Beiden Begriffen ist gemeinsam, dass sie schon lange nicht mehr in ihrem Ursprungszusammenhang zitiert werden, sondern Teil der Umgangssprache und sozusagen Multifunktionswerkzeuge geworden sind.

Wörtlich heißt »Burn-out« Ausbrennen, es entspricht dem Verlöschen einer Lampe, wenn das Öl verbraucht ist, oder dem Zustand eines »ausgebrannten« Gebäudes. Unter Motorradfahrern bedeutet Burn-out den Verschleiß eines Reifens, wenn bei festgehaltener Vorderradbremse so viel Gas gegeben wird, dass das Hinterrad durchdreht und der Pneu sich so stark erhitzt, dass er raucht oder Feuer fängt. So lässt sich ein Reifen in wenigen Minuten »abfahren«, ohne dass der Fahrer einen Meter vorwärtskommt.

Herbert Freudenberger, der zuerst von Burn-out sprach, beschränkte den Begriff auf die sozialen Berufe, vor allem auf Ehrenamtliche und sozial Engagierte, in deren Arbeitsmotivation Ideale eine größere Rolle spielen als Verdienstmöglichkeiten. Wenn jemand plötzlich vermehrt an Geld dachte und sich angesichts seines Einsatzes unterbezahlt erlebte, war es um die Zeit, als der Begriff entstand, ein Signal für den beginnenden Burn-out.

Heute wird der Begriff querbeet für alle Störungen der Stressbewältigung und Motivation im Beruf verwendet. Auch ausgesprochen gut bezahlte und reichlich mit Prestige belohnte Personen des öffentlichen Lebens sprechen von ihrem Burn-out und begründen so, dass sie eine Pause machen wollen. In den Talkshows zum Burn-out tauchen Spitzensportler auf, die ihre Erschöpfungen beschreiben.

Gegen diese Mode melden sich gegenwärtig wieder Psychiater zu Wort. Sie möchten den Burn-out wie ein entlaufenes Kind einfangen, um ihn wieder als Depression in ihrem Ressort zu verankern. Dagegen wehren sich nun wieder Supervisoren und Organisationsberater, die darauf bestehen, dass Burn-out keine individuelle Erkrankung, sondern ein soziales Geschehen ist, das mit den Organisationen zusammenhängt, in denen die Betroffenen arbeiten. Das Ganze erinnert an die Debatten zwischen Gynäkologen und Neurologen im 19. Jahrhundert, welche Disziplin für die Hysterie zuständig sei.

Wissenschaftler können in aller Ruhe beklagen, dass Begriffe unscharf und daher für ihre Arbeit unbrauchbar werden. Praktiker hingegen werden die neueren Wandlungen des Burn-out-Begriffs mit gemischten Gefühlen zur Kenntnis nehmen. Einerseits ist es ja nicht schlecht, wenn Prestigeträger gestehen, dass sie seelische Probleme haben. Das kann dazu führen, dass sich auch weniger erfolgreiche Menschen nicht mehr schämen, psychologische Hilfe in Anspruch zu nehmen. Auf der anderen Seite geht in der öffentlichen Debatte vollständig unter, dass es einen Unterschied zwischen einer depressiven Entwicklung und beruflicher Überlastung gibt. Der Burn-out-Begriff wird zum Mythos, die in ihm steckende Poesie von Feuer und Flamme, Glut und Asche wird nicht nur zum Verhängnis für seine präzise Verwendung, sondern auch zum Hindernis für eine gründliche Therapie.

In einer Berufswelt, in der Motivationstrainer schreien: »Ihr müsst brennen!«, verwandelt sich Burn-out von der ganzen Ernsthaftigkeit und Gefahr, die jeder depressiven Entwicklung zugeschrieben werden muss, zu einer Art Verwundetenabzeichen. Man hat etwas übertrieben, man braucht Erholung, vielleicht das eine oder andere Kräftigungsmittel (wer im Internet recherchiert, dem werden alsbald Johanniskraut und diverse »Stärkungsmittel« rezeptfrei angeboten). Eine Erholungskur ist smart und schick. Von einer professionell durchgeführten Psychotherapie, welche die Über-Erwartungen an die narzisstische Bestätigung durch die Arbeitswelt zurechtrücken hilft, ist nicht die Rede.

Das Zeitalter narzisstischer Störungen

In der individualisierten Gesellschaft, in der das gelingende Leben der Konstruktion und dem Ideal nach in die eigene Verantwortung hinein freigesetzt ist, haben sich die narzisstischen Störungen multipliziert. Was einst nur besonders begabte Individuen mit voller Wucht traf (wie etwa den Dichter Heinrich von Kleist, der die narzisstische Dynamik eigentlich entdeckt und brillanter beschrieben hat als viele heutige), greift bereits nach den Adoleszenten und lässt die Rentner noch lange nicht los. Verletzungen und Enttäuschungen in den frühen Lebensphasen bereiten viele Individuen schlecht auf die Forderungen des erwachsenen Lebens vor, Kränkungen zu verarbeiten und manische Fantasien aufzugeben, welche sie aus der keimenden Depression erlösen.

Der Sohn von Migranten, dem die Eltern alles zutrauen, die Tochter der erfolgreichen Mama suchen für sich selbst und für ihre Eltern in Drogen- oder Magersucht eine Erklärung für ihren Mangel an Zuversicht und an der inneren Bereitschaft, erst einmal eine Durchschnittsrolle zu spielen. Bei den Nutzern von Psychotherapie wächst das Bedürfnis, vom Therapeuten *nicht* über die verborgenen, grandiosen Wünsche und die Verweigerung der alltäglichen Arbeit unterrichtet zu werden. Er soll trösten, bestätigen, die Umwelt ebenso böse finden, wie man es selber tut. Er soll die manische Abwehr nicht infrage stellen, sondern sie stützen und Wege zeigen, sie zu festigen.

Oder sich wenigstens als Sündenbock zur Verfügung stellen, wenn das nicht gelingt. Die oben erwähnte Patientin hatte ihren Arbeitsplatz aufgegeben, ohne ihre Analytikerin einzuweihen. Sie ging davon aus, die Therapeutin sei ebenso wie sie überzeugt, es mache Sinn, jetzt erst einmal alle verfügbare Energie in die Behandlung zu leiten. Je länger die Analyse dauerte, desto unvermeidlicher wurde die Wut auf die Analytikerin. Aber es gelang nicht, eine Übertragung auf die versagende Mutter zu bearbeiten. Die Patientin erklärte die Analytikerin zur realen Versagerin, brach die Behandlung ab und überzeugte die Nachfolgetherapeutin, schuld daran sei die Analytikerin, die stur verlangt habe, weiter vier Stunden pro Woche eine Fahrt auf sich zu nehmen, die schon für eine Rückengesunde eine Zumutung sei.

Die »neue« Therapeutin arbeitete meistens ein- bis zweistündig. Sie fühlte sich von der Bewunderung der Patientin angezogen, wie tolerant und einfühlend sie sei, so ganz anders als die strenge, sture Person, von der sie sich verabschiedet habe. In diesem Geist muss sie ihren Antrag geschrieben haben – und erlebte eine milde Variante des Zusammenbruchs einer manischen Erwartung.

Die Fähigkeit, zwischen konstruktiven und destruktiven Regressionen zu unterscheiden, ist eine wichtige Qualität erfolgreicher Psychotherapeuten. Wem sie fehlt, der wird in dieser Arbeit nicht froh werden und immer wieder perplex vor malignen Entwicklungen seiner Patienten stehen, denen es schlechter geht und nicht besser. »Er hat es ganz besonders gut gemeint, aber am Ende ist der Patient unverändert« – das entwertet den Therapeuten als Versager und sucht den nächsten Heiler. Wie einst die Eltern neigen auch Therapeuten, die ihren Verwöhnungskomplex nicht bearbeitet haben, zu übermäßig nachgiebigem Verhalten, dem im Zusammenbruch der Helferillusionen schroffe Zurückweisung und eine Entwertung des vorher idealisierten Kranken folgen.

Therapeutische Grenzen ertragen

Was ich damit meine? Eine junge Gestalttherapeutin in einer Gemeinschaftspraxis behandelt eine Frau, die trotz einer belasteten Vorgeschichte mit verschiedenen Suchtformen in einem mittleren Unternehmen Abteilungsleiterin geworden ist. Die Kranke klagt über einen völligen Mangel an privaten Beziehungen und Sexualleben; sie ist mit über 30 Jahren noch Jungfrau.

Bald nach dem Beginn der Behandlung, die sich auf die traumatischen Kindheitserlebnisse konzentriert, verliert die Klientin das Interesse an ihrem Beruf. Sie fehlt häufig mit den verschiedensten Krankheiten oder Schmerzzuständen, wirkt aber auf die Therapeutin durch eine Mischung aus dramatischen Verschlechterungen und ebenso dramatischen Besserungen sehr engagiert.

Sie will den Beruf wechseln, will ihre ganze Kindheit aufarbeiten, vermutet abwechselnd einen Vater- und einen Bruder-Inzest. Sie bucht im Urlaub Selbsterfahrungsgruppen und liest, was an Literatur über weibliche Identität, sexuellen Missbrauch und Esoterik auf dem Markt ist.

Nach fünf Jahren Behandlung hat sich ihre Situation erheblich verschlechtert. Sie ist berentet; ihren neuen Lebensentwurf, selbst Therapeutin zu werden, konnte sie so wenig verwirklichen wie ihren »Seelenzwilling« finden, den allein sie als Partner akzeptieren kann. Ihre frühere Tätigkeit, für die sie ausgebildet ist, erscheint ihr unerträglich. Sie klagt nach wie vor über ihre Kinderlosigkeit und ihr Gefühl, nichts aus ihren Fähigkeiten machen zu können.

Die Therapeutin legt die Stunden mit ihr, die sie belastender findet als die restliche Arbeitswoche, vor ihre Mittagspause. Sie begründet das damit, dass die Klientin die wesentlichen Probleme und die echten Gefühle häufig erst dann bringe, wenn die vereinbarte Zeit vorbei sei. So opfert die Therapeutin an zwei Tagen in der Woche die Hälfte ihrer Mittagspause und muss den Ärger ihrer Kollegen ertragen, die sie gerne beim gemeinsamen Essen dabei hätten.

Diese Dynamik einer malignen Regression lässt sich in das Bild fassen, dass der Kranke zwar gerne in eine schönere Wohnung umziehen möchte, aber sich leider außerstande sieht, die Miete zu bezahlen. Unterstützt ihn der Therapeut im voreiligen Kündigen der unbequemen Gegenwart, findet er bald einen Patienten, der sich bitter beklagt und seine Forderungen nach Hilfe ins Unermessliche steigert, weil er die schönere Wohnung nicht gewonnen, wohl aber die unbequeme verloren hat. Nun steht er auf der Straße und sehnt sich nach dem alten Gehäuse, dessen Vorteile er jetzt erkennt, nachdem er sie mitsamt den Nachteilen losgeworden ist.

Der Therapeut handelt also weise, wenn er den Alltagsgrundsatz nicht ignoriert, dass niemand den Ast absägen sollte, auf dem er sitzt. Er verzichtet besser darauf, Lösungen für existenzielle Probleme anzubieten. Er sollte sich aller Versprechen enthalten, dass eine gelingende Therapie es ermöglicht, die richtige Frau, den richtigen Mann, den richtigen Beruf zu finden. Vielleicht kann er sagen: Sie hilft, die unweigerlichen Schattenseiten jeder Beziehung, jeder Tätigkeit besser zu ertragen.

Nun gibt es eine typische Situation, in der diese Weisheit nicht mehr allein durch Abstinenz – also durch Enthaltung von Ratschlägen, Vorschriften und ähnlichen aktiven Eingriffen in das Schicksal des Patienten – verwirklicht werden kann. Dieser Sonderfall tritt ein, wenn der Therapeut allein durch seine Existenz eine Norm, ein Ideal verkörpert, das zum Vorbild werden und Nachahmung finden kann.

»Ich will Therapeut werden«:
So gedeihen regressive Identifizierungen

Wenn ein Kranker während der Therapie immer unzufriedener mit dem Beruf wird, den er gerade ausübt, und schließlich wie befreit dem Therapeuten mitteilt, er habe die Lösung für dieses Missbehagen gefunden: er wolle selbst Therapeut werden, dann genügt es nicht – zumindest nicht in jedem Fall –, Einfälle zu sammeln, Gefühle zu spiegeln und unbewusste Fantasien zu deuten, in der Hoffnung, dass der Patienten verstehen möge, welche Abwehrfunktion seine Fantasie hat. Hier wird die Einflussmöglichkeit der Argumente und der verbalen Arbeit überschätzt, die Macht der existenziellen Identifizierung und des leibhaftigen Eindrucks hingegen unterschätzt. Indem der Therapeut einfühlend über die Fantasie des Berufswechsels spricht, kann er auf dieser unbewussten Ebene einer Identifizierung so viel Bejahendes transportieren, dass sich der Patient bestätigt sieht und immer unkritischere Erwartungen an seine neue Berufung richtet.

Zu den Anfangszeiten der Psychoanalyse war der Beruf des Arztes noch längst nicht so prestigeträchtig wie heute. Im Großbürgertum, der damals tonangebenden Schicht, war der Arzt ein Handwerker, den man bei Not ins Haus bestellte; die Entwicklung der Psychoanalyse begleitete der Schritt vom Arzt, der kommt, zum Arzt, den man aufsuchen muss. Dieses geringere Prestige schützte den Psychoanalytiker damals weitgehend davor, dass sein Beruf während einer Behandlung ernsthaft begehrt wurde.

Heute hingegen genießt der Arzt das höchste Sozialprestige, der Psychotherapeut partizipiert daran. Heilpraktikerschulen, die mit einem Freud-Porträt für eine Blitzausbildung zum Therapeuten werben, haben offensichtlich genügend Umsatz, um teuren Werberaum zu kaufen. Der Neid auf den interessanten und vielseitigen Beruf des Therapeuten gehört zu den Phänomenen, die während einer Behandlung zu erwarten sind. Wohl auch aus diesem Grund fällt es vielen Helfern schwer, sich genügend klar zu verhalten. Sie fürchten, den Eindruck zu erwecken, ihre Privilegien nicht großzügig teilen, sondern eifersüchtig hüten zu wollen. Vielleicht schmeichelt ihnen das Interesse an ihrer Person, sie genießen es, Vorbild zu sein, lebensprägender Führer eines bisher orientierungslosen Menschen.

Die 40-jährige Lehrerin, die bisher in wechselnden Anstellungen gearbeitet hat, sucht wegen einer Beziehungskrise therapeutische Hilfe. Ein Freund – erheblich jünger als sie – hat sie verlassen, kurz nachdem sie sich seinetwegen von ihrem gleichaltrigen Ehepartner getrennt hatte. Während der therapeutischen Arbeit entschließt sich die Lehrerin, die Schule zu verlassen und Kinderanalytikerin zu werden. Es gelingt ihr noch während der Therapie, an dem örtlichen Institut für Kinder- und Jugendlichentherapie einen Ausbildungsplatz zu bekommen. Sie schließt die Lehranalyse unmittelbar an die Heilanalyse an, durch die ihr Berufswunsch entstanden ist. Es zeigt sich, dass nach wie vor suizidale Krisen drohen. Nach einer erneuten Trennung von einem Partner begeht die angehende Kinderanalytikerin an einem Wochenende einen Selbstmordversuch.

In den Psychotherapien der Konsumgesellschaft kommt es oft zu einem semantischen Wettlauf: Gelingt es, die defensiven Regressionen zu erkennen und an ihnen zu arbeiten, oder wird umgekehrt das therapeutische Vokabular in den Dienst der Regression gestellt? Der Klient kann Deutungen in sein System der Rechtfertigungen aufnehmen. Er muss in seiner Untätigkeit verharren, er hat schließlich eine Frühstörung oder eine Borderline-Struktur.

Im Klimakterium der Geltungswünsche

Da sich unser Ich-Bewusstsein formiert, wenn wir 17 oder 18 Jahre alt sind, schämen wir uns der Behinderungen und Schwächen des Alters. Wir empfinden diese im Grunde als eine Gemeinheit, als ob die Welt etwas anderes versprochen hätte.[2] Die meisten Menschen verweigern sich der Einsicht, dass es ab einem bestimmten Punkt im Leben weniger darum geht, die eigene Geltung auszudehnen, als ihr Schrumpfen möglichst weit nach hinten zu verschieben.

Ganz ähnlich hat sich das professionelle Bewusstsein der Psychotherapie formiert, als sie jung war, zu Beginn des 20. Jahrhunderts. Damals entwickelte sie eine Grundhaltung, dass es doch gelingen sollte, den Kranken Hemmungen zu nehmen, ihnen sexuelle Erfüllung statt hysterischer Lähmung und Blindheit zu ermöglichen. Es wurde zum subtilen Mythos der Psychotherapie, Einschränkungen in der Psyche zu erkennen, sie zu beseitigen und damit den behandelten Personen neue Möglichkeiten zu verschaffen, sich selbst zu verwirklichen.

Die klassische »große Psychoanalyse« als einmalige, lebensbeeinflussende Erfahrung scheint zu veralten. Wer länger am selben Ort in einer analytischen Praxis arbeitet, entdeckt bald, wie viele Menschen nach einer solchen Behandlung später erneut Hilfe benötigen. Das Modell des »durchanalysierten« oder »geheilten« Neurotikers muss um die Vielzahl der Menschen erweitert werden, die immer wieder von einer therapeutischen Arbeit profitieren beziehungsweise durch sie vor Ärgerem bewahrt bleiben.

Parallel dazu müss(t)en die Therapeuten ihr frühes, leicht manisches Selbstbewusstsein mäßigen, das sie aus den Pionierzeiten ihrer Arbeit übernommen haben. Solange das nicht der Fall ist und die Helfer sich selbst überschätzen, sind sie auch verführbar durch den Narzissmus ihrer Klienten. Während der Therapeut noch davon träumt, dem Kranken eine bessere Zukunft zu eröffnen, müsste er sich schon längst Sorgen machen, dass dieser in der Erwartung dieser Zukunft seine Gegenwart ruiniert, sich von einem Partner trennt, eine Arbeitsstelle aufgibt.

Es gibt nicht wenige Fälle, in denen das Leistungssystem der Kassen und der Ehrgeiz von Therapeuten dazu führen, dass viel Zeit und Kraft für Behandlungen aufgewendet werden, die mehr schaden als nutzen, weil sie auf eine unheilvolle Weise die Größen- und Allmachtsfantasien reizen, mit deren Hilfe in ihrem Selbstgefühl verletzte Menschen in der modernen, von mediengespeisten Illusionen durchtränkten Welt versuchen, ihre Zweifel und Ängste zum Schweigen zu bringen.

Die manische Abwehr des Kranken, der sich selbst überschätzt und dicht vor dem Durchbruch zur überoptimalen Liebesbeziehung oder zum grandiosen beruflichen Erfolg wähnt, wird durch den Therapeuten aufgenommen und verstärkt, der indirekt dem Kranken verspricht, er werde von ihm geheilt werden, wenn er sich nur erst einmal auf die Therapie einlasse, und dann als Gesunder so grandios sein, wie er es schon immer geträumt hat.

Die Forschung über solche Fehlentwicklungen wird dadurch erschwert, dass es seit vielen Jahren unterschiedliche Therapieschulen gibt, die manchmal heftig gegeneinander polemisieren. Wenn ein Patient eine Behandlung abbricht, weil sie ihn unbefriedigt lässt, und einen anderen Psychotherapeuten aufsucht, müsste dieser in aller Ruhe und möglichst objektiv überlegen, ob der Kranke an einer unerfüllbaren Erwartung an seine Umwelt leidet, die unter allen Behandlungen scheitern muss, oder ob die vorangegangene Behandlung aufgrund von Kunstfehlern oder einer falschen Indikation unwirksam blieb.

Im ersten Fall gestaltet sich das weitere Vorgehen völlig anders als im zweiten – vorausgesetzt, der Folgetherapeut urteilt objektiv. Ist er aber der Vertreter einer Schule, die andere Schulen für unwirksam und unwissenschaftlich erklärt, wird er die Enttäuschung des Kranken auf das »falsche« Vorgehen einer entwerteten Schule zurückführen und sich von seiner eigenen Methode ein besseres Ergebnis versprechen.

Diese Gefahr ist gerade bei narzisstischen Nähe-Ängsten virulent. Wenn eine Kranke sich von einem Therapeuten jene einzigartig befriedigende Beziehung verspricht, die sie in ihrem Alltag nicht finden kann, wird sie immer wieder an der professionellen Distanz scheitern und den Eindruck haben, dass ihr der Therapeut nicht geholfen hat. Es hat Kranke gegeben, die auf diese Weise eine Reihe von Therapeuten durchprobierten und nachher ein Buch inspirierten, in dem Therapie generell als schädlich dasteht.

Therapie oder Heilung?

Sehr viele Menschen erfahren durch eine Psychotherapie eher, wie hartnäckig Ängste, Depressionen und vor allem Beziehungsschwierigkeiten sind. Sie empfinden sich auch nach einigen Jahren einer Behandlung nicht als geheilt. Aber sie sind, wenn die Psychotherapie kunstgerecht durchgeführt wurde, besser in ihrem Leben orientiert. Sie sind die ganze Zeit arbeitsfähig geblieben und haben nur selten mit somatischen Inszenierungen Krankenhausaufenthalte mit Operationen oder aufwendige Kuren beansprucht.

Die gesetzlichen Krankenkassen würden eine entsprechende Behandlung, wenn der Bedarf nach ihr offen vorgetragen wird, nicht bezahlen. Es gehört nicht zu ihrem Auftrag, prophylaktisch tätig zu sein, während vorbeugende Maßnahmen gegen Klinikaufenthalte und Arbeitsunfähigkeit eine zentrale Aufgabe der ambulanten Psychotherapie sind. Obschon es viele Hinweise gibt, dass eine psychotherapeutische Stabilisierung narzisstischer Störungen eine der ökonomischsten Interventionen im Gesundheitssystem ist, haben sich die bürokratischen Prozesse noch nicht in dieser Richtung verändert.

Anfänger werden sich ironisch distanzieren oder entmutigt abwenden, wenn sie hören, dass ein Klient zehn oder 20 Jahre behandelt wurde und auf Befragen behauptet, das eigentliche Therapieziel, ein normales Leben in einer glücklichen Familie zu führen, habe er keineswegs erreicht. Es kränkt den Helfernarzissmus, sich damit zu bescheiden, Ärgeres verhindert zu haben.

Dieser Entwertung möchte ich hier entgegenhalten, dass es viel Aufmerksamkeit, Geschick und Engagement erfordert, in ihrem Selbstgefühl schwer gestörten Menschen durch eine psychotherapeutische Behandlung nicht zu schaden. Wer sie stützen kann, darf stolz darauf sein, dass ihm das gelungen ist.

Die Krise der Psychotherapie lässt sich mit einer »Midlife-Crisis« oder einem Klimakterium vergleichen. In dieser Krise schwanken Menschen zwischen einer manischen und einer depressiven Fantasie.

Sie träumen davon, zu ungeahnten Höhen und Erfolgen durchstarten zu können, oder sie fürchten, allem Erreichten zum Trotz, dass die guten Zeiten vorbei sind und sie keines ihrer hochgesteckten Ziele erreicht haben.

In den kulturkritischen Schriften Freuds ebenso wie in seiner Organisation einer Dienstleistung als »Bewegung« ist dieser manische Traum angelegt. Nichts konnte der Begründer der Psychotherapie weniger leiden als ein Örtchen für seine ganz spezielle Wissenschaft im psychiatrischen Lehrbuch zwischen Hypnose und Persuasion. Aber genau das ist in der Praxis geschehen. Es gibt Dutzende von Schulen der Psychotherapie, die nur der Insider (und oft nicht einmal dieser) überblickt. Von einer Reform der Gesellschaft, einer neuen und eigenen Disziplin an den Universitäten kann nicht die Rede sein. Wo es Lehrstühle gibt, wird vorwiegend das unterrichtet, was Freud verachtete: ein Pluralismus der Methoden ohne auf die Gesellschaft gerichtete, reformerische Impulse.

Der therapeutische Kapitalismus

Interessanterweise ist es eine Soziologin, welche Freud eine Art späten und unfreiwilligen Sieg bescheinigt und die Größenfantasie der Therapeuten unterstützt. Eva Illouz hat in mehreren Büchern behauptet, dass die kapitalistische Gesellschaft von einer wachsenden Psychologisierung und Therapeutisierung des menschlichen Gefühlslebens begleitet ist.

Der Kapitalismus wird, anders als es Marx behauptet, nicht an seinen Widersprüchen scheitern, sondern diese raffiniert in den Dienst des Konsums und damit einer Bemächtigung der Individuen stellen. Die rationale Sphäre der Ökonomie zeugt als ihren Kontrast und als Erholungsraum eine wachsende Macht von Glücksversprechen im Seelenleben. Diese werden in Trivialisierungen des psychoanalytischen Vokabulars formuliert, postuliert und verwaltet.

Freud hatte sich energisch gegen Vorstellungen gewandt, Menschen in einer Therapie zum richtigen Leben anzuleiten. In diesem Zusammenhang erklärt er »Psychosynthese« zu einer Leerformel: Wenn die krank machenden Komplexe korrekt analysiert würden, setze sich die Seele sozusagen von selbst wieder zusammen; es schade mehr, als es nütze, wenn der Analytiker als Seelenführer auftrete. Bis in die 1980er-Jahre war der Tenor psychoanalytischer Sachbücher eher kulturkritisch als affirmativ – denken wir etwa an Horst-Eberhard Richters *Flüchten oder Standhalten* oder an meine eigenen Bücher zum Helfersyndrom.

Wenn ich die aktuellen Verlagsprospekte über »Psychologie und Lebenshilfe« betrachte, finde ich gegenwärtig nur ein einziges Buch, das in dieser kulturkritischen Geste fortfährt: *Die seelenlose Gesellschaft* von Till Bastian.

Alle anderen Titel appellieren an die manische Abwehr durch Coaching, positives Denken und Empfehlungen, selbst die stärkste Marke zu sein (*Die stärkste Marke sind Sie selbst! Das Human Branding Praxisbuch* von Jon Christoph Berndt). Sie geben Rezepte gegen Liebeskummer, raten mir, die eigene Angst zu umarmen und sie in positive Lebenskräfte zu verwandeln. Sie bieten Burn-out-Soforthilfe, Tantra-Orgasmen, gekonnten Egoismus (»Und jetzt geht's mal um mich!«).

Die meisten populären psychologischen Autoren scheinen nicht mehr daran zu glauben, sie könnten durch Problemanalysen Selbstheilungskräfte wecken. In der Tat hat die Zahl depressiver Erkrankungen stark zugenommen; sie sind inzwischen schon der häufigste Grund für Arbeitsunfähigkeit. Da ist es nicht verwunderlich, dass die Unterstützung der manischen Abwehr mehr gefragt ist als der kritische Impuls. Die Flut der positiv denkenden Lebenshilfen erinnert fatal an die übermäßige Zapfenproduktion der vom Waldsterben bedrohten Fichten.

Selbst wenn in den Mythen über die Psychologisierung der Gesellschaft etwas Wahres steckt, die Therapeuten als berufliche Gruppe profitieren nicht davon. Sie haben dauernd mit Einschränkungen und

Abwertungen zu kämpfen. Ihr Beruf wird mehr und mehr zu einem Frauenberuf. Feministinnen wissen, dass dies kein gutes Zeichen ist. Die Einfluss- und Verdienstmöglichkeiten der approbierten Psychologen im Medizinsystem sind eng beschränkt. Das hat Geschichte. Es ist kein Zufall, dass Sigmund Freud zwar mehrfach für den Nobelpreis in Medizin im Gespräch war, aber nur den Goethepreis der Stadt Frankfurt erhielt – für Literatur.

Gegenwärtig gibt es kaum eine berufliche Laufbahn, die ähnliche entwürdigende Rituale erfordert wie die zum psychologischen Psychotherapeuten oder Kinder- und Jugendlichentherapeuten: unbezahlte oder unterbezahlte, zwölf Monate dauernde Praktika in ausgewählten psychiatrischen Einrichtungen, welche an den Diplom- oder Master-Psychologen billige Arbeitskräfte gewinnen. Danach werden die Kandidaten an privaten Instituten zum Staatsexamen für die Approbation als psychologischer Psychotherapeut weitergebildet.

Krisen und Rollen der Seelenärzte

Im Herbst 2011 wandte sich der Präsident der deutschen Bundespsychotherapeutenkammer an die Öffentlichkeit. Rainer Richter, Professor für Medizinische Psychologie und Psychosomatik in Hamburg, beklagte eine Fehlplanung des Gesetzgebers: Es gibt viel zu wenig Psychotherapeuten für die gesetzlich Versicherten und es wird sehr viel mehr Geld für »zudeckende« Behandlungen ausgegeben als für den Versuch, Ängste und Depressionen dort zu behandeln, wo sie entstehen: in den Widersprüchen zwischen den Lebensbedingungen der Menschen in der Konsumgesellschaft und der Leistungsfähigkeit unseres Nervensystems, diese angemessen zu verarbeiten.

Im Jahr geben die gesetzlichen Krankenkassen für ambulante Psychotherapie 1,3 Milliarden Euro aus. Erheblich mehr Geld (1,8 Milliarden Euro) legen die Kassen für Krankengeld aus, das jenen Arbeitnehmern bezahlt werden muss, die wegen ihrer psychischen Erkrankungen (ganz überwiegend aus dem depressiven Formenkreis) nicht arbeiten können. Noch weit darüber liegen die Ausgaben für Psychopharmaka: Sie betragen 2,5 Milliarden Euro pro Jahr.

Da ein Kassenpatient auf den ersten Termin bei einem approbierten Psychologen rund drei Monate warten muss, ist es um die Erstversorgung denkbar schlecht bestellt. Wer unter akuten Ängsten oder Depressionen leidet, lässt sich von seinem Hausarzt mit Medikamenten versorgen oder geht in eine Klinik. Beide Maßnahmen lenken von einer Auseinandersetzung mit dem Symptom ab und lenken den Kranken entweder in eine Warteschleife oder in eine falsche Richtung.

Als der Beruf des psychologischen Psychotherapeuten in Deutschland endlich 1999 gesetzlich geregelt wurde, zählte man die niedergelassenen und erklärte, das sei die benötigte Zahl. Aber es waren schon damals viel zu wenig. Während sich in den Großstädten rund 40 Therapeuten pro 100 000 Bewohner niederlassen dürfen, sind es auf dem Land vier, als könnten die Gesundheitssparer garantieren, dass auch heute noch Grün und Fläche die Menschen gesund erhalten.

Richter macht eine tragikomische Rechnung auf: Wenn die Statistik stimmt, dass jeder dritte Deutsche innerhalb eines Jahres an einer behandlungsbedürftigen psychischen Krankheit leidet, dann müsste auf dem Land ein Psychotherapeut pro Jahr 26 000 Menschen behandeln. Pro Kranken bleiben damit sieben Minuten, in denen der Therapeut eigentlich Wunder wirken müsste.

So weit hergeholt und absurd ist diese Statistik nicht, wie sie auf den ersten Blick anmutet. Ob wirklich jede Verstimmung und Angst »behandlungsbedürftig« ist, darüber können sich Experten streiten. Aber mehr als die Hälfte der von Allgemeinärzten erstbehandelten Kranken leidet nachweislich an seelischen und/oder psychosomatischen Störungen. Und im Gesundheitssystem ist allen klar, dass das Körperliche immer »ausgeschlossen« werden muss, ehe das Seelische bedacht wird. Wenn eine Angstkranke ihre Panikattacke in die Notaufnahme einer Klinik trägt, wird sie durchleuchtet, lumbalpunktiert und kommt in den Kernspin, ehe jemand mit ihr über ihre Emotionen redet. Therapeutisierung und Psychologisierung mögen die Frauenzeitschriften beherrschen, aber man muss das Medizinsystem ignorieren, um nicht zu erkennen, wie wenig die Gesellschaft eine Gleichwertigkeit von Seelen- und Körperärzten auch nur denken mag. Die Macht der medizinischen Industrie, die ihre Apparate und Medikamente vermarktet, ist an den Universitäten und in der Kassenmedizin ungebrochen. Wer immer eine Psychotherapie beginnt, dem wird der Körperarzt als Hürde aufgebaut, die erst einmal genommen werden muss, angeblich um zu klären, ob sich nicht irgendwo ein organisches Leiden, beispielsweise ein Hirntumor, versteckt. Wenn die Gesellschaft so psychologisiert wäre, wie es Illouz glauben macht, dann müsste doch auch jeder, der eine medizinische Behandlung beginnt, vorher zum Seelenarzt, um zu klären, ob sich da nicht Ängste oder Eheprobleme verstecken.

Die psychotherapeutische Profession lebt in einer chronischen Krise, die mit ihrer Zwischenexistenz zusammenhängt: auf der einen Seite die unzähmbare Emotionalität, die nach Entfaltung in geschützten Räumen schreit, auf der anderen die berufliche Rolle. Der Missbrauch von Abhängigen ist überall verboten, aber in der Psychotherapie, in der eine emotionale Beziehung kein Nebengeschehen, sondern die Hauptsache der erfolgreichen Arbeit ist, ergeben sich aus Grenzverletzungen die heftigsten persönlichen Krisen, die in anderen Berufen so nicht vorkommen.

Die oft »heißen« Gefühle in der therapeutischen Situation sollen zu »Übertragung«, »Gegenübertragung« oder »therapeutischer Beziehung« professionalisiert werden. Wenn wieder einmal scheitert, dass Dienstleistungsnehmer und Dienstleistungsgeber ihre sexuellen Bedürfnisse nicht disziplinieren können, fällt ein Makel auf die Therapeuten, den sie mit gutem Grund schwerer abschütteln können als andere Berufe. Psychoanalytiker wissen zwar, dass der Prozess des Erwachsenwerdens für uns Menschen erst im Tod abgeschlossen ist. Dennoch erschüttert es ganze Institute, wenn wieder einmal ein verdienter Lehranalytiker Amt und Würde verliert, weil er sich mit einer

Ex-Analysandin liiert hat. Freud hat die Situation, in der Triebbefriedigung die Zielfindung unmöglich macht, mit der Situation eines Hunderennens verglichen, das ein Scherzbold kaputt macht, indem er einen Kranz Würste auf die Startbahn wirft.

So humorvoll von erhabenen professionellen Zielen zu sprechen, scheint den Psychotherapeuten gegenwärtig nicht mehr so gut zu gelingen. Sie streben nach Ämtern und Würden und ihrem Anteil am Gesundheitskuchen. Dennoch scheint mir die Distanz des Gründervaters zu den Anpassungsbestrebungen in der Psychotherapie nach wie vor eine brauchbare Hilfe, mit den großen und kleinen Krisen der Profession umzugehen. Die Rede von der »Therapeutisierung« der Gesellschaft formuliert eine Fantasie. Die reale Machtverteilung bringt andere Botschaft. Am Kaiserhof des Kapitalismus mag der Psychologe die bunteste Mütze tragen, aber er bleibt doch eher Hofnarr als Hofrat. Vielleicht ist das auch gut so, denn der Hofnarr hat einen Abstand zu den Anpassungsforderungen zu Hofe, der dem Hofrat mangelt.

Anmerkungen

1 Vgl. Shorter, Edward: *Moderne Leiden. Zur Geschichte der psychosomatischen Krankheiten.* Rowohlt Verlag, Reinbek 1994.
2 »Natürlich nehme ich das Welkwerden wahr und es braucht ein bissel, bis mein inneres Empfinden sich in der alt gewordenen Frau wiedererkennt, die mich im Spiegel anschaut«, sagte Erika Pluhar 72-jährig in einem Interview mit dem *SZ-Magazin* (14. 10. 2011, S. 24). Sie beschreibt auch den morgendlichen Kampf gegen den Zusammenbruch der manischen Konstruktion, die wir Selbstbewusstsein nennen. Auf die Frage, ob es Tage gibt, an denen sie nicht an den Tod denke, sagt Pluhar: »Ich glaube, nein. Am gefährlichsten sind die ersten 30 Minuten am Morgen, weil man mit dem Gefühl aufwacht: Was willst du diesem Leben noch abgewinnen?«

Katja Mellmann
Literatur als Krisenerzählung
Von der Attraktivität des Krisenmotivs
für die Literatur der Moderne

In den Jahren nach dem Fall der Mauer begab sich etwas Sonderbares in der deutschen Literaturlandschaft. Schon im Herbst 1989 wurde der Schriftsteller Hans Christoph Buch nach einem Vortrag gefragt, wann denn »der große Roman über den Tag, an dem die Mauer fiel«, erscheinen werde, ob er »das fertige Manuskript schon in der Tasche« habe. Und in den Folgejahren wurde im Feuilleton immer wieder die Forderung nach »dem« deutschen Wenderoman laut und als Richtschnur an alle infrage kommenden Neuerscheinungen gelegt. Einen ersten Eklat gab es 1995, als Marcel Reich-Ranicki Günter Grass vorwarf, er habe in seinem Roman *Ein weites Feld* »nur behauptet und nicht erzählt, nur verkündet und nicht gezeigt«. Wie die richtige Form des literarischen Erzählens vom vereinten Doppeldeutschland auszusehen hätte, blieb eine ungeklärte Frage. Um die Mitte der 90er-Jahre konnte sich die Literaturkritik zwar nicht mehr über mangelnde literarische Produktion zum Thema beklagen – es kam zu einem wahren »Wendeboom« in der deutschen Literatur der älteren wie der jüngeren Autorengeneration –, aber so schnell der eine Kritiker eine Neuerscheinung zum lange erwarteten Wenderoman kürte, so schnell entzog ihr ein anderer dieses Prädikat wieder. Ein Konsens über »den« deutschen Zeitroman oder auch nur darüber, wie er auszusehen hätte, ließ sich nicht erzielen.

Verhandlungen über das Verhältnis
von Literatur und Gesellschaft

In der Rückschau hat man den Eindruck, dass dieses seltsame Schauspiel nicht einfach auf ein naives Literaturverständnis aufseiten der Rezensenten zurückzuführen ist, sondern als eines unter mehreren Symptomen für eine viel grundlegendere Unsicherheit über die Rolle des Schriftstellers und der Literatur in der Gegenwartsgesellschaft aufgefasst werden muss. Denn Reich-Ranickis Angriff auf Grass steht in einer Reihe mit zahlreichen anderen literarischen Kontroversen im Feuilleton der 1990er-Jahre, in denen sich abzeichnete, dass das einstige Bild vom Schriftsteller als einer moralischen Instanz und dem Repräsentanten einer kritischen Gegenöffentlichkeit an Plausibilität verloren hat.[1]

Das erste Opfer in dieser Reihe war die DDR-Autorin Christa Wolf, die für die Publikation ihrer (bereits 1979 verfassten) Erzählung *Was bleibt* im Juni 1990 nicht nur aggressive Schelte einstecken musste, sondern regelrecht der Lächerlichkeit preisgegeben wurde. Im Herbst desselben Jahres, quasi als feuilletonistischer Festakt zur offiziellen deutsch-deutschen Vereinigung, erklärte Frank Schirrmacher in der *FAZ* das Ende der bundesrepublikanischen Literatur alten Stils, die nicht weniger als ihre DDR-Schwester nur darum bemüht gewesen sei, »eine Gesellschaft zu legitimieren«; und in der *Frankfurter Rundschau*, der *Zeit* und im *Merkur* spannen Wolfram Schütte, Ulrich Greiner und Karl Heinz Bohrer den Faden fort, indem sie mit der politischen »Gesinnungsästhetik« der Nachkriegsgeneration aufräumten. Auch die Schriftsteller selbst demontierten das ihnen unterstellte Selbstverständnis, indem sie durch gezielte Provokationen wie Botho Strauß' Essay *Anschwellender Bocksgesang* (1993), Peter Handkes *Eine winterliche Reise zu den Flüssen Donau, Save, Morawa und Drina oder Gerechtigkeit für Serbien* (1996) oder Martin Walsers Rede beim Empfang des Friedenspreises des Deutschen Buchhandels (1998) die gewohnte »kritische Sonntagspredigt« (Walser) des Intellektuellen verweigerten und sich stattdessen in eine beunruhigende Nähe zu den traditionell verpönten moralischen Positionen begaben.

Dieser bemerkenswerte Lärm im literarischen Feuilleton nach dem Zusammenbruch des Ostblocks macht den Blick frei auf ein wichtiges Bezugsproblem von Literatur in der Moderne, das durch die politisierte Literatur des 20. Jahrhunderts eher verdeckt worden war. Kunstliteratur ist schon seit geraumer Zeit immer auch Reflexion auf das richtige Gesellschaftsmodell, zeigt sich befasst mit der Frage nach dem menschlichen Zusammenleben. Gesellschaft als Problem, das war im Laufe des 20. Jahrhunderts – und in Deutschland insbesondere durch die Erfahrung des Nationalsozialismus und seiner Folgen – ein wenig zu der Frage nach dem richtigen Staatsmodell verkommen. Mit dem Verlust der klaren Frontstellung von Ost und West sind solche lange stabilen Reflexionsroutinen jedoch fragwürdig geworden, und das Problem gewinnt nun neue Sichtbarkeit und Brisanz. Aber es ist kein neues Problem, sondern vielmehr ein Dauerbrenner der dichterischen Sinnsuche seit dem Zerfall der Ständegesellschaft.

Schon im 18. Jahrhundert kann man beobachten, wie Gesellschaft zum Problem wird, an dem auch Literatur sich abzuarbeiten beginnt, aber erst im Zuge der Französischen Revolution und der nachfolgenden politischen Revolutionen im Europa des 19. Jahrhunderts entsteht die explizite Vorstellung einer *littérature engagée* – einer Dichtung mit gesellschaftlichem Auftrag, die sich vor der sozialen Wirklichkeit nicht verschließen darf. Als Goethe 1832 stirbt, feiern die »jungdeutschen« Dichter seinen Tod als Befreiung von einem abgelebten klassizistischen Literaturideal, und auch Heinrich Heine, der Goethe weit ausgewogener beurteilte und manchen seiner jungdeutschen Kollegen übers Maul fuhr, sah das »Ende der Kunstperiode« gekommen und ein neues Zeitalter für die Literatur anbrechen. In der Tat war Gesellschaft in der deutschen Literatur seit der Empfindsamkeit vornehmlich als soziale Nahwelt, als Familie, Freundschaft und Liebe in den Blick geraten, nicht als politisches System. Aber schon etwa in Wielands *Geschichte des Agathon* (1766/67), Klopstocks *Die deutsche Ge-*

lehrtenrepublik (1774) oder Schillers *Über die ästhetische Erziehung des Menschen* (1795) waren auch größere Perspektiven auf das Gesellschaftliche eingenommen worden.

Den radikalen Bruch, den die jungdeutschen Tendenzdichter sehen wollten, gab es nicht. Eine lineare Entwicklung von einer lebensfernen Elfenbeindichtung zu einer heute endlich in der Wirklichkeit angekommenen Literatur lässt sich nicht nachzeichnen. Das Spannungsverhältnis von Gemeinschaft und Gesellschaft, von Sozialität im Kleinen und im Großen, war vielmehr von Anfang an da und hat sich bis heute erhalten. Selbst den Literaten der 68er-Generation bescheinigte man bereits zu Beginn der 70er-Jahre eine plötzliche »Neue Innerlichkeit«. Und die aktuelle Wendeliteratur zeigt erneut, dass auch oder gerade die private Familiengeschichte, das autobiografienahe Schreiben und das Erzählen vom Alltäglichen probate – oder jedenfalls von Autoren immer wieder gewählte – Mittel sind, gesellschaftliche Umbrüche literarisch zu thematisieren.

Ist das Private also immer noch politisch? In einem etwas anderen Sinne, als es der aktivistische 68er-Slogan meinte, ja. Denn die Gesellschaft, die da irgendwann im 18. Jahrhundert so sehr zum Problem geworden ist, ist das, was man sich »die bürgerliche Gesellschaft« zu nennen angewöhnt hat; »bürgerlich« nicht mehr im Sinne einer ständischen Zugehörigkeit, sondern im Sinne des großen gesellschaftlichen Sammelbeckens, in dem all jene landen, die aus der alten Ständegesellschaft herausgefallen sind. Das Spezifikum der modernen – »bürgerlichen« – Gesellschaft liegt eben darin, dass sie aus lauter (privaten) Individuen zusammengesetzt ist, die sich ständig neu in ihr verorten und zurechtfinden müssen; sie ist daher ständig in Bewegung und scheint dauernd von Zerfall bedroht zu sein. Gesellschaft manifestiert sich in der Moderne als eine Art Dauerkrise, die sich aus dem stets unabgeschlossenen Abgleichungsprozess zwischen Leuten ergibt, die nicht mehr gemein haben als das (typisch »bürgerliche«) Problem der gesellschaftlichen Ortlosigkeit. Auch die individuelle, private Krise ereignet sich deshalb zugleich immer als eine Krise »in der Gesellschaft«, das Ringen um individuelle Identität als ein Kampf um Sozialität, ja um Sozialisierbarkeit. Und das subjektive Erleben solcher Krisen bildet seitdem einen der wichtigsten Dreh- und Angelpunkte moderner Literatur.

Individualität als Problem

In der deutschen Literaturgeschichte wird diese Entwicklung zum ersten Mal geradezu schockartig spürbar mit der Generation des Sturm und Drang. Schon im 19. Jahrhundert hat man in dem Kraft- und Geniekult der jungen Wilden von 1770 so etwas wie die »Entdeckung der Individualität« gesehen, allerdings nahm man diese Beobachtung lange Zeit als etwas Selbstverständliches hin, so als habe diese Entwicklung ohnehin auf dem Fahrplan der Geschichte gestanden. Das Individuum (manchmal auch: »das deutsche Individuum«) schien »zu sich selbst gekommen«, der Mensch um 1770 endlich erwachsen geworden zu sein. Erst in jüngerer Zeit hat man das Unwahrscheinliche dieser Entwicklung wahrgenommen und erstmals nach den Gründen für diese plötzlich offenbar notwendig gewordene Besinnung des Individuums auf sich selbst gefragt.[2]

Hilfe fand man dabei in neueren soziologischen Modernisierungstheorien, namentlich in Niklas Luhmanns Hypothese von einem Wandel des Individualitätskonzepts im späten 18. Jahrhundert.[3] Luhmann beschreibt den Übergang von der alten Ständegesellschaft zur modernen Gesellschaft als Übergang von einer stratifizierten Schichten- zu einer primär in Funktionsbereiche untergliederten Gesellschaft. Und dieser Wandel habe die Position des Individuums in der Gesamtgesellschaft fundamental verändert. War es in der alten Gesellschaftsform über seinen sozialen Stand definiert, der sich aus der Zugehörigkeit zu bestimmten Familien, Höfen, Zünften und anderen ständischen Vereinigungen ergab und den Einzelnen in all seinen Lebensvollzügen anleitete und begrenzte, so gerät es nun, mit der zunehmenden Aus-

differenzierung und Verselbständigung verschiedener Gesellschafts-
bereiche wie Wirtschaft, Politik und Recht, immer mehr in Außen-
stellung zur Gesellschaft. Das Individuum wird von keinem dieser
zunehmend eigenlogischen Gesellschaftsmechanismen mehr vollständig erfasst; es erscheint in ihnen nur noch in Form partikularer
Funktionsrollen, nicht als ganze Person, und muss daher selbst dafür
Sorge tragen, dass diese disparaten Selbsterfahrungen in unterschiedlichen sozialen Kontexten wieder in ein einheitliches Ganzes integriert werden.

Das geschieht laut Luhmann durch die Ausbildung eines neuen
Identitätskonzeptes, das die eigene Person nun nicht mehr inner-, sondern außerhalb von Gesellschaft verortet. An die Stelle des einstmals
vollständig integrierten Individuums sei das in mehrere Funktions-
kontexte »multiinkludierte« und dadurch sozial »exkludierte« Individuum getreten. Individualität bezeichne in der Moderne nicht mehr
einfach die kleinste gesellschaftliche Einheit, wie sie sich in der alten
Gesellschaft durch geradlinige Subdivision in Schicht, Familie, Individuum beschreiben ließ, sondern eine ganz eigene, mit nichts anderem identische Entität des *Ich* (als »Mensch«, als »Bürger«), von der
aus die Übernahme verschiedener gesellschaftlicher »Rollen« koordiniert werden muss.

Aus dieser von außen bedingten Notwendigkeit, ein gesellschaftlich
unabhängiges Ich herzustellen, erklären sich die hypertrophe Selbstthematisierung und der Kult des Ursprünglichen, Regellosen in der
Generation des Sturm und Drang. Man brach aggressiv mit den Traditionen, warf alle bisher gültigen Regeln der Poetik und Rhetorik,
ja der Moral über den Haufen und suchte in der eigenen Gefühlswelt,
in der Kunst, der Natur, in der sogenannten Volkspoesie und den
regelwidrigen Dramen Shakespeares nach dem authentisch Menschlichen, dem unentfremdet Individuellen.

Totalität oder Tod

Die Paradigmen der Epoche heißen *Götz von Berlichingen* (1773) und *Die Leiden des jungen Werthers* (1774). Der frisch von der Straßburger Universität kommende Jurist Johann Wolfgang Goethe hat mit diesen beiden Werken die Krisenerfahrung einer Generation breitenwirksam in Szene gesetzt und bis zum katastrophischen Ende durchgespielt. In dem shakespearisierenden Drama über den Ritter Götz von Berlichingen griff er auf einen historischen Stoff des 16. Jahrhunderts zurück, der ihm als »Symbol einer bedeutenden Weltepoche«, als exemplarische Krisenerfahrung an einem »Wendepunkt der Staatengeschichte« erschien, wie er in *Dichtung und Wahrheit* später berichtet. Die Geschichte eines Ritters, der nur dem Kaiser und Gott dienen und sich sonst keiner weltlichen – nämlich beginnenden verwaltungspolitischen – Macht unterordnen will, versinnbildlicht die Lage des Individuums in einer fundamental sich wandelnden Gesellschaft und benennt zugleich den Beginn jenes langfristigen Modernisierungsprozesses, mit dem sich Goethe und seine Zeitgenossen kurz vor dem Ende des Ancien Régime selbst in verschärfter Weise konfrontiert sahen. Goethes Götz verliert seine angestammte gesellschaftliche Identität, sein Aufgehobensein im feudalen Gesellschaftssystem; die neu entstehenden Mechanismen der Vergesellschaftung empfindet er als Entfremdung und seelische Einschränkung. Er kämpft für »Freiheit!«, kann aber das Rad der Geschichte nicht zurückdrehen. Er stirbt als Denkmal einer untergegangenen Zeit.

Die hyperbolische Individualitätsfeier in den Dichtungen des Sturm und Drang, wie sie in dem »Kraftmenschen« Götz exemplarisch zum Ausdruck kommt, verweist auf den Bedarf, sich eine von allen gesellschaftlichen Bezügen losgelöste, nun emphatisch als Singularität verstandene Identität zu erarbeiten, die nur auf sich selber pocht und niemandem als sich selbst – oder aber: »Gott und dem Kaiser« – untersteht. Gott und Kaiser stehen hier als symbolische Stellvertreter des Ganzen. Wo die Einheit von privatem und gesellschaftlichem Ich verloren und eine neue ganzheitliche Existenzform nicht zu haben ist, bleibt nur noch der Tod. Mit diesem Unbedingtheitsanspruch formt die Literatur des Sturm und Drang eine religioide Denkfigur aus, die besonders in der Schlussszene des *Götz von Berlichingen* zutage tritt. Dort verabschiedet sich der sterbende Götz von den ihm Nahestehenden mit den Worten:

> Wen Gott niederschlägt, der richtet sich selbst nicht auf. Ich weiß am besten, was auf meinen Schultern liegt. Unglück bin ich gewohnt zu dulden. Und jetzt ist's nicht Weislingen allein, nicht die Bauern allein, nicht der Tod des Kaisers und meine Wunden – Es ist alles zusammen. Meine Stunde ist kommen. [...] Sein Wille geschehe.

Indem Götz alle realweltlichen Ursachen für sein Scheitern – den persönlichen Gegenspieler Weislingen, den Niedergang des Kaiserreichs, die Bauernaufstände und seine Verwundung im Kampf – als ungenügend zurückweist und einzig Gottes Willen, das Schicksal, als verantwortliche Instanz akzeptiert, erhebt er sich über alles Gesellschaftliche und stellt sich in direkte Korrelation mit dem Ganzen.

Diese Idee von Totalität als einzig verbleibendes Gegenüber freigesetzter Individualität kann verschiedene symbolische Formen annehmen. Nicht nur Gott, auch der Tod selbst ist eine Form der Thematisierung des uneingeschränkten Ganzen. Eine andere ist die Natur (Götz lässt sich noch einmal aus seinem Kerker tragen und stirbt »unter freiem Himmel«), wieder eine andere die Kunst: Hier kann das »Genie« sich selbst verwirklichen, seiner Individualität uneingeschränkten, ganzheitlichen Ausdruck verleihen. In dem Roman *Die Leiden des jungen Werthers* ist es neben Natur und Kunst vor allem die Liebe, die die Totalitätskorrespondenz des Individuums gewährleisten soll und bei Nichterfüllung dieses Anspruchs mit schicksalshafter Notwendigkeit in den Tod führt. Der *Werther* ist ein frühes Zeugnis für die Erfindung der sogenannten »romantischen Liebe«, das heißt: einer auch lebensweltlich relevant werdenden Vorstellung von Liebe, in der die subjektstabilisierende Funktion des Partners im Mittelpunkt steht.

In der romantischen Liebeskonzeption tritt der oder die Geliebte für den Liebenden vor allem als Symbol des Ganzen in Erscheinung. Dass das nicht immer nur gut gehen kann, liegt auf der Hand. Liebe ist – wie Gesellschaft – in der Moderne nahezu nur noch als Krise erfahrbar, und unglückliche Liebe wird zu einem der Kardinalsymbole für die prekäre Lage des modernen Individuums überhaupt.

Die traurige Geschichte vom Suizidenten Werther wurde bekanntlich zu einem Kultbuch der damaligen Jugend, wurde nicht nur gelesen, sondern regelrecht zelebriert als paradigmatische Problemerfahrung einer Generation. Die jugendlichen Leser identifizierten sich mit dem unglücklichen Helden, der sich von gesellschaftlichen Anforderungen immer wieder zurückzieht und in der Natur, in der Kunst und in der Geliebten vergeblich nach einem stabilen Echo seines unendlichen Ich sucht. Diese Identifikation führte freilich nicht so weit, dass sich die Leser alle umgebracht hätten (die heute noch geläufige Rede von einer Selbstmordwelle unter den jugendlichen *Werther*-Lesern ist ein Mythos), aber sie fanden Trost in dem literarischen Zeugnis einer ihrem eigenen Empfinden entsprechenden Krisenerfahrung. Und für keine andere Rezeptionsweise hatte Goethe das Buch vorgesehen, wenn er den fiktiven Herausgeber von Werthers Briefen in der Vorrede sagen lässt:

> Und du gute Seele, die du eben den Drang fühlst wie er, schöpfe Trost aus seinem Leiden, und laß das Büchlein deinen Freund sein, wenn du aus Geschick oder eigener Schuld keinen näheren finden kannst.

Das Buch als »Freund«, Literatur als zeugnishafte Problemformulierung, gewinnt hier eine nie da gewesene gesellschaftliche Relevanz. Mit der Einstellung auf das Problem der Individualität und dem Bereitstellen exemplarischer Problemerfahrungen nimmt die Literatur des Sturm und Drang teil an einem umfassenderen Prozess, der sich als Wandel der gesellschaftlichen Funktion von Kunst beschreiben lässt.

Im alten Europa dienten Kunst und Literatur vor allem der Einübung schichtspezifischer Werthaltungen. Freilich gab es auch in der Tragödie des 17. Jahrhunderts schon katastrophische Wendungen und sterbende Helden, und auch bei den mittelalterlichen Minnesängern lagen Liebe und Leid, ja Liebe und Todesgedanke schon nah beieinander. Aber diese literarischen Krisenformulierungen bewegten sich nicht über den Rahmen schichtspezifischer Kommunikation hinaus. Der Konflikt zwischen Pflicht und Neigung, den der Tragödienheld des klassizistischen französischen Dramas durchzustehen hat, interessiert und erreicht nur die Mitglieder einer kleinen politischen Herrscherkaste, und die Minnelyrik und die höfischen Ritterromane des Mittelalters adressieren nur die schmale Oberschicht einer feudalistischen Gesellschaft. Der Herausgeber von Werthers Briefen hingegen spricht ein ständisch unspezifiziertes »Du« an, das durch weiter nichts näher bestimmt ist als dadurch, dass es »eben den Drang« verspürt wie Werther und einsam, das heißt gesellschaftlich exkludiert ist. Hier wird die Kunst zur »bürgerlichen« Kunst; zu eben jenem Reflexionsbereich, auf dessen Grundlage sich das sogenannte Bildungsbürgertum des 19. Jahrhunderts formiert.

Die Literatur der »deutschen Klassiker«, zu denen das 19. Jahrhundert Autoren wie Lessing, Goethe und Schiller macht, wird hier zu einem Ort der kulturellen Selbstverständigung für eine neue, mehr virtuell als wirklich sich etablierende »Kulturnation«. Der spezifische Aufgabenbereich der explizit als Kunst verstandenen Literatur liegt nun nicht mehr in erster Linie in der Pflege allgemein anerkannter Werte (auch wenn Kunstideale vom »Guten, Wahren und Schönen« das noch lange zu behaupten versuchen), sondern gerade in der Hinterfragung und Problematisierung gegebener Ordnungen, im Verfügbarmachen krisenhafter Selbsterfahrung; und die zahlreichen Brüche mit den jeweils gültigen Konventionen (sei es die jungdeutsche Politisierung von Literatur, die baudelairesche Ästhetik des Hässlichen und Flüchtigen, der Naturalismus oder die ausdrücklich experimentellen Kunstformen um 1900) machen das auch immer wieder aufs Neue bewusst.

Kunst wird im bürgerlichen Zeitalter selbst zu einem eigenlogischen Gesellschaftsbereich, nämlich zu dem Ort in der Gesellschaft, an dem es erlaubt ist, alles auch einmal anders zu denken: schärfer und kompromissloser als in der Wirklichkeit – oder auch: spielerisch, humorvoll, vom Lösungsdruck der Realprobleme entlastet. Auch das konnte Kunst natürlich schon immer. Aber noch nie zuvor war diese besondere Leistung von Kunst in so hohem Maße gesellschaftlich institutionalisiert. Man kann sagen, die Kunst übernimmt im bürgerlichen Zeitalter Funktionen, die vormals im Aufgabenbereich der Religion gelegen hatten, doch tut sie dies auf eine ganz andere Weise als die Religion. Nach einer These des Literaturwissenschaftlers Karl Eibl spezialisiert sich die Literatur im Zuge des Modernisierungsprozesses auf die Thematisierung von ungelösten Problemen und tritt damit in Konkurrenz zur Religion als der traditionellen Verwalterin der »letzten Dinge«.[4] Während aber die Religion darum bemüht ist, abschließende Formulierungen zu liefern und Probleme eher zu absorbieren, fungiert die Literatur mit ihren nur ästhetisch geschlossenen, in ihrem Verweisungshorizont aber offenen Formen geradezu als Problemgenerator, der die gültigen Beschreibungen der Welt immer wieder aufs Neue als unfest und prinzipiell verhandelbar sichtbar macht.

Krisenhafte Weltvergewisserungen

Im 19. Jahrhundert sind es vor allem der technische Fortschritt und die sich etablierenden modernen Wissenschaften mit ihren Folgen für althergebrachte Denksysteme, die solche literarischen Neuverhandlungen von Welt nötig machen. Das religiöse Weltbild, das schon im Jahrhundert der Aufklärung manche Einbrüche erlitten hatte, verliert durch die neuen empirischen Wissenschaften noch weiter an Plausibilität, und auch seine säkularisierten Erben wie die idealistische Philosophie oder die Kunstreligion des Bildungsbürgertums werden vom »Materialismus« der Epoche nach und nach aufgefressen. Nicht nur erschüttern politische Revolutionen in schneller Abfolge die gesellschaftliche Ordnung und sorgen dafür, dass die Frage nach der Vermittlung von Ideal und Wirklichkeit zu einem Dauerthema des intelligenten Nachdenkens wird, sondern es treten mit Industrialisierung und sozialer Frage ganz neue drängende Probleme hinzu: Die Eigendynamik ökonomischer Prozesse und die zunehmende Internationalisierung der Märkte lassen ehemals überschaubare Bereiche zu undurchdringlichen Rätseln werden, die auch von Ökonomen und Sozialwissenschaftlern nur mühsam und unvollständig nachbuchstabiert werden. Die Welt, wie man sie kannte, verschwindet, wird aufgelöst in das kleinteilige Wahrheitspuzzle der wissenschaftlichen Weltbeschreibung. Die Epoche des literarischen Realismus kann vor diesem Hintergrund verstanden werden als das gesamteuropäische Großprojekt, mit den Mitteln der Kunst – das heißt: mit dem steten Vorbehalt des Unzuverlässigen, Nur-Exemplarischen – sich aus den Resten des Überlieferten und ersten halbverstandenen neuen Einsichten ein neues Weltbild zusammenzusetzen.

Unter dem Programmwort »Realismus« erschließt die Literatur sich immer weitere neue Wirklichkeitsbereiche. Von Deichbau bis Weinhandel, von Revolutionswirren bis Bettgeschichte, von Historie bis Mondreise – es gibt kein Thema, das Literatur nicht aufgreifen dürfte. Der Roman entwickelt sich in diesem Kontext zu einer Art Leitgattung der Moderne. Anders als seine frühneuzeitlichen Vorläufer jedoch häuft er nicht einfach mehr oder weniger wahllos Abenteuer, Liebesgeschichten und schwankhafte Episoden aneinander, sondern verpflichtet sich seit dem 18. Jahrhundert zunehmend einer kausalen Handlungsverknüpfung, die die realen Wirkungsmechanismen der Welt explorativ aufschließen soll. Schon in der Spätaufklärung taucht der Gedanke auf, der Roman müsse eine Art psychologische Studie sein, in der die Entwicklung des Helden durch seine Erlebnisse in der

Welt detailgenau motiviert wird. Radikal in Parallelität zu wissenschaftlichem Vorgehen gesetzt wird das Romanschreiben schließlich im naturalistischen Konzept des »Roman expérimental«, das Émile Zola im Zusammenhang mit seinem umfangreichen Romanzyklus *Les Rougon-Macquart* (1871–1893) entwickelte. Der idealtypische Roman der Moderne ist individuell perspektivierte Lebensgeschichte und zugleich das Ganze der Gesellschaft abschreitender Zeitroman.

Das sich daraus ergebende Schema des Entwicklungs- oder Bildungsromans ist oft belächelt worden als naiv-optimistische Darstellung eines Helden, der am Ende seinen Platz in der Gesellschaft findet. Aber wollte man einen Roman, der dieses Muster so erfüllt, wirklich finden, müsste man lange (und jedenfalls abseits der heute kanonischen Literatur) suchen. Sei es der als Pantoffelheld endende Protagonist in Eichendorffs *Aus dem Leben eines Taugenichts* (1826) oder die Scheltrede an die Deutschen am Ende von Hölderlins *Hyperion* (1897–1899) – schon in diesen frühen Beispielen der Gattung wird ein glattes Ende, das keine Fragen mehr offenließe, verweigert. Die prinzipiell offene Form des modernen Romans äußert sich nicht selten schon in einem unabgeschlossenen Schaffensprozess oder in einer die Romanform selbst zersetzenden Machart. So lösen sich zum Beispiel Goethes *Wilhelm Meister*-Romane (1795/96, 1821–1829) mehr und mehr in eine nur noch lose verbundene Sammlung von Dokumenten auf, Gottfried Kellers *Der grüne Heinrich* (1854/55) erscheint 25 Jahre später in komplett überarbeiteter zweiter Fassung, Marcel Prousts siebenbändiges Romanwerk *À la recherche du temps perdu* (1913–1927) repetiert sich in zahlreichen Episoden immer wieder selbst, so als müsse alles immer und immer noch einmal geschrieben werden, und Robert Musil arbeitet noch zehn Jahre am *Mann ohne Eigenschaften* weiter, dessen erste Teile bereits 1930 bis 1932 erschienen waren, ohne jemals einen weiteren zu veröffentlichen.

Das Romanschema des Entwicklungs- und Bildungsromans wird in solchen Beispielen zwar als Strukturfolie vorausgesetzt, aber durch kaum einen tatsächlich geschriebenen Roman jemals eingelöst. Nicht, weil man solche Geschichten nicht hätte schreiben können, sondern weil der Sinn und Zweck dieses Schemas offenbar gerade darin besteht, die Problematik und Unfestigkeit der Erfahrungswelt am Beispiel eines oder mehrerer individueller Lebensgänge anschaulich zu machen. Die Krisenerzählung ist die eigentliche literarische Erzählung der Moderne. Allzu offensichtlich verweigern die Werke es, Regeln zu formulieren oder Empfehlungen zu geben, wie man leben soll; sie erzählen vielmehr einfach vom Leben. Sie sind – in häufig geradezu monumentaler Weise – bemüht, sich Welt zu erschreiben, aber sie tun dies sozusagen immer auf Abruf, immer mit einem Zeichen des Durchstreichens, mit dem Signal, dass es so aber auch nicht ist (oder zumindest: so jedenfalls auch nicht gut ist).

Frauen-, Ehe- und Familienkrisen

Die zweifelnden und manchmal *ver*zweifelnden literarischen Helden des Bildungsromans werden gegen Ende des 19. Jahrhunderts entscheidend vermehrt durch das Hinzutreten weiblicher Protagonistinnen. Einzelne Vorläufer des weiblichen Entwicklungsromans gab es schon in den Nachwehen der Französischen Revolution, aber zu einem Massenphänomen wird der moderne Frauenroman erst, als die Umstellung auf funktionale Gesellschaftsdifferenzierung auch die Familie erreicht und als geschlossene gesellschaftliche Untereinheit zu zersetzen beginnt.

Die Multiinklusion in verschiedene Funktionsbereiche der Gesellschaft war zunächst ein Problem vor allem männlicher Individuen gewesen, während Frauen durch die traditionelle Arbeitsteilung zwischen den Geschlechtern noch hauptsächlich über die Zugehörigkeit zu einer Familie, also erst in zweiter Instanz gesellschaftlich verortet waren. Mit dem Entstehen zahlreicher neuer Berufe im Handlungs- und Dienstleistungssektor jedoch beginnt das Wirtschaftssystem auf die Frau zuzugreifen. Allein zwischen 1875 und 1882 stieg die Anzahl der weiblichen Beschäftigten in Gewerbebetrieben im Deutschen Reich um 35 Prozent (gegenüber 6,4 Prozent bei den männlichen). Die Frau wird als potenzieller Teilnehmer am Arbeitsmarkt relevant und damit zunehmend vom gesamtgesellschaftlichen Wandel erfasst. Weitere Berufsfelder folgen, neue Ausbildungswege für Frauen werden nötig, und mit der Schaffung entsprechender Bildungsinstitutionen wird das weibliche Individuum immer weiter gleich dem männlichen in funktional spezialisierte Gesellschaftskontexte eingebunden. Die Frauenbewegung verstärkt diese Entwicklung, indem sie solche Notwendigkeiten in politische Forderungen umformt, und erwirkt für die Frauen schließlich auch den Status als juristische Person, die Zulassung an den Hochschulen und das Wahlrecht. Aber schon lange bevor die erste Frau an der Wahlurne steht, ist die Multiinklusion der Frauen in verschiedene gesellschaftliche Funktionsbereiche so weit fortgeschritten, dass sich die typische Identitätskrise exkludierter Individualität kulturell bemerkbar macht.

Entsprechend finden sich in dieser Zeit ähnliche literarische Suchbewegungen und Selbstthematisierung wie seinerzeit im (»männlichen«) Sturm und Drang. Schon in Louise von François' *Die letzte Reckenburgerin* (1871) und Wilhelmine von Hillerns *Die Geier-Wally* (1875) werden krisenhafte weibliche Lebensläufe vorgeführt, die durch die vorhandenen Sinngebungsmuster nicht mehr aufgefangen sind und die Protagonistinnen ins Abseits der Gesellschaft stellen. Ein Bestseller der Epoche, der auf besonders radikale Weise darstellt, wie alte und neue Welt nicht mehr zusammenstimmen, und weibliche Individualität als ungelöstes Problem hervortreten lässt, ist Gabriele Reuters Roman *Aus guter Familie. Leidensgeschichte eines Mädchens* (1895). Der Untertitel bringt nicht zufällig den Gedanken an Werthers Leiden wieder auf. Denn wie in Goethes Roman wird auch hier eine ins Katastrophische gewendete Geschichte von der erfolglosen Suche nach irgendeiner Form der Ich-Stabilisierung erzählt. Agathe, die Heldin des Romans, wird gemäß ihrer weiblichen »Bestimmung« zur Hausfrau, Gattin und Mutter erzogen (und will auch gar nichts anderes werden), doch wird das darin liegende Versprechen nie eingelöst. Agathe findet keinen Mann – teils aus Ungeschicklichkeit, teils aus Schicksal. Andere Möglichkeiten, dem Leben Sinn zu geben, wie durch caritative Tätigkeiten, politisches Engagement oder eine wissenschaftliche Ausbildung, werden ihr durch gesellschaftliche Konventionen verwehrt. Es bleibt nur der völlige Ausbruch aus der Gesellschaft. Bei dem Versuch jedoch, ihrem Vetter in die Schweiz zu folgen, wo er sich in alternativen, gesellschaftlich emanzipierten Kreisen bewegt, zerbricht Agathe, als sie erkennen muss, dass mit seinem Angebot kein Versprechen einer Lebensgemeinschaft verbunden war. Eine Existenz ohne feste gesellschaftliche Verortung durch eine eheliche oder quasieheliche Anbindung an einen Mann übersteigt ihre Begriffe. Sie erleidet einen Wahnsinnsanfall und endet als geistig verwirrte alte Jungfer im Hause ihres Vaters.

Neben solchen weiblichen Wertheriaden, in denen die Individualitätsproblematik nach dem religioiden Muster der verlorenen Einheit verhandelt wird, kommt es in der zweiten Hälfte des 19. Jahrhunderts außerdem zu einer Flut von Ehe- und vor allem Ehebruchsromanen. Die berühmtesten unter ihnen: Gustave Flauberts *Madame Bovary* (1857), Leo Tolstois *Anna Karenina* (1878) und Theodor Fontanes *Effi Briest* (1895). Dieses von männlichen wie weiblichen Autoren gleichermaßen bediente Genre macht auf andere Weise deutlich, wie Ehe und Familie unter den zu ihnen querstehenden gesellschaftlichen Kräften langsam prekär werden und sich dadurch zu literarischen Motiven entwickeln, die sich als symbolische Krisengeneratoren eignen. An ihnen lassen sich nicht nur die Ehe- und Familienprobleme selbst, sondern vielmehr das ganze Spektrum individueller Identitäts- und Sinnsuche abspulen. Ähnlich der Generationenroman, der in der Handhabe etwa eines Thomas Mann in den *Buddenbrooks* (1901) in der Last der Familienzwänge die ganze Last nicht mehr passender Traditionszusammenhänge abbildet.

Die Literatur braucht solche Krisenmotive, um im Kleinen und Konkreten die große Krise bearbeiten zu können, die sich anders nicht fassen und nicht darstellen lässt. Es geht um das Ganze der Gesellschaft, um jene Grundinstabilität der Moderne, die täglich in den Erfahrungsbereich jedes Einzelnen hineinwirkt. Sie ist ständig Thema der Literatur, auch dort, wo an der Oberfläche nur private Probleme behandelt zu werden scheinen. Und so sollte es nicht verwundern, wenn der lange erwartete Wenderoman womöglich gar nicht im Gewand des politisch reflektierenden Romans (in dem vielleicht »nur behauptet und nicht erzählt« würde), sondern in dem einer problematischen Ehegeschichte (wie etwa in Brigitte Burmeisters *Unter dem Namen Norma* von 1994) oder dem einer Familiengeschichte (wie etwa in Uwe Tellkamps *Der Turm* von 2008) erscheint – oder gar längst erschienen ist. Und schließlich: Auch über Grass' *Ein weites Feld* ist das letzte Wort noch nicht gesprochen.

Anmerkungen

1 Vgl. Anz, Thomas (Hg.): »Es geht nicht um Christa Wolf«. Der Literaturstreit im vereinigten Deutschland. Fischer Taschenbuch Verlag, Frankfurt am Main 1995. Wittek, Bernd: *Der Literaturstreit im sich vereinigenden Deutschland*. Tectum Verlag, Marburg 1997.

2 Vgl. Willems, Marianne: *Das Problem der Individualität als Herausforderung an die Semantik des Sturm und Drang*. Niemeyer Verlag, Tübingen 1995.

3 Vgl. Luhmann, Niklas: »Individuum, Individualität, Individualismus« In: ders.: *Gesellschaftsstruktur und Semantik. Studien zur Wissenssoziologie der modernen Gesellschaft*, Bd. 3. Suhrkamp Verlag, Frankfurt am Main 1993, S. 149–258. Nassehi, Armin: »Inklusion, Exklusion – Integration, Desintegration« In: Heitmeyer, Wilhelm (Hg.): *Bundesrepublik Deutschland: Auf dem Weg von der Konsens- zur Konfliktgesellschaft*, Bd. 2. Suhrkamp Verlag, Frankfurt am Main 1997, S. 113–148.

4 Vgl. Eibl, Karl: *Die Entstehung der Poesie*. Insel Verlag, Frankfurt am Main und Leipzig 1995.

Kathrin Röggla
Frühjahrstagung, Herbsttagung
Eine Erzählung

Ich habe mir seinen Namen nicht aufgeschrieben, ich habe ihn mir schon wieder nicht gemerkt. Er hat mir auch kein Visitenkärtchen hingehalten, wie das hier so üblich ist, aber ich kann damit ohnehin nicht wirklich umgehen, ich kann sie hernach nicht mehr zuordnen. Warum hast du Herrn Mißfelder angesprochen, frage ich mich dann, was war der Anlass? Und wer war noch Frau Bloß, im Vorstand der XY AG, oder Herr Schmidt, irgendwas AD? War das nicht der Typ, der mir was über Rückversicherungen erzählen wollte? Er war jedenfalls nicht der Typ, der mir die Schwierigkeiten vor Augen führen wollte, etwas in gewissen G-20-Sitzungen zu deponieren. Überhaupt Bomben in Sitzungen! Wer wann welche Bombe platzen lässt und somit ganze Verhandlungen zum Erliegen bringt – egal, ich schaffe es nicht. Weil es mir schon gar nicht möglich ist, mir wie René ein Album anzulegen, in das ich die Visitenkarten fein säuberlich einklebe, Anlass und Funktion der Person hinzuschreibe, und vor allem: was ich von ihr wissen wollte. René hat sogar Telefonlisten, in denen er verzeichnet, wann er wen anrufen wollte. »Das ist Basiswissen«, meint er, »wenn du das nicht draufhast, dann gute Nacht.« Na, dann gute Nacht, sage ich mir, wie ich dastehe und auf die hektische Betriebsamkeit schaue, dieses Hin- und Herlaufen der Veranstalter, Mikrofon-in-die-Hand-Nehmen, Wiederweglegen, Besprechungsgesichter, die ins Nichts laufen, Rückversicherungen mit der Technik.

Wie immer braucht es einen enormen Aufwand, um öffentlich Stille zu inszenieren. Sie fuhrwerken schon eine ganze Weile an dieser Schweigeminute herum, arbeiten angestrengt am Innehalten für einen

Moment, dabei gibt es sie ja zuhauf, die Inseln der Nicht-Kommunikation inmitten der Extremkommunikation in diesem Raum, aber nicht nur hier, inmitten des politischen Dauergeschäfts auf allen Kanälen. Aber so was muss ja in eine konzertierte Aktion überführt werden, um ein Zeichen zu setzen, ein wirkliches Zeichen, sonst verwechselt man es noch mit einem Stolpern, einem kommunikativen Aussetzer oder der berühmten Radiostille, die ganze Nationen in Angst und Schrecken versetzen kann. Insofern wurden wir schon mehrfach darauf hingewiesen, dass jetzt gleich die Schweigeminute beginnt. Und tatsächlich, es sieht so aus, als hätten sich die Leute extra hinpostiert, sie richten sich alle nach vorne, wo aber niemand steht, auf die leere Bühne sozusagen hin, den Blick nach innen gewendet, als könne man das nicht machen: schweigen und sich ansehen. So stehen sie still, ein jeder für sich und doch alle zusammen. Man wird der Opfer von F. genau 60 Sekunden gedenken, dann wird wieder weitergemacht. Schließlich muss ein Ergebnis erzielt werden – hier im Hotel Späth in Berlin.

Und um dieses kommende Ergebnis gruppiert sich jetzt alles herum, auch wenn niemandem klar ist, worin es genau bestehen kann, eine schwierige Sache für Menschen dieses Schlags, die gewohnt sind, ausnahmslos ergebnisorientiert zu arbeiten. Und doch seien sie alle gekommen, hat es in der Begrüßung geheißen. »Auch wir sind Teilnehmer dieser Tagung und sind aufgeregt, dass es auch diesmal geklappt hat«, sagte irgendjemand halblaunig ins Mikro, »wir freuen uns über die starke Teilnahme und fragen uns natürlich auch: Machen noch alle dasselbe wie im letzten Jahr? Ich denke, vielen von uns steht das Wasser bis zum Hals. Nach den aktuellen Brüsseler Beschlüssen noch mehr, falls das überhaupt noch möglich ist. Ich bin mir sicher, viele von uns haben sich neu orientieren müssen, haben einen Richtungswechsel hinnehmen müssen, und sind doch wieder hierhergekommen. Auch dürfen wir eine Reihe von Politikern in unserer Runde begrüßen, die wir bisher noch nie begrüßen durften.«

Ich wusste nicht ganz, wovon er spricht, denn ich habe noch keinen Politiker gesehen, keinen einzigen, mal abgesehen von einem Staatssekretär, der als Grüßaugust vorbeikam und seinen Minister entschuldigte, schließlich habe er im Moment anderes zu tun, es herrsche ja quasi Ausnahmezustand. Ich war mir nicht sicher, ob er das als Witz formulieren wollte, der ihm misslang, oder aber das Publikum nicht recht reaktionsbereit war, aber noch bevor ich das überlegt hatte, verschwand auch der Staatssekretär wieder, und man machte weiter im Begrüßungsrummel. Immerhin meint hier niemand, man fühle von der Krise nichts, die Fühlgespräche finden woanders statt, im Raum Schinkel beispielsweise, der im anderen Trakt des Konferenzhotels liegt, und aus dem ich geflohen bin in Richtung Tatsachen. Denn hier, so hieß es, findet eine Tatsachenkonferenz statt. Unwirklichkeitsgefühle haben hier keinen Zentimeter Raum, und ich bin mächtig stolz, es in diese Tatsachenkonferenz geschafft zu haben, nun unter lauter Tatsachenmenschen zu stehen, und die Fühlkonferenz hinter mir gelassen zu haben, all die Geistesmenschen, die über Alarmismus und Bilder des Untergangs debattieren und sich fragen, inwieweit die Medien die Wirklichkeit noch erfassen können, obwohl sie nichts anderes als die Medien zur Grundlage haben.

Man nennt es hier Tagung, also Frühjahrstagung als Pendant zur Herbsttagung, wohl um dem Ganzen einen wissenschaftlichen Anstrich zu geben oder um ihm jede Dringlichkeit zu nehmen, den Entscheidungsdruck zu mindern, die Erwartungen herunterzuschrauben. Es hat auch tatsächlich einige Keynote Speeches gegeben und so was wie drei vage Panels, Arbeitsgruppen wurden angeboten, die aber nur von ein paar Wissenschaftlern, Betriebswirte und Juristen allesamt, frequentiert werden, die nichts zu verlieren haben.

Hier sei ich von Insidern umgeben, hat man mir versichert, nichts als Insider, was mich schon stutzig hätte machen sollen, aber ich habe nicht darauf geachtet, wusste ich das doch längst, dass sich hier alle treffen, die Unternehmer, irgendwelche Stiftungsleute und Politikberater, die Leistungsträger und Entscheider, wie es so schön heißt.

Während der Schweigeminute gehe ich innerlich die Liste an Personen durch, mit denen ich noch unbedingt sprechen muss: das Gesicht der Börse, Mister Dax, ist dabei, der Katastrophenexperte aus dem Hessischen mit seinen weltweit 6000 Ingenieuren ist dabei, der Chefökonom aus Genf ist dabei, dieser ehemalige Staatssekretär aus dem Finanzministerium, vielleicht auch Mister Unternehmensvorstand, der BDI-Heini, um den werde ich wohl nicht herumkommen. Ich sehe mir die Gesichter an und gehe noch mal die hoffentlich dazugehörigen Namen durch, ich bimse sie mir ein.

Mein fundamental schlechtes Namensgedächtnis hat mir schon so manches Window of opportunity wieder verschlossen, und das Fehlen der Bereitschaft, die Society-Nachrichten in den Klatschzeitungen zu lesen, schon so manche Peinlichkeit eingebracht. »Was, Sie kennen Herrn Maschmeyer nicht, den Versicherungsmenschen, den Freund von Veronica Ferres?«, warf mir noch vor ein paar Wochen einer an den Kopf, und wies mich dann selbst beim Bundespräsidenten darauf hin, dass es sich um unseren Bundespräsidenten handelt, als hätte er eine Idiotin vor sich. Wen man alles kennen muss, das hat sich ja ausgeweitet. Es sind dabei längst nicht mehr Funktionen, sondern die Namen, die eine Rolle spielen. Man hat kleine Fürstentümer aufgemacht, wie man sie vor knapp 200 Jahren zu verabschieden glaubte.

Sie haben das Licht nicht extra heruntergedimmt, wie es bei anderen Schweigeminuten der Fall ist, Konkurrenzschweigeminuten in Konkurrenzräumen, es war von Anfang an relativ dunkel. Vielleicht, um es gemütlicher wirken zu lassen. Irgendein Lichtdesign spukt da in den Köpfen herum, das ich noch nicht ganz verstehe, ein Lichtdesign des Undramatischen, sanft, aber abwechslungsreich, den Raum gestaltend, Nischen bietend, und doch die Gesichter verdunkelnd. Dazu passen die dunklen Holzpaneele fantastisch, die dunklen sattblauen Teppiche, die schweren Türen, die jegliches Geräusch schlucken – klopfende, pöbelnde, schreiende Menschen sind hier einfach nicht vorstellbar.

Sie haben darauf verzichtet, irgendein Schweigeminutenstartgeräusch oder gar eine Schweigeminutenmusik erklingen zu lassen, das

Ganze etwa mit Nationalhymnen oder dergleichen einzuläuten, wie das im Raum Potsdam der Fall gewesen wäre. In diesem Raum hier scheint eine kleine Ansage durchaus zu reichen. Aber man hat sich wohl noch nicht zu viele Gedanken über die Beendigung der Aktion gemacht, denn niemand macht Anstalten, ein Ende anzudeuten, obwohl eine kleine Unruhe entstanden ist. Doch vielleicht resultiert die Unruhe alleine daraus, dass der Mann mit der rosa Krawatte sich vorsichtig aus dem Raum bewegt, als müsse er eine dringende Angelegenheit klären. Er versucht dies so leise und unauffällig wie möglich zu machen, und erregt natürlich so die größte Aufmerksamkeit.

✳

Ich merke mir lieber einen Menschen als 100, aber heute müssen es eben immer gleich 100 sein, sonst kommt man nicht vom Fleck. Man muss dabei seine eigenen Überschaubarkeiten generieren, weil sie nicht mehr von außen gegeben sind, das ist eigentlich der Hauptteil der Arbeit. Das kann wie jetzt heißen, ganze Gruppen von Menschen darauf abzuscannen, ob sie einem was bringen, herausfinden, wer eigentlich im Vordergrund steht und wer im Hintergrund, wer über wirkliches Wissen verfügt und wer nur glaubt, über wirkliches Wissen zu verfügen. Letzteres tun sie ja alle. Am besten hätte man immer ein Team um sich, aber den wenigsten ist heute ein Team gegeben, es ist ja ganz allgemein mehr die Teamlosigkeit, die uns beherrscht, bei all den High-Reliability-Organisationen und Teammanifestationen, um die man sich derzeit bemüht.

Nein, ich habe kein Team, ich habe nur René, der den ganzen Nachmittag schon die Leute bearbeitet hat. Erstaunlich, was er alles aus ihnen rausholt. Er quetscht sie richtig aus, wenn auch auf seine sanfte Schweizer Art, die nichts Böses vermuten lässt. Er ist auch richtig gekleidet, sieht so aus, wie man sich einen Dokumentarfilmemacher vorstellt, nur noch etwas zurückhaltender und ein ganz klitzekleines Bisschen nachlässig, was natürlich perfekt ist, sozusagen der Gipfel der Harmlosigkeit. Und er hat einen klaren Plan, wie er immer einen klaren Plan hat. Umso erstaunlicher, dass man seinen Filmen davon nichts ansieht. »Es menschelt zu sehr«, darf ich ihm aber nicht sagen, sonst ist der Ofen aus, der Zuträgerofen, der Gesprächsofen, denn er hat mich hier hereingebracht. Aber im Grunde ekelt es mich ein wenig vor dem menschlichen Überbiss seiner Filme. Er würde den Vorwurf auch gar nicht verstehen, denn das Menschelnde wollen sie jetzt alle. Menschliche Einstiegsstellen in das Krisengeschehen und menschliche Ausstiegsstellen, denn wo bleibt sonst die Hoffnung. Und menschliche Einstiegsstellen stehen hier ja zuhauf herum, Herr Zumberger beispielsweise, der bei diesem Beirat ist und auf einer Kanzlerinnenreise mit dabei war. »China«, sagt er nur und schweigt.

Oder viel banaler Frau Efferdingen, die das Ganze hier mitorganisiert. Die mich jetzt zuschwallt mit Visualisierungen, die sie habe ans Ministerium schicken müssen, sprich: ans Bundespresseamt. Das sei das Problem mit der ministerialen Schirmherrschaft, sagt sie. Man muss den ministerialen Ansprüchen genügen, ein richtiges ministeriales Setting schaffen.

Das fange an damit, dass das Stiftungsrot durch das Bundespresseblau verdrängt werde, dass Dekorationsobjekte beispielsweise in großen Konferenzhotels beseitigt werden müssten. Das Stiftungsrot und das Presseblau beherrschen unser ganzes Gespräch. Sie scheint genervt und aufgeregt gleichermaßen zu sein, und ich weiß natürlich nicht, von welcher Stiftung sie spricht und welche Schirmherrschaft sie jetzt genau meint. Mir fehlen die entscheidenden Informationen, wie mir so oft die entscheidenden Informationen fehlen. Ich brauche einen Insider, der mir alles erklärt.

Man hat hier ja keine Dreifarbenkennung wie bei einem B2B-Special, wo angeblich wirklich Leute zusammengekommen sind, die sich noch nicht kannten, was es heute ja gar nicht mehr gibt, wo sich alle schon zu Ende kennengelernt haben. Jeder weiß, was er vom anderen zu erwarten hat. Aber damals Ende der 90er, zur Zeit der bisher letzten wirklichen Goldgräberstimmung war die Dreifarbenkennung absolut notwendig. Man stellte grüne Geldsuchende den roten Geldgebern gegenüber und gab ihnen gelbe Berater an die Seite. Hier bräuchte man allenfalls eine Dreifarbenkennung, damit sich deren Träger erinnern, was sie eigentlich sein sollten. Business Angels! Aber die gibt es ja auch schon lange nicht mehr.

✳

»Sie brauchen Gesprächspartner?«, hat er mich gefragt und nur gelacht. »Hier ist kein Ort für Gesprächspartner.« – »Du brauchst Türöffner!«, hat mir René zugeflüstert. »Wieso, ich bin doch schon drin!« – »Quatsch, das glaubst du, du brauchst Türöffner, sonst redet hier keiner wirklich mit dir. Und hier kannst du dich auch nicht fakemäßig vorstellen lassen wie beim letzten Mal.« Im Raum Potsdam haben wir das so gemacht: zuerst herausgefunden, wer wer war, und dann jeweils den anderen vorgestellt, als würde man selbst diejenige Person schon kennen. Das Gegenüber blickte meist einen Augenblick erstaunt, ließ sich aber dann durchaus darauf ein. Man möchte ja gesprächsbereit erscheinen. Hier ist man allerdings tatsächlich jenseits der öffentlichen Gesprächsbereitschaft aufs Geratewohl. Hier muss man ja auch nicht einmal mehr strategisch vorgehen, auch wenn die Begrüßungsrede das Gegenteil suggerierte. Aber man werde auch hier zu Ergebnissen kommen, die sich erst nach und nach der Öffentlichkeit eröffnen werden.

»Ach, viel ist auf dieser Frühjahrstagung nicht zu erwarten«, entgegnet Frau Efferdingen jetzt. »Früher machte man noch Unterschiede. Fragte aufgeregt: Frühjahrstagung oder Herbsttagung – aber beide gleichen sich mehr und mehr an, egal, wo sie stattfinden, ob im Wirtschaftsministerium oder in der Adenauer-Stiftung, oder auch mal in einem großen Konferenzhotel. Aber heute – nee.« Und schon ist sie wieder beim Organisatorischen. Mit Frau Efferdingen komme ich einfach nicht weiter, aber sie ist eine der wenigen, die mit mir überhaupt sprechen. Ich frage mich, ob sie mit ihrer betulichen Art wirklich Teil des Ganzen sein kann, aber vielleicht spricht sie ja auch nicht »wirklich« mit mir, wie René denkt.

Ja, an auskunftswilligen Insidern ist wie immer Mangel. Einzig mit Herrn Berger hatte ich ansonsten das Vergnügen, aber der steht ja vollkommen im Ludwigerhardadenauerbewunderungsstau, verquere Wirtschaftswunderbilder im Kopf. Ein hochroter Kopf, ungesund.

Ich habe René beobachtet, wie er das macht. Da stand er eine ganze Weile ein wenig abseits bei der Gruppe von Unternehmern, aus der er den einen oder anderen herauslöste. Heimste er etwa eine Kanzlerinnenreise ein? Nein, auf dieses Boot kommen wir nicht. Für ihn ist der Raum hier wieder einmal mit biografischen Stellen durchsetzt, besser gesagt, er sieht vermutlich schon nur noch Talking Heads mit biografischem Heiligenschein. Den ganzen Nachmittag musste ich schon sein Zuhörohr sehen, wie es sich vorneigte. Das Zuhörohr, das mich ganz kirre macht. »Kannst du mal aufhören, so penetrant zuzuhören«, möchte ich ihm dann zurufen, »man kann sich neben dir ja gar nicht konzentrieren.« Aber ich weiß, er kann gar nicht anders, er wird einem immer mit seinem Zuhörgetöse jegliches Gespräch vermasseln, zu dem er dazukommt. Das eigene Zuhören wird dann immer wie weggewischt sein, wird sofort überpinselt von seinem affirmativ anpackenden Gestus. Auch deswegen halte ich mittlerweile von ihm Abstand.

Noch einmal gehe ich die Liste durch, die man unbedingt parat haben muss. Der Mann, dessen Visitenkarte ich eben nicht in der Tasche habe, ist natürlich nicht mehr im Raum, den gibt's also nicht mehr. Was nach wie vor ziemlich blöd ist. »Sie suchen Gesprächspartner?«, hat er gefragt und gelacht, »dann kommen Sie mal zu mir in mein Büro!«, hat er gesagt, mir aber keine Karte gegeben. Immerhin hat diese kurze Szene einen enormen Gesprächseffekt erzeugt, sodass die Menschen, die zufällig danebenstanden, sich gesprächsbereit gezeigt haben. Aber im Augenblick ist natürlich nichts zu machen, denn immer noch sehen alle erwartungsvoll nach vorne, als würde jemand auf der Bühne auftreten. Normalerweise stehen ja oben auch welche, die vorschweigen, die zeigen, wie das geht. Heute aber ist die Bühne leer. Bei der letzten Schweigeminute hat man zumindest eine Projektion gemacht. Wehende Fahnen wechselten ab mit der Großaufnahme der schweigenden Regierung, man hat sozusagen das mediale Schweigen mit dem Live-Schweigen zusammengebracht, das höchstoffizielle mit dem halboffiziellen, und sein eigenes Tagungsschweigen aufgepeppt, sich herausgehievt und wieder angeschlossen. Hier aber, wo die Schweigeminute wirklich das einzige Bindeglied zum Rest der Gesellschaft zu sein scheint, genügt man sich selbst.

∗

Es ist ja so gespenstisch, werden sie im Raum Schinkel sagen: Wieder hat man den wirtschaftlichen Zusammenbruch einiger Länder, darunter quasi Nachbarländer nicht mitgekriegt oder zu spät mitgekriegt, und jetzt entfaltet sich dort eine politische Katastrophe, die uns demnächst erreichen wird. Wieder ist eine gewaltige Geldvernichtung an uns vorbeigegangen, und wir haben sie nicht wirklich zuordnen können, was hier mit einem Lächeln bedacht wird.

Sie schlafen im Raum Schinkel, wird außerhalb des Raumes Schinkel gesagt, was aber nicht stimmt. Dort wird genauso wenig geschlafen wie hier, sie sind alle wach. Sie sind wach und stehen jetzt vermutlich genauso da und schweigen. Doch hier, so bin ich mir sicher, machen sie nur auf Schweigeminute. In Wirklichkeit wird hier gedealt. Also innerlich schon mal vorgedealt, was dann äußerlich stattfindet. Nach der Schweigeminute haben alle Kraft geschöpft, nun wirklich loszulegen. Ganze Unternehmensverkäufe und Unternehmenszerlegungen werden da jetzt schon innerlich durchgegangen, die dann nur noch äußerlich umgesetzt werden müssen, ganze Volkswirtschaften werden einkalkuliert und auskalkuliert, während dort eher heftig nachgedacht wird über den Zustand des Schweigens als solchem. Oder über die Problematik der Komplexitätszuwächse in Zeiten wie diesen. Man versucht, dort sein Soll zu erfüllen und sich gleichzeitig ironisch davon abzuheben.

Aber man soll jetzt nicht denken, im Raum Schinkel werde gejammert, nein, man verdächtigt ja außerhalb dieser Tagung ziemlich schnell jeden, ein Jammerer zu sein, aber ganz klar ist, dass nicht nur auf dieser Tagung hier mit Sicherheit kein einziger Jammerer zu finden sein wird, auch außerhalb gibt es immer weniger, zumindest nicht in den Konferenzräumen. Im Raum Schinkel ist man sogar so sehr mit dem Nichtjammern beschäftigt, dass ihnen gar nichts anderes mehr einfällt. Aber man hält dort Jammern auch für eine Frage der Mode und möchte sich absetzen von den alten Gesten einer angeblich linken Hegemonie, insofern ist striktes Nichtjammern angesagt, vorgeführte Spontaneität und Lebenskunst, ein emanzipatorischer Gestus, der längst in wirtschaftsliberalen Zwängen baden gegangen ist. Der Soziologe, neben dem ich dort immer zu stehen kam, sagte sogar, er hasse Pierre Bourdieu, weil der immer mit diesem Jammerblick auf die Geschlagenen dieser Welt zugehe. Immer Selbstmordraten mit dem Elend der Welt in Verbindung bringe, Suggestivfragen stelle, die die Leute von vornherein einzig auf ihren Opferstatus festlegten. Und während ich noch erstaunt war, dass man Bourdieu hassen kann, gab er schon zu, hier für die unsympathischen Sätze zuständig zu sein. Der Soziologe war eben einer von der Sorte, der öffentlich immer gerne die unsympathischen Sätze sagt beziehungsweise ankündigt, er werde das tun, weil die sympathischen keinen Analysewert mehr hätten. Und dann wartet man hoffnungsfroh auf die unsympathischen Sätze, aber sie kommen nicht, sondern einzig Konsenssätze, die sich gegen längst geschlagene schwache Positionen richten.

Der Beschluss heute Morgen aus Brüssel war natürlich eine Nachricht, die irritiert hat, genauso wie der Beschluss in Washington vor ein paar Tagen, zumindest bin ich in Erwartung erregter Debatten im Bus gestanden, und es hat mich gewundert, dass ich nichts davon wahrnahm.

Keinen Augenblick lang war eines der Gespräche auf das Thema zu sprechen gekommen. Ich meine, wir alle haben es doch im Kopf, das Lehmann-Datum, das Goldman-Sachs-Datum, das Standard-&-Poor's-Datum, das erneute Standard-&-Poor's-Datum, auf das wir alle zusteuern, unweigerlich. Und jetzt diese Nachricht, die doch erstaunen könnte. Doch als hätten sie die Entscheidung selbst gemacht, nahmen sie sie nur zur Kenntnis.

Sicher, sie sprechen auch im Raum Potsdam mittlerweile immer mehr von Stagnation und Deflation, die Inflationsängste wurden längst der breiten Medienöffentlichkeit überlassen, weil die es nicht anders versteht. Es ist halt spektakulärer, wenn eine Hyperinflation ausbricht und irrwitzige Summen in die Öffentlichkeit geraten. Aber man hält im Raum Potsdam Kontakt mit diesen Bildern, dort geht es aber insgesamt weitaus uriger zu. Witze wie: »Kein Plan. Stagnation, Deflation, langsamer Rückbau bei steigenden CO_2-Emissionen« sind dort nicht vorstellbar. Oder: »Jetzt ist Januar, jetzt ist Februar, jetzt ist März, und nichts davon stimmt.« Der ganze kalendarische Überbau hinkt, könnte man meinen.

Nein, es gab dort Bierzeltstimmung, Stammtischparolen, die Witzigkeit der kleinen Leute, Bauernschläue und den Polizeipräsidenten. Hier atmen sie von vornherein andere Kreisläufe ein und aus, von Ratingagenturen zu Märkten zu Notenbanken. Man ist nicht einmal mehr dabei, die Märkte zu beruhigen, was lange Zeit ja das oberste Gebot an alle war. Kaum konnte man stehen und gehen, war man schon dabei, die Märkte zu beruhigen.

Ja, Herr Heise deutete einen Mechanismus an. »Wir kennen das alle: Durch die Ratingagenturen geraten wir in einen Kreislauf der Abwertung und Zinserhöhung.« Aber das war ein, zwei Schweigeminuten früher, ein halbes Jahr ist das nur her. Da gab es auch noch den Chefvolkswirt der Allianz Gruppe oder den Chefökonomen der Deutschen Bank. Geblieben ist das Signal der Gelassenheit in Brüssel, und das wird auch immer bleiben, komme, was da wolle. Ich bin mir sicher, selbst wenn Europa nicht mehr steht, wird es dieses Signal geben.

Im Raum Schinkel sagen sie einfach, die Märkte spinnen. Sie haben keine Ahnung. Sie sprechen dort viel über deren Psychologie, über deren Schwarmintelligenz, die uns retten wird, wenn die Märkte nicht gerade spinnen und alles lahmlegen. Es hat sich ein Blockadeautomatismus eingestellt, den man sonst nur von Drittweltländern her kennt. Eine Entkoppelung findet statt, die ihresgleichen sucht. Immerhin verabschieden sich die USA, Europa und Japan gerade von der Weltwirtschaft, was eigentlich ein Ding der Unmöglichkeit ist.

Eine verrückte Makroökonomie vollzieht sich über alles Betriebswirtschaftliche hinweg, und das jetzt, wo doch alles endgültig das Aussehen eines Unternehmens angenommen hat. Doch wie sagte es der Mann mit der rosa Krawatte eingangs so treffend: »Schlechtere Zahlen führen zu schlechteren Zahlen.« – »Quatsch«, mischte sich Herr Berger ein, »am Markt werden keine richtigen Preise mehr gemacht.« – »Die richtigen Preise«, hat dann ein Dritter lachend kommentiert, entstünden nicht am Markt. »Quatsch, der Markt sind wir«, fügte ein Vierter hinzu, und alles verstummte. Hat dieser Typ einen schlechten Witz gemacht?

Mit René hatte ich mich in einen der Beipflichtungschöre um ihn eingereiht, der bisher nur gepflegte Anekdoten mit Meinungen verbrämt hat, die er Erfahrungen nennt. Mich beschlich ein unangenehmes Gefühl. Da wandte er sich plötzlich an mich: »Sie suchen Gesprächspartner?« Pure Willkür, vermute ich.

∗

Die Opfer von F. machen nun den Opfern von S. Konkurrenz, so ist das nun. Sie überlagern sich quasi, wirken irgendwie lauter. Es ist ein regelrechter Opferwettstreit entbrannt. Aber die Angehörigen sind darüber nicht enttäuscht, nein, die einen Angehörigen drückten den anderen Angehörigen ihre Anteilnahme aus. Wechselseitig. Das eine Psychologenteam vermische sich mit dem anderen aber nicht, das wurde irgendwo betont, wo war das noch?

Hier spricht niemand davon. Opferkonkurrenzen sind auch eher Thema für den Saal Chamisso, soweit ich mich erinnern kann, ein kleiner Saal, da passen höchstens fünf Leute rein, mehr ein Sitzungszimmer, ich wollte da ursprünglich mal hin, habe aber den Weg nicht mehr gefunden. Es war, als hätte sich der Saal vor mir versteckt. Nur mit Handylotsung kam ich ja überhaupt hier an, nachdem ich mich schon im Parkhaus verirrt habe, das vollgeparkt war mit schwarzen Mercedes. Und eine Garage voller schwarzer Mercedes ist ein ziemlich einschüchterndes Bild, beinahe so einschüchternd wie das kleine Streitgespräch zwischen Herrn Berger und dem Typ mit der rosa Krawatte. Oder das Abdrängen des Kamerateams vor den Türen des Saals, als ich hier ankam. Aber immerhin der Grund, warum ich unbemerkt hereinkam, weil sie mit den anderen beschäftigt waren.

Während der ersten Schweigeminute habe ich noch fünf Kilo mehr gewogen und war auch noch sehr viel idealistischer und optimistischer, ich habe meine Zeit in Nebenzimmern verbracht, nicht in Hinterzimmern, aber in Nebenzimmern. Ich habe René kennengelernt, der mir das beigebracht hat. Hinterher zu sein. Hier zu sein, mir das anzusehen. Ich habe noch mit René gesprochen, mit ihm debattiert, wir haben einen Teil des Heimwegs gemeinsam damit zugebracht, die Dinge zu besprechen, die wir erlebt hatten. Der Weg zur U-Bahn war bestimmt von heftigen Auseinandersetzungen zur Situation. Wir haben sogar Scherze über die Polizeiwagen gemacht, die an der Straße standen. Heute reden wir so gut wie nicht mehr. Eine Weile liefen wir meist schweigend nebeneinander zur U-Bahn, dann hat sich auch das verloren, jetzt vermeiden wir gemeinsame Heimwege.

Amokläufer habe es immer gegeben, höre ich sie jetzt murmeln, das ist nichts Neues. Schon während der ersten Schweigeminute war hauptsächlich die Rede von rein technischen Problemen, die man in Zukunft vermeiden muss. Auch in Bezug auf die Opfer von S. flüstern sie jetzt gerade wieder, links neben mir, selbst unsicher, ob man schon wieder reden dürfe.

Diesmal habe ich mir eine genaue Fragenliste überlegt, die ich durchgehen werde. Ich kann hier nicht mit Zetteln hantieren, die Fragen müssen ganz natürlich aus mir rauskommen, etwa, wer in welcher Reihenfolge wem nicht zuhört, habe ich mich beispielsweise gefragt. Dass die Kanzlerin ihrem Minister nicht wirklich zuhört, der schon zuvor seinen Staatssekretären nicht wirklich zugehört hat und noch viel weniger sich auf unabhängige Politikberater einlässt, die wiederum ihren wissenschaftlichen Mitarbeitern nicht zugehört haben, den Zuträgern, dem Bodenpersonal. So was in der Art. »Ja«, hat Frau Efferdingen hinzugefügt, »und daneben stehen die Beamten, die alles von den Endergebnissen her betrachten, die gar nichts mehr mit den Ausgangsproblemlagen zu tun haben.«

Ich sehe mir die Leute an und gehe durch, wer mit wem nicht mehr spricht. Das hat sich ja bis hierher fortgepflanzt. Ich stelle mir vor: Anfangs hat Herr Schneider nicht mit Herrn Berger gesprochen, dann haben sich Zeitz und Sermer auf einen Nicht-Antwortpakt geeinigt. Frau Binswanger und Herr Letzi schweigen aus Tradition, und Herr Mirl und Frau Hinterberger tauschen nur noch Höflichkeitsfloskeln aus. Wo schon ganze Fachbereiche nicht miteinander reden, obwohl sie so tun, als täten sie es, kann man es von Einzelmenschen nun wirklich nicht erwarten.

Es haben sich Hierarchien des Nicht-Sprechens, der Kontaktabbrüche durchgesetzt, jenseits des normalen Interessenkampfes. Natürlich redet man offiziell miteinander, offiziell redet man immer miteinander. Aber inoffiziell ist der Raum bestimmt durch Kontaktabbrüche. »Unsinn«, meint René, »sie kennen nur eine Sprache, die wirklich was zählt, und das ist die juristische.« Man hat dann seine Juristen dabei. Und dann werde schon gesprochen, ich würde schon sehen, schon bald.

»Ja, und das bei dauerndem Schneefall«, mischt sich Frau Efferdingen ein, »von wegen Klimawandel. Es schneit seit zwei Wochen ohne Unterlass.« Der Schneefall ist Alltag geworden, da gehören die Totalausfälle der Bahn genauso zur neuen Routine wie die Ausfälle des Stromnetzes. Handymasten seien auch schon manipuliert worden, heißt es, und dass Autos brennen, sei doch wirklich nichts Neues, es gehört ja schon beinahe zur touristischen Inszenierung der Stadt, so Herr Berger.

Frau Efferdingen: Man setze ja auf den Ausbau eigener Netze, was die Handys angeht, eigene Straßen haben sie nicht im Sinn, wie denn auch, das heißt, der eine oder andere Innenstadttunnel werde wohl reserviert werden und muss ohnehin unter Sicherheitskuratel.

Herr Berger: Aber ein eigenes medizinisches Versorgungssystem, daran glaube er nicht.

Frau Efferdingen: Aber hallo. Die eigenen Restaurants, Schulen, Wohnbezirke gibt es ja schon längst.

Herr Berger: Das ist was anderes.

*

Wenn ich Spaß machen wollte, sagte ich anderen, ich würde jetzt unter diese Menschen gehen, »die die Überlebenspakete, survival kits und Waffen kaufen, von denen jetzt immer die Rede ist. Ihr wisst schon, bei dem nämlichen Schweizer Anbieter, über den kürzlich in den Klatschspalten zu lesen war.« Doch nach diesem Spaß ist mir nicht mehr zumute. Selbst die Sache mit den Kontaktabbrüchen gerät im Augenblick in den Hintergrund. Dabei hat sie sich mir erst mehr und mehr erschlossen zwischen der Schweigeminute für die Opfer von A. und den Opfern von F., also vor ein paar Monaten. »Das interessiert mich«, habe ich René damals gesagt, und er hat nur gefragt: »Deine Finanzierung steht schon?« Und ich habe gesagt: »Stell dir vor!«, triumphierend, weil die Finanzierungen ja eigentlich nie stehen. Selbst hier ist niemand endfinanziert, die meisten aber immerhin anfangsfinanziert, was man von den Leuten im Raum Schinkel nicht unbedingt sagen kann, ganz zu schweigen von den Leuten im Raum Chamisso, von dem man jetzt merkwürdige Dinge hört. Die Menschen dort seien gar nicht mehr am Leben oder so.

Überhaupt: Woher der Lärm kommt, fragen jetzt einige. »Ach, irgendwo im Hotel wollen sie wieder einen dieser Negativpreise verleihen, den irgendwer hier im Raum bekommt, aber der geht natürlich nicht hin.« Solche Preise werden ja meist in Abwesenheit verliehen, irgendein Goldener Humbug oder eine Goldene Kartellkarte oder eine Goldene Marktzwiebel. Bei der Rezeption steht ein Schild mit den Namen der Preise und wo die Verleihungen stattfinden, eine lange

Liste, die einem zum Lachen bringt. »Es ist eben ihre Art, Kontakt mit unsereins aufzunehmen«, witzelt einer. Ja, die einzige, die ihnen noch bleibt. Er habe mal die Goldene Auster für Auskunftsverweigerer bekommen, sagt er und schweigt.

✱

Ich habe mir seinen Namen nicht aufgeschrieben, das ging so schnell, er verschwand, und schon sprach mich jemand anderes an, wollte was wissen, und fort war er mitsamt seinem Namen. Er hatte ihn auch hastig ausgesprochen, was nicht zu seinem Typ passte. Eine gespenstische Erscheinung allemal, sichtlich die Achtung der anderen genießend. Er war aber anders spukhaft als dieser eine Typ vor einem Monat, der mir sagte, man wisse, wer ich sei. Oder die Dame, die sagte: »Kommt doch keiner mehr, was glauben Sie denn? Dass sich hier noch einer von denen zeigt?« Doch auf das Unheimliche als Indiz könne man sich nicht mehr verlassen, hat mir der Typ zugeflüstert, und er hat recht. Zu viel ereignet sich diesbezüglich gleichzeitig, macht sich Unheimlichkeitskonkurrenz und verliert dadurch seinen Unheimlichkeitsstatus. Die ganze Situation ist nicht mehr recht einschätzbar.

Auch die Nachricht von den Panikeinkäufen habe ich nicht ganz verstanden. Finden sie nun statt oder nicht? Niemand weiß das so genau. Panikeinkäufe sind hier etwas Abstraktes. Sind sie gut, weil sie die Konjunktur ankurbeln, oder schlecht, weil sie keine Nachhaltigkeit aufweisen können? Man weiß es nicht. Vom Raum Schinkel hört man jedenfalls nichts Gutes. Es habe einen Hotelbrand gegeben. Oder Vergiftungserscheinungen oder Heiligenerscheinungen mit drastischen Folgen, die Meinungen gehen diesbezüglich auseinander.

Langsam löst sich hier alles auf. Nur an manchen Ecken wird noch die letzte Ansprache der Kanzlerin besprochen. Wie viele Neujahrsansprachen kann man eigentlich in einem Jahr halten? Es ist, als wollten sie das Jahrhundert abkürzen und sagten sich, besser ins nächste hinein! Besser aus diesem Jahrhundert das kürzeste aller Zeiten machen, scheint die letzte Regierungsstrategie zu sein. Das Ergebnis der

Tagung? Immerhin haben wir es geschafft, wir sind eine Schweigeminute weitergekommen, gibt man mir die Auskunft. »Die nächste werden wir wohl nicht überstehen«, lacht Frau Efferdingen, und ich weiß nicht, ob sie das ernst meint.

René scheint Probleme bekommen zu haben. Er wirkt blass und will mich an die Seite ziehen, aber ich habe jetzt endlich einen Gesprächspartner und würge ihn ab. Ja, jetzt reden sie endlich alle mit mir. Ich habe keine Not mehr, Gesprächspartner zu finden, da kann ich doch nicht gehen. »Sie reden mit mir«, habe ich ihm rasch zugeflüstert, und er hat nur abgewunken. »Sie haben Angst, das ist alles.« René wendet sich ab, und ich sehe ihn langsam aus dem Raum gehen, sich noch mal bei der Tür umdrehen und mit einer Geste mir bedeuten, es ihm nachzumachen.

Ich habe mir seinen Namen nicht aufgeschrieben, aber ich weiß, ich werde ihm wieder begegnen, draußen, ein paar Tage später. Er sagte mir, ich solle ihn bloß nicht am Taxistand ansprechen, das würde er auf den Tod nicht ausstehen können, aber im Grunde stellt sich so jemand wie der auch nicht an einen Taxistand. Auch Hotelbars, die er im Übrigen nicht frequentiere, seien tabu. Oder offizielle Empfänge, zu denen er nicht gehe. Ich werde ihn auch nicht sehen, wenn er die Dinge macht, für die man ihn danach aus der Zeitung kennt. Ein Einzelner, sagt man, richtet nichts aus, und das ist auch richtig. Aber ein Einzelner kann mittlerweile ganz schön viel Ärger machen, sitzt er nur an der richtigen Stelle.

Bei der nächsten Schweigeminute werden es die Opfer von O. sein oder Z., da bin ich mir noch nicht sicher, und sie werden uns viel mehr Kopfzerbrechen bereiten als alle Opfer zuvor. Sie hätten eine andere Opferqualität, wird es dann heißen, und hätten nichts mehr zu tun mit jenen Zufallstreffern der letzten beiden Jahre. Die nächste Schweigeminute wird aber auch in einem Raum stattfinden, der ganz anders beschaffen ist als alle Konferenzräume in diesem Hotel, das es dann so nicht mehr geben wird. Ein Raum, in dem sie wirklich schweigen.

Die Autoren

Dietmar Dath, geb. 1970, Schriftsteller und Übersetzer, lebt in Freiburg und Frankfurt am Main. Er war Chefredakteur der *Spex* (1998–2000) und ist Redakteur der *Frankfurter Allgemeinen Zeitung*. Zuletzt erschien *Der Implex. Sozialer Fortschritt: Geschichte und Idee* (zusammen mit Barbara Kirchner).

Gunter Dueck, geb. 1951, studierte Mathematik und Betriebswirtschaft, Promotion an der Universität Bielefeld. Bis 2011 war er Chief Technology Officer der IBM Deutschland. Er ist korrespondierendes Mitglied der Akademie der Wissenschaften zu Göttingen. Zuletzt erschien *Professionelle Intelligenz. Worauf es morgen ankommt*.

Peter Felixberger, geb. 1960, studierte Politische Wissenschaften, Zeitungswissenschaft und Soziologie in München. Er ist Programmdirektor des Murmann Verlages, Publizist und Medienentwickler. Zuletzt erschien *Deutschlands nächste Jahre*.

Romuald Hazoumè, geb. 1962, gilt als »autodidaktischer« Künstler. International bekannt wurde er mit *Kanistermasken*, die zum ersten Mal im Centre Culturel Français in Cotonou zu sehen waren. Er lebt und arbeitet in Porto-Novo und Cotonou, Benin.

Henning Marmulla, geb. 1976, studierte Geschichte und Germanistik in Bielefeld. Seine Dissertation *Enzensbergers Kursbuch. Eine Zeitschrift um 68* erschien 2011. Marmulla arbeitet als Lektor im Suhrkamp Verlag und lebt in Berlin.

Katja Mellmann, geb. 1974, studierte Germanistik und Romanistik in München und promovierte dort 2005. Nach ihrer Münchner Assistenzzeit wechselte sie an die Universität Göttingen, wo sie derzeit eine Forschungsstelle im Fach Neuere deutsche Literatur bekleidet.

Sven Murmann, geb. 1967, ist Verleger und geschäftsführender Gesellschafter des Murmann und des Wachholtz Verlages. Er studierte Philosophie und Politische Wissenschaften in München, Cambridge (USA) und Zürich.

Armin Nassehi, geb. 1960, ist Professor für Soziologie an der Ludwig-Maximilians-Universität München. Zuletzt erschien *Gesellschaft der Gegenwarten. Studien zur Theorie der modernen Gesellschaft II*.

Werner Plumpe, geb. 1954, ist Professor für Wirtschafts- und Sozialgeschichte der Johann Wolfgang Goethe-Universität Frankfurt am Main. Zuletzt erschien *Wirtschaftskrisen. Geschichte und Gegenwart*.

Kathrin Röggla, geb. 1971, lebt als freie Schriftstellerin in Berlin. Sie veröffentlicht Bücher, Hörspiele und Theatertexte. Zuletzt erschien das Hörbuch *publikumsberatung*.

Florian Rötzer, geb. 1953, ist Journalist. Er studierte Philosophie in München und ist seit 1996 Chefredakteur des Online-Magazins *Telepolis*. Zuletzt erschien *Vom Wildwerden der Städte*.

Daniela Roth, geb. 1970, studierte Kunstgeschichte, Soziologie, Komparatistik und Rechtswissenschaften in Würzburg, Bonn und München. Promotion mit einer Arbeit über das Werk Romuald Hazoumès.

Wolfgang Schmidbauer, geb. 1941, studierte Psychologie und promovierte 1968 über *Mythos und Psychologie*. Gegenwärtig arbeitet er als Lehranalytiker und Paartherapeut in München. Zuletzt erschienen *Das kalte Herz* und *Das Floß der Medusa*.

Jasmin Siri, geb. 1980, ist Soziologin und wissenschaftliche Mitarbeiterin an der Ludwig-Maximilians-Universität München. Sie hat dort mit einer Arbeit promoviert, die im März 2012 unter dem Titel *Parteien. Zur Soziologie einer politischen Form* erscheint.